Library science

Information science

Archival science

图书情报档案学术丛书

智慧城市背景下的
档案信息服务模式研究

Research on Archival Information Service Mode Under
the Background of Smart City

杨智勇　著

WUHAN UNIVERSITY PRESS

武汉大学出版社

图书在版编目(CIP)数据

智慧城市背景下的档案信息服务模式研究/杨智勇著.—武汉：武汉大学出版社,2021.6
图书情报档案学术丛书
ISBN 978-7-307-22295-3

Ⅰ.智…　Ⅱ.杨…　Ⅲ.智能技术—应用—档案信息—情报服务—研究　Ⅳ.G271-39

中国版本图书馆 CIP 数据核字(2021)第 092606 号

责任编辑:詹　蜜　黄河清　　责任校对:李孟潇　　　版式设计:马　佳

出版发行:**武汉大学出版社**　(430072　武昌　珞珈山)
　　　(电子邮箱:cbs22@whu.edu.cn　网址:www.wdp.com.cn)
印刷:武汉中远印务有限公司
开本:720×1000　1/16　印张:19.25　字数:284 千字　插页:2
版次:2021 年 6 月第 1 版　　2021 年 6 月第 1 次印刷
ISBN 978-7-307-22295-3　　定价:68.00 元

序

　　中共中央、国务院印发的《国家新型城镇化规划（2014—2020年）》提出："要推进智慧城市建设，统筹城市发展的物质资源、信息资源和智力资源利用，推动物联网、云计算、大数据等新一代信息技术创新应用；强化信息资源社会化开发利用，推广智慧化信息应用和新型信息服务，促进城市规划管理信息化、基础设施智能化、公共服务便捷化、产业发展现代化、社会治理精细化。"可见，智慧城市建设对信息资源共享、信息技术应用、信息资源利用以及信息服务创新等方面都提出了新的要求。档案作为信息资源的重要组成部分，智慧城市的蓬勃发展和强力推进也为档案信息资源共享和服务模式创新带来了新的机遇和挑战。目前，我国档案资源在数量和规模上取得较快发展的同时，其信息资源共享与利用服务仍面临三个方面问题：一是档案信息服务能力与社会需求之间的矛盾。档案资源广泛产生于社会各个领域，其资源总量与日俱增，但服务理念、服务方式、服务手段仍相对滞后，独立、分割、各自为政、各行其是普遍存在，难以实现档案资源的集成共享，尤其与日益增长的社会档案信息需求相距甚远。二是数字档案巨大资源量与价值实现之间的矛盾。数字档案是重要的信息资源，在城市建设、社会管理和文化发展中作用巨大，并且随着数字档案资源量的增长，其价值潜能日益增强，但目前数字档案馆与社会发展难以实现有效对接，档案价值难以得到有效实现。三是档案信息服务单一与公众需求多元之间的矛盾。目前，档案信息资源集成度低，在线数字档案资源匮乏，信息检索智能手段不足，服务平台异构现象严重，服务模式相对单一，服务手段相对滞后；信息时代随着社会公众档案意识不断提高，档案用户类型多样、需求多元，档案部门难以满足用户的利用需求。因此，需要从理论到实践层面进行探索，破解难题，寻找解决问题的思路与方案。2015 年，杨智勇博士针对上述问题确定论文选题，借鉴智慧城市的先进理念、现代技术和服务模式，分析智慧城市背景下档案用户的需求特点，探讨"智慧型"档案信息服务模式，完成博士学位论文《智慧城市背景下的档案信息服务模式研究》，经修订完善后出版。

当今时代，随着我国智慧城市和信息社会的飞速发展，数字化、网络化、智能化的程度越来越高，档案工作正经历一个从纸质档案到电子档案，从管档案实体到管档案数据，从手工操作到信息化智能化操作，从档案资源分散利用到联网共享的变革过程。同时，随着物联网、云计算、大数据以及人工智能等技术的发展，如何探究智慧服务、智能技术在服务资源、服务对象和服务策略等方面的应用和创新，从而构建"智慧型"档案信息服务模式以提升档案信息服务效率和效能，是当前档案学研究的前沿领域。

国家档案局局长、中央档案馆馆长陆国强在 2020 年全国档案局长馆长会议上指出："要探索大数据、区块链、人工智能等新一代信息技术在档案管理中的应用，推动数字档案馆(室)建设向智慧化方向发展。"由此可见，档案智慧服务作为一种全新的服务理念、服务方式和服务能力，是档案馆转型发展的重要内容。近年来，杨智勇博士重点围绕智慧档案馆的概念、内涵和特征，智慧档案馆的技术应用和体系构建，档案资源发现与智能服务，档案资源集中与分布可控模式多元架构及数字档案馆智慧服务等方面进行深入研究，连续发表了智慧档案馆、档案资源"集中与分布可控模式"、档案信息服务模式、档案智慧服务等研究主题的学术成果，在智慧档案馆建设和档案智慧服务方面形成了独特的研究视角，为《智慧城市背景下的档案信息服务模式研究》奠定了学术基础。

《智慧城市背景下的档案信息服务模式研究》一书有三方面较为突出的特色。一是从要素关系角度分析档案信息服务模式，即档案信息服务模式包括服务主体、服务客体、服务内容和服务策略四个要素，这些要素在信息服务过程中的作用程度不同及相互作用顺序不同，将会形成不同的信息服务模式。这种从要素角度分析档案信息服务模式的研究思路，能系统揭示信息服务各要素之间的作用机制，可以从根源上对信息服务模式的内在逻辑进行阐释，不仅有利于解释目前档案信息服务活动中的各种服务形式，而且有利于研究者或实践者更加清晰了解档案信息服务活动过程中的主要问题，能扩展和挖掘出档案信息服务新的应用范围和应用方式，丰富和拓宽了档案信息服务研究领域的内涵和范畴。二是借鉴智慧城市的建设理念和技术应用构建了"智慧型"档案信息服务模式。该模式是档案人员利用智能档案信息服务系统，围绕用户信息需求和信息活动来组织、集成、嵌入档案信息空间的信息资源和信息服务，支持用户灵活自主地获取信息、互动交流和解决问题的一种新型档案信息服务模式。三是设计出"智慧型"档案信息服务模式的技术实现平台。借助物联网、云计算、大数据等现代信息技术和软件工程设计思路，搭建了智能档案信息服务系统，包括档案信息资源库、智能处理系统、用户信息感知系统和档案"云服务"平台；并结合实际调研情况设计出该信息服务系统的实现流程，通过传统档案信息服务平台、档案门户网站、一站式服务平台、人机交互知识服务平台和移动档案馆等利用平台为用户提供服务。

杨智勇在攻读上海大学信息资源管理博士学位之前，本科和研究生都是档案学专业，并且从事过档案学专业教学工作，具有较为扎实的基础理论知识和档案实践能力。博士期间，他能潜心研究，时刻关注档案信息化发展前沿和工作实践，在核心期刊发表学术论文十余篇，其中 CSSCI 论文 7 篇，人大复印资料全文转载 3 篇；并获得国家社科基金青年项目"智慧城市与数字档案资源建设研究"立项，表明杨智勇博士具有敏锐的学术视野和较强的学术研究能力。祝贺他近年来取得的突出成绩，祝贺本书的顺利出版！也祝愿在今后的教学和学术道路上，再接再厉，再创辉煌！

金波

2021 年 1 月 20 日

目　　录

第一章　导论 …………………………………………………… 1

第一节　研究背景及意义 ………………………………… 1

一、研究背景 ………………………………………… 1

二、研究意义 ………………………………………… 6

第二节　国内外研究概述 ………………………………… 8

一、国内外智慧城市理论研究与实践进展 ………… 8

二、国内外档案信息服务模式研究现状 …………… 22

三、研究述评 ………………………………………… 48

第三节　研究内容与创新点 ……………………………… 50

一、核心概念界定 …………………………………… 50

二、研究内容 ………………………………………… 53

三、研究创新点 ……………………………………… 54

第四节　总体研究设计 …………………………………… 56

一、研究方法 ………………………………………… 56

二、技术路线 ………………………………………… 57

第二章　档案信息服务模式探析 …………………………… 60

第一节　档案信息服务模式的组成结构与发展变化 …… 60

一、档案信息服务要素分析 ………………………… 61

二、档案信息服务要素的相互关系 ………………… 64

　　三、档案信息服务模式的发展变化 ……………………… 69
　第二节　"馆员型"档案信息服务模式 …………………… 71
　　一、"馆员型"档案信息服务模式的内涵解析 …………… 71
　　二、"馆员型"档案信息服务模式的要素分析 …………… 73
　　三、案例分析：上海交通大学档案信息服务 …………… 76
　第三节　"资源型"档案信息服务模式 …………………… 79
　　一、"资源型"档案信息服务模式的内涵解析 …………… 79
　　二、"资源型"档案信息服务模式的要素分析 …………… 80
　　三、案例分析：青岛市档案馆"电子公文和档案信息
　　　　共享"服务 …………………………………………… 82
　第四节　"用户型"档案信息服务模式 …………………… 85
　　一、"用户型"档案信息服务模式的内涵解析 …………… 85
　　二、"用户型"档案信息服务模式的要素分析 …………… 87
　　三、案例分析：NARA 网站分众信息服务 ……………… 89
　第五节　三种档案信息服务模式的对比分析 …………… 94
　第六节　小结 ……………………………………………… 96

第三章　智慧城市背景下档案信息服务模式的转变 …………… 97
　第一节　智慧城市背景下档案信息服务模式转变的
　　　　　现实条件 ………………………………………… 98
　　一、智能融合的信息服务环境 …………………………… 98
　　二、灵活多样的信息用户需求 …………………………… 100
　　三、高速发展的现代信息技术 …………………………… 103
　第二节　智慧城市背景下档案信息服务模式的要素变化 …… 113
　　一、档案服务主体的变化 ………………………………… 114
　　二、档案服务客体的变化 ………………………………… 117
　　三、档案服务内容的变化 ………………………………… 119
　　四、档案服务策略的变化 ………………………………… 122
　第三节　智慧城市背景下档案信息服务模式转变的
　　　　　动力分析 ………………………………………… 128
　　一、服务主体的效益驱动力 ……………………………… 129

二、服务客体的需求牵引力 ························ 130

三、信息技术的进步推动力 ························ 131

第四节　智慧城市背景下档案信息服务模式转变的

　　　　理论支撑 ································ 132

一、需求层次理论 ································ 133

二、信息传播理论 ································ 137

三、档案价值理论 ································ 143

四、文件运动理论 ································ 146

五、新公共服务理论 ······························ 150

六、知识生命周期理论 ···························· 152

七、信息生态链理论 ······························ 153

第五节　"智慧型"档案信息服务模式的理论构建 ········ 156

一、构建"智慧型"档案信息服务模式的理论基点 ···· 157

二、"智慧型"档案信息服务模式的框架设计 ········ 160

第六节　小结 ······································ 162

第四章　"智慧型"档案信息服务模式的内容分析 ········ 163

第一节　档案用户的动态感知 ························ 163

一、档案用户类型及需求特点 ···················· 164

二、档案用户数据采集 ···························· 168

三、档案用户模型构建 ···························· 170

四、档案用户数据分析 ···························· 172

第二节　服务内容的深度融合 ························ 173

一、档案信息资源的高效整合 ···················· 173

二、档案知识库的构建 ···························· 176

三、数字档案资源的区域共享 ···················· 181

第三节　服务方式的智慧选择 ························ 182

一、基于云计算的档案信息共享服务 ·············· 182

二、基于大数据的档案信息智能服务 ·············· 185

三、基于移动互联网的档案信息泛在服务 ·········· 189

第四节　小结 ······································ 191

第五章　"智慧型"档案信息服务模式的技术实现 …………… 193

　第一节　概念设计 ……………………………………………… 193

　第二节　系统后台 ……………………………………………… 196

　　一、档案信息资源库 ………………………………………… 196

　　二、智能处理系统 …………………………………………… 199

　第三节　系统前台 ……………………………………………… 201

　　一、用户信息感知系统 ……………………………………… 201

　　二、档案"云服务"平台 …………………………………… 203

　第四节　技术支持 ……………………………………………… 205

　　一、物联网技术 ……………………………………………… 206

　　二、云计算技术 ……………………………………………… 211

　　三、大数据技术 ……………………………………………… 214

　　四、移动互联网技术 ………………………………………… 219

　第五节　实现流程 ……………………………………………… 221

　第六节　小结 …………………………………………………… 232

第六章　"智慧型"档案信息服务模式的运行保障 …………… 234

　第一节　运行机制 ……………………………………………… 236

　　一、档案信息的接收 ………………………………………… 236

　　二、档案信息的转化 ………………………………………… 237

　　三、档案信息的共享 ………………………………………… 239

　　四、档案信息的开放 ………………………………………… 241

　　五、档案信息的反馈 ………………………………………… 242

　第二节　保障机制 ……………………………………………… 243

　　一、战略规划政策导向机制 ………………………………… 243

　　二、制度标准完善保障机制 ………………………………… 247

　　三、信息技术实现支撑机制 ………………………………… 251

　第三节　协同机制 ……………………………………………… 254

　　一、安全控制机制 …………………………………………… 254

　　二、绩效评价机制 …………………………………………… 257

第四节　小结 …………………………………………… 262

第七章　研究结论与展望 ………………………………… 263
　第一节　研究结论 …………………………………… 263
　第二节　研究局限与展望 …………………………… 265
　　一、研究局限 ……………………………………… 265
　　二、研究展望 ……………………………………… 266

参考文献 ………………………………………………… 268

后记 …………………………………………………… 290

图 表 目 录

图 1-1　城市发展历程 ·· 2

图 1-2　中国"863 计划"智慧城市项目总体技术体系架构 ········ 11

图 1-3　档案信息服务模式研究高频关键词共现网络 ··········· 31

图 1-4　数字档案馆综合信息服务模型图 ······················· 33

图 1-5　档案信息个性化服务系统一般模型 ····················· 36

图 1-6　基于数字档案馆的个性化服务模式 ····················· 37

图 1-7　基于用户需求的个性化数字档案信息服务模式 ········ 38

图 1-8　国家档案信息资源"云"共享服务模式示意图 ········· 39

图 1-9　档案信息资源"云服务"模型 ··························· 40

图 1-10　档案信息资源的复合动态服务模式 ···················· 41

图 1-11　基于用户交互的数字档案服务模型图 ·················· 42

图 1-12　面向公众的档案资源建设与服务联动模式 ············· 42

图 1-13　参与式档案信息服务模式 ······························· 43

图 1-14　基于元数据的电子文件集成管理与服务模型 ·········· 44

图 1-15　面向用户的集成检索服务机制 ························· 45

图 1-16　基于智能代理的档案信息集成服务机制 ··············· 45

图 1-17　IT 集约化服务型数字档案馆运行模式(OSDA) ········ 46

图 1-18　集成式服务型数字档案馆运行模式 ···················· 47

图 1-19　本书的研究技术路线图 ······························· 59

图 2-1　档案信息服务要素结构图 ······························· 61

图 2-2　档案信息服务要素关系图 ······························· 65

图 2-3　档案人员为中心抽象模型图 ················· 66

图 2-4　档案用户为中心抽象模型图 ················· 67

图 2-5　档案资源为中心抽象模型图 ················· 67

图 2-6　信息技术为中心抽象模型图 ················· 68

图 2-7　档案信息服务抽象流程图 ··················· 68

图 2-8　"馆员型"档案信息服务模式 ················ 72

图 2-9　"资源型"档案信息服务模式 ················ 79

图 2-10　"用户型"档案信息服务模式 ··············· 86

图 3-1　2016—2020 年中国手机网民规模及其占网民比例 ····· 106

图 3-2　人工智能的发展历史 ······················· 111

图 3-3　人工智能研究领域框架示意图 ··············· 112

图 3-4　智慧档案云服务架构 ······················· 126

图 3-5　档案信息服务模式转变动力模型 ············· 129

图 3-6　马斯洛需求层次理论 ······················· 134

图 3-7　拉斯韦尔模式及其所对应的传播过程基本要素 ······· 137

图 3-8　档案信息服务 5W 传播模式 ················· 138

图 3-9　香农—韦弗模式 ··························· 139

图 3-10　奥斯古德—施拉姆模式 ··················· 140

图 3-11　罗森格伦模式 ····························· 142

图 3-12　莫拉纳国际信息流动模式 ················· 143

图 3-13　弗兰克·阿普沃德的文件连续体模型 ········· 149

图 3-14　知识流自组织和有序化的动态变化过程图 ····· 153

图 3-15　信息生态链模型 ··························· 154

图 3-16　"智慧型"档案信息服务模式 ··············· 161

图 4-1　档案知识库构建思路 ······················· 177

图 5-1　服务系统的前台后台概念示意图 ············· 194

图 5-2　智能档案信息服务系统结构示意图 ··········· 195

图 5-3　档案信息资源库构成示意图 ················· 197

图 5-4　智能处理系统构成示意图 ··················· 199

图 5-5　用户信息感知系统结构示意图 ··············· 202

图 5-6　档案"云服务"平台架构图 ················· 203

图 5-7　物联网技术架构图 ················· 207

图 5-8　RFID 工作原理图 ················· 208

图 5-9　HDFS 架构图 ··················· 213

图 5-10　大数据技术架构图 ··············· 215

图 5-11　智能档案信息服务系统实现流程图 ········ 221

图 5-12　上海市档案信息公共服务平台 ········· 223

图 5-13　上海档案信息网主页界面 ··········· 225

图 5-14　"一站式"服务流程图 ············· 226

图 5-15　青岛市智慧档案馆网络架构图 ········· 228

图 5-16　人机交互档案知识服务模型图 ········· 229

图 5-17　移动档案馆主要功能图 ············ 231

图 5-18　移动档案馆服务集合 ············· 232

图 6-1　"智慧型"档案信息服务模式总体运行保障机制图 ····· 235

图 6-2　档案信息资源集成共享机制分析图 ········ 239

图 6-3　档案信息反馈机制工作流程图 ·········· 242

图 6-4　档案信息安全控制机制模型图 ·········· 255

图 6-5　档案信息服务绩效评价指标体系架构图 ······ 261

表 1-1　国内外智慧城市评价指标体系 ········· 12

表 1-2　国外部分国家或城市的智慧城市建设实践 ····· 18

表 1-3　国内部分城市的智慧城市建设实践 ······· 20

表 1-4　频次≥4 的高频关键词 ············· 30

表 1-5　档案知识服务模式相关研究 ·········· 35

表 5-1　数据挖掘技术、算法及其在档案信息服务中
　　　　的应用 ···················· 217

表 6-1　数字化档案服务制度的宏观建设内容 ······ 248

第一章 导 论

　　智慧城市是信息化高度发展、智能技术充分应用、智慧产业规模运作的现代化城市，也是国家信息化发展战略规划的重要内容之一。在智慧城市背景下，数字化、网络化、智能化的程度将越来越高，档案工作正经历一个从档案实体管理到数字管理再到数据管理，从手工操作到自动操作再到智能操作，从档案分散利用到集成共享再到智慧服务的变革过程。但是，我国档案信息服务在档案资源的价值实现、社会公众的需求满足、信息服务的能力提升等方面还存在一定不足，而智慧城市建设与档案信息化建设都是以现代信息技术为基础，向社会公众提供普惠均等的个性化、知识化服务。因此，如何借鉴智慧城市的先进理念和服务模式，应用智慧城市中的物联网、云计算、大数据、人工智能等新兴技术，分析智慧城市背景下档案用户的需求特点，进而探讨新型档案信息服务模式是一个兼具理论意义与实践价值的课题。

第一节　研究背景及意义

一、研究背景

(一)智慧城市建设的社会背景

　　城市的出现，是人类社会步入文明时代的标志，也是人类群居生活的高级形式。城市化进程不断加快，使得城市人口剧增、城市规模迅速扩大，城市作为区域政治、经济、文化中心的地位不断增强。① 人类社会经济和科技水平的提高也推动城市的形态和功能不断演变，如图 1-1 所示。

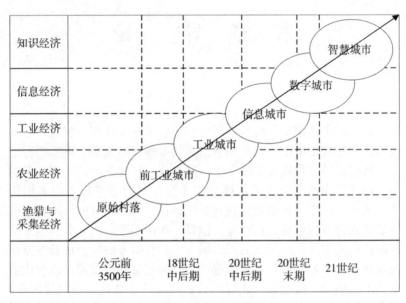

图 1-1 城市发展历程

我国目前正处在城镇化的快速发展阶段，根据国家统计局 2018 年 2 月 4 日公布的数据显示，2017 年年末中国城镇常住人口 8.1347 亿人，城镇化率为 58.52%，② 这是中国走向现代化的必由之路，对全面建设社会主义现代化国家意义重大。城市日益成为我国政治、经济、文化、教育、科技等方面发展的主导，但城市化建设和发展在带给我们巨大收益和进步的同时，也带来了人口膨胀、

———————

① 骆小平．"智慧城市"的内涵论析城市管理与科技［J］．城市管理与科技，2010（6）：34-36.
② 我国城镇化率升至 58.52% 释放发展新动能［EB/OL］．［2018-03-16］．http://society.people.com.cn/n1/2018/0204/c1008-29804719.html.

交通拥堵、环境恶化、住房紧张、就业困难等严重的"城市病"。智慧城市的提出和建设为解决当前城市问题提供了可行且有效的方式，也逐渐成为国家治理体系和治理能力的重要组成部分。

自 2008 年 IBM 提出"智慧的地球"愿景，并于 2009 年正式提出"智慧的城市"概念后，我国上海、北京、广州等多个城市也相继提出了具体的"智慧城市"建设目标和行动方案。2012 年国家住房和城乡建设部启动了国家智慧城市试点工作以来，共公布了三批国家智慧城市试点名单，总计达到 277 个①，我国城市现代化建设正逐步进入智慧城市新的发展阶段。

2014 年 3 月，中共中央和国务院印发的《国家新型城镇化规划（2014—2020 年）》明确提出要"统筹城市发展的物质资源、信息资源和智力资源利用，推动物联网、云计算、大数据等新一代信息技术创新应用，强化信息资源社会化开发利用，推广智慧化信息应用和新型信息服务，促进城市规划管理信息化、基础设施智能化、公共服务便捷化、产业发展现代化、社会治理精细化"②。2016 年 3 月，《中华人民共和国国民经济和社会发展第十三个五年规划纲要》提出智慧城市建设规划：以基础设施智能化、公共服务便利化、社会治理精细化为重点，充分运用现代信息技术和大数据，建设一批新型示范性智慧城市。③ 这些规划突出了国家对于智慧城市建设的高度重视和长期部署，也反映了智慧城市建设过程中的几个关键点：新一代信息技术创新应用、信息资源社会化开发利用、智慧化信息应用和新型信息服务，这些关键点也预示着信息技术、信息资源、信息服务在智慧城市建设过程中将发挥重要作用。

3

---

① 住房城乡建设部办公厅关于开展国家智慧城市试点工作的通知[EB/OL]. [2016-07-22]. http://www.mohurd.gov.cn/wjfb/201212/t20121204_212182. html.

② 国家新型城镇化规划（2014—2020 年）[EB/OL]. [2016-07-22]. http://www.gov.cn/zhengce/2014-03/16/content_2640075.htm.

③ 中华人民共和国国民经济和社会发展第十三个五年规划纲要[EB/OL]. [2016-07-22]. http://www.xinhuanet.com/politics/2016lh/2016-03/17/c_1118366322.htm.

智慧城市是城市信息化发展的高级阶段，它将有利于推动整个社会的信息化向更高阶段发展，而城市的建设与管理、社会的发展与进步都需要信息服务予以支撑。以全面透彻的感知、宽带泛在的互联、智能融合的应用和以人为本的可持续创新为主要特征的智慧城市，是信息化高度发展、智能技术充分应用、智慧产业规模运作的现代化城市，其核心特征是信息资源和信息服务的综合与集成。① 因此，智慧城市的建设、管理、运行和发展需要充分运用现代信息技术，最大限度地开发利用信息资源。

(二)档案信息服务的政策背景

档案的作用发挥和价值体现是通过利用服务实现的，而档案信息服务也是档案部门永恒的主题，是档案工作的意义所在。21 世纪以来，档案信息服务日益成为我国档案事业发展的重要内容之一。

2001 年，国家档案局、中央档案馆发布了《档案管理软件功能要求暂行规定》，对档案管理软件的开发研制和安装使用进行了严格规范，为档案信息的检索利用创造了条件；2002 年，国家档案局发布了《全国档案信息化建设实施纲要》，对档案信息化建设进行战略布局，并提出"以扩大档案信息资源开发利用为目标"②；同年，国家标准《电子文件归档与管理规范》（GB/T 18894—2002）颁发，推动了我国电子文件管理和利用工作的开展；2006 年，国家档案局印发的《档案事业发展"十一五"规划》中，将"建设较大规模的全国性、系统性、分布式、规范化的档案信息资源库群，建立一批电子文件中心和数字档案馆，实现档案信息资源社会共享"③作为总体目标之一；2008 年，原中央档案馆馆长、国家档案局局长杨冬权在全国档案工作会议上提出档案工作要建立"两个体系"

① 工业和信息化部赛迪研究院. 智慧城市热潮中的冷思考[N]. 赛迪专报，2011-3-15(7).
② 全国档案信息化建设实施纲要[J]. 中国档案，2003(3)：35-37.
③ 档案事业发展"十一五"规划[J]. 中国档案，2007(2)：9-11.

（2010 年丰富为"三个体系"），即"建立健全覆盖人民群众的档案资源体系、方便人民群众的档案利用体系、确保档案安全保密的档案安全体系"，其中档案利用体系建设明确了档案信息服务的大方向；2010 年，国家档案局发布了《数字档案馆建设指南》，为各级档案馆推动馆藏档案资源数字化、增量档案电子化，逐步实现对数字档案资源的网络化管理以及分层次多渠道提供档案信息利用和社会共享服务提供了参考和依据；2011 年，国家档案局印发的《全国档案事业发展"十二五"规划》中，将"充分发挥档案和档案工作服务各项建设事业、服务人民群众的作用"作为主要目标之一，并对扩大档案信息资源开发利用范围，加强档案利用体系建设等方面提出了新的思路和要求[1]；2014 年，中共中央办公厅、国务院办公厅联合印发的《关于加强和改进新形势下档案工作的意见》又对档案利用服务提出更高的要求：创新服务形式、强化服务功能、加大开发力度、促进资源共享；同年，国家档案局相继出台的《数字档案室建设指南》和《数字档案馆系统测试办法》，使得数字档案馆（室）成为档案利用服务的主要途径；2016 年，国家档案局印发的《全国档案事业发展"十三五"规划纲要》中，将"档案利用服务模式创新和档案信息开放取得实质性进展；档案信息整合共享程度明显提升，档案利用服务更加便捷普惠，方便人民群众的档案利用体系更加完善"作为主要目标之一，并对实施国家数字档案资源融合共享服务工程，加快档案信息资源共享服务平台建设，积极探索助力数字经济和社会治理创新的档案信息服务，拓宽通过档案网站和移动终端开展档案服务的渠道等方面提出了新的思路和要求[2]。

　　综上所述，智慧城市的蓬勃发展和档案开放服务的大势所趋，为档案信息服务提供了良好机遇。但是，我国档案资源在数量和规模上取得较快发展的同时，在信息利用服务与档案价值实现方面却

---

　　① 　全国档案事业发展"十二五"规划（摘要）[J]. 机电兵船档案，2011（2）：4-5.

　　② 　全国档案事业发展"十三五"规划纲要[J]. 中国档案，2016（5）：14-17.

存在不足，主要面临三个方面问题：一是档案信息服务能力与社会需求之间的矛盾。档案资源广泛产生于社会各个领域，其资源总量与日俱增，但服务理念、服务方式、服务手段仍相对滞后，独立、分割、单干、各自为政、各行其是也普遍存在，难以实现档案资源的社会共享，尤其与日益增长的社会档案信息需求相距甚远。二是数字档案巨大资源量与价值实现之间的矛盾。数字档案是重要的信息资源，在城市建设、社会管理和文化发展中作用巨大，并且随着数字档案资源量的增长，其价值潜能日益增强，但目前数字档案馆与社会发展难以实现有效对接，档案价值难以得到有效实现。三是档案信息服务单一与公众需求多元之间的矛盾。目前，档案信息资源集成能力低，在线数字档案资源匮乏，信息检索方式落后，服务平台异构现象严重，只是静态、原始档案资源的简单利用服务，档案利用服务模式相对单一，服务手段滞后；而信息时代社会公众的档案意识不断提高，档案用户不断增长，用户类型多样，需求多元，档案服务部门难以满足广大公众用户的档案利用需求。因此，需要我们从理论到实践层面进行认真探索，破解难题，寻找解决的思路和方案。智慧城市的建设理念、发展思路、技术应用和信息需求可以为档案信息服务工作的质量提高和档案信息的价值实现提供良好契机。从服务角度讲，智慧城市建设与档案信息化建设都是以数字化、网络化和智能化的信息技术为基础，向社会公众提供普惠均等的个性化、知识化服务。因此，如何借鉴智慧城市的先进理念和服务模式，应用智慧城市中的新一代信息技术，分析智慧城市背景下档案用户的需求特点，进而探讨新型档案信息服务模式是一个兼具理论意义与实践价值的课题。

二、研究意义

本书在综合评述国内外学者关于智慧城市和档案信息服务模式研究成果的基础上，利用文献调查、实地调研、案例分析和对比分析等方法，针对智慧城市背景下新的技术应用和新的服务理念对档案信息服务各组成要素的影响关系，系统研究"智慧型"档案信息服务模式的理论框架、具体内容、技术实现以及运行保障，对档案信息服务工作的研究和开展具有一定的理论意义和实践意义。

（一）理论意义

第一，本书借鉴用户需求、传播学和信息生态链等理论方法进行多学科综合研究，对智慧城市背景下档案用户需求特点、档案信息服务系统流程和档案信息服务模式运行机制等方面进行研究，拓宽了研究思路，对档案管理、信息服务等理论体系的发展和完善具有一定的推动作用。

第二，本书通过研究档案信息服务活动的基本组成要素，理清这些组成要素之间的基本逻辑顺序和相互作用关系，并结合智慧城市特定背景构建出符合时代特征、适应档案发展、满足用户需求的"智慧型"档案信息服务模式，既有利于促进新环境下档案服务理论的深入探究，也有利于推进整个档案学理论体系的创新发展。

（二）实践意义

第一，随着我国经济社会的发展进步，数字化、网络化、智能化的程度将越来越高，档案工作正经历一个从接收保管纸质档案到接收保管电子档案，从管档案实体到管档案数据，从手工操作到信息化智能化操作，从档案资源分散利用到联网共享的变革过程。本书对智慧城市背景下的档案信息服务模式进行研究，既符合现实发展趋势，也有利于加快推进档案服务工作的转型升级，逐步实现以信息化、智能化为核心的档案管理利用现代化。

第二，服务工作是档案业务工作的主要内容，在整个档案事业发展进程中起着重要的驱动作用。随着物联网、互联网、云计算、大数据以及人工智能等技术的发展，传统档案服务模式在服务资源、服务对象和服务策略等方面的局限日渐突出，严重制约着档案信息的服务效率和服务质量。本书在借鉴智慧城市的先进理念和技术方案基础上，对"智慧型"档案信息服务模式的内容构成、技术实现进行详细论述，对档案业务部门创新服务理念、提高信息服务能力有一定的实践意义。

第二节　国内外研究概述

国内外专家学者关于本书主题的研究成果分别集中在智慧城市建设和档案信息服务模式两个方面。绝大多数学者是将两者单独进行研究，探讨档案信息服务模式的文献涉及智慧城市的不多，研究智慧城市理论和实践的成果也鲜有涉及档案信息服务的，但关于两者的研究都取得了丰硕的成果，能为本书的内容撰写提供丰富的理论基础和实践参考。因此，下文将分别从智慧城市和档案信息服务模式两个方面来进行综述。

一、国内外智慧城市理论研究与实践进展

智慧城市的问题主要属于计算机科学、社会科学、建筑学、工程学等研究领域。国内外关于智慧城市的理论研究尚处于探索与发展阶段，还不够成熟；但实践领域发展迅速，越来越多的城市加入智慧城市建设中。综合而言，国内外智慧城市理论研究与实践进展主要集中于智慧城市的概念与内涵、技术应用、评价指标体系、发展策略和建设实践五个方面。

（一）智慧城市的概念与内涵

在"智慧城市"概念正式提出之前，国外部分政府、机构或学者已经开始探索和研究与智慧城市建设相关的理论和实践。1990年，在美国加州旧金山召开了以"智慧城市、快速系统、全球网络"为主题的城市竞争力可持续发展会议，会后出版的文集 *The Technopolis phenomenon：Smart cities，fast systems，global networks*①

① Gibson D V, Kozmetsky G, Smilor R W. The Technopolis phenomenon：Smart cities, fast systems, global networks［M］. Lanham, MD：Rowman & Littlefiels Publishers, 1992.

成为最早研究智慧城市的重要文献。1994 年，Tokmakoff Andrew 与 Jonathan Billingto 共同发表了《智慧城市中的消费者服务》一文，首次将智慧城市作为一种新的城市形态进行研究。① 1992 年新加坡制订的 IT2000-智慧岛计划（1992—1999）体现出构建智慧城市愿景的端倪。② 2004 年韩国推行 u-Korea 战略、2007 年欧盟颁布《欧盟智慧城市报告》，这些规划也预示着政府对智慧城市的重视。2009 年，IBM 公司在基于 2008 年《智慧地球——下一代领导人议程》报告中提出的"智慧的地球"愿景基础上正式提出"智慧的城市"概念，此后智慧城市在全球城市化的建设中得到广泛推行。国内外专家学者、研究机构及 IT 企业对其给予了高度关注和深入研究。

　　国内外关于智慧城市的概念和内涵主要可以概括为三种观点：技术论观点、应用论观点和系统论观点。技术论观点主要是从技术的应用和架构等角度描述智慧城市，强调技术的重要性和决定性，认为智慧城市是在信息、通信、网络等技术支撑下更智能、更便捷的新型城市。应用论观点主要是从系统平台和应用体系角度描述智慧城市，强调系统平台的重要性，认为智慧城市是通过构建智能系统平台实现城市资源高效利用及经济社会可持续发展的网络城市。系统论观点主要是从整体发展角度描述智慧城市，强调系统整体的重要性，认为智慧城市是人与社会、环境、技术共融发展的生态系统。总之，技术论观点侧重于技术导向型，强调利用信息技术解决城市问题，注重的是城市建设的硬实力；应用论观点侧重于需求导向型，强调构建服务体系满足城市各种需求，注重的是城市建设的软实力；系统论观点侧重于系统导向型，强调技术、平台、人、城市的高度融合，注重的是城市建设的综合实力。这些观点并无对错、良莠之分，只是针对不同的城市特点、不同的城市发展阶段有着不同的参考价值和理论意义。

9

---

　　① Tokmakoff Andrew, Jonathan Billingto. Consumer services in smart city [C]. Adelaide：Home oriented informatics, telematics and automation, 1994.
　　② 马来西亚多媒体超级走廊发展现状与成功原因剖析 [EB/OL]. [2005-10-27]. http://www.istis.sh.cn/list/list.aspx? id=2339.

(二)智慧城市的技术应用研究

国内外智慧城市的技术应用研究主要涉及三个方面：一是从宏观角度强调信息技术在智慧城市建设中的重要性，如 IBM(2009)认为智慧城市是运用信息和通信技术手段感测、分析、整合城市运行核心系统的各项关键信息，从而对包括民生、环保、公共安全、城市服务、工商业活动在内的各种需求做出智能响应；① 科技部863 计划"智慧城市(一期)"项目组(2012)为智慧城市技术的整体发展提供了详细的布局性指导，提出了"六横两纵"智慧城市技术框架，如图 1-2 所示②。二是从中观角度利用相关技术构建智慧城市的框架、平台或模型，如：Wright S 等(2004)从信息技术角度提出了智慧社区的建设理论；③ Toppeta D(2010)利用技术分析提出了智慧城市建设的"经济—环境—交通—家庭—空间—政府"六维模型④。三是从微观角度详细研究智慧城市建设中的具体信息技术，如程大章(2012)对智慧城市的重要支撑技术：云计算技术、物联网、GIS 技术、建筑信息模型、信息安全技术等进行了详细研究；⑤ 李德仁等(2014)通过分析物联网技术和云计算技术提出了基于时空信息云平台的大数据服务，以实现对智慧城市中人和物的自动控制和智能服务⑥。

---

① 刘恋. 智慧城市信息服务体系建设及实证研究[D]. 长春：吉林大学, 2012：15.

② 王静远, 李超, 熊璋, 单志广. 以数据为中心的智慧城市研究综述[J]. 计算机研究与发展, 2014, 51(2)：239-259.

③ Wright S, Steventon A. Intelligent spaces—the vision, the opportunities and the barriers[J]. BT Technology Journal, 2004, 22(3)：15-26.

④ Toppeta D. The smart city vision：How innovation and ICT can build smart, "livable", sustainable cities[R]. The Innovation Knowledge Foundation, 2010.

⑤ 程大章. 智慧城市顶层设计导论[M]. 北京：科学出版社, 2012：17-74.

⑥ 李德仁等. 智慧城市中的大数据[J]. 武汉大学学报·信息科学版, 2014(6)：631-640.

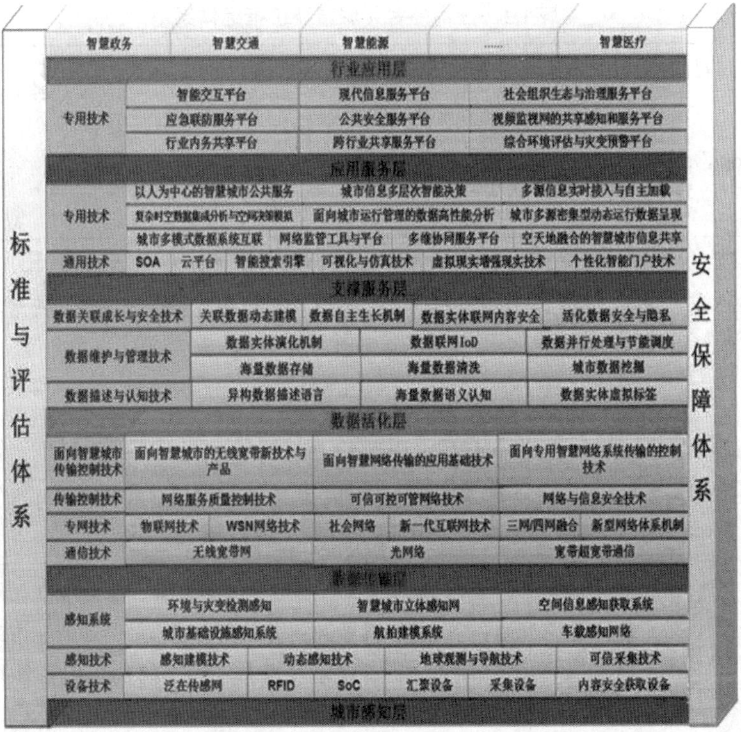

图 1-2 中国"863 计划"智慧城市项目总体技术体系架构①

(三)智慧城市的评价指标体系

智慧城市的评价指标体系研究是近年来国内外学术界和国际组织较为关注的问题。尤其在实践研究方面,一些地方政府、大学研究机构、智库组织、跨国公司等针对不同城市的状况和特点制定了一系列不同类型的智慧城市评价指标体系。表 1-1 列举了国内外比较有代表性和影响力的智慧城市评价指标体系。②

① 863 计划"智慧城市(一期)"项目组. 智慧城市技术白皮书(2012)[R]. 2012.

② 王静. 基于集对分析的智慧城市发展评价体系研究[D]. 广州:华南理工大学,2013:6-20.

表 1-1　国内外智慧城市评价指标体系

时间	提出者	评价方法	指标维度及构成
2006 年	ICF	定性分析法	5 个维度 18 项指标，五大维度：宽带连接、知识工作者、创新、数字包容、市场力。①
2007 年	欧盟 Giffinger 等研究团队	层次分析法	6 个维度 31 个方面 74 项指标，六大维度：智慧产业、智慧民众、智慧治理、智慧流动、智慧环境、智慧生活。②
2007 年	Lazaroiu G C 等	模糊数学评价法、雷达图分析法	4 个维度 18 项指标，四大维度：智慧经济、智慧治理、智慧环境、智慧能源和流动。③
2008 年	Kourtit K 等	自组织地图法	3 个维度 11 项指标，三大维度：商业和社会文化吸引力、劳动力和市政设施表现力、尖端的电子服务使用情况。④
2009 年	Lombardi P 等	网络分析法	5 个维度 60 项指标，五大维度：政府、企业、大学、市民、社会。⑤

---

① Intelligent Community Forum［EB/OL］.［2015-10-21］. http://www. intelligentcommunity.org.

② Giffinger, Rudolf, Christian Fertner, Hans Kramar, et al. Smart cities-Ranking of European medium-sized cities［J］. Centre of Regional Science, 2007 (11)：136-145.

③ Lazaroiu G C, Roscia M. Definition methodology for the smart cities model［J］. Energy, 2012(47)：326-332.

④ Kourtit K, Nukamp P, Arribas D, et al. Smart cities in perspective-a comparative European study by means of self-organizing maps［J］. Innovation：The European Journal of Social Science Research, 2012, 25(2)：229-246.

⑤ Lombardi P, Giordano S, Farouh H, et al. Modeling the smart city performance［J］. Innovation-The European Journal of Social Science Research, 2012, 25(2)：137-149.

续表

时间	提出者	评价方法	指标维度及构成
2009 年	IBM	雷达图分析法	7 个维度 28 项指标，七大维度：交通、通信、水、能源、城市服务、市民、商业。①
2010 年	邓贤峰和南京信息中心	定性分析法	4 个维度 21 项指标，四大维度：网络互连、智慧产业、智慧服务、智慧人文。②
2011 年	上海浦东	定量与定性结合法	5 个维度 19 个方面 64 项指标，五大维度：基础设施、城市公共管理和服务、城市信息服务、人文科学素养、市民主观感知。③
2012 年	Boyd Cohen	无	6 个维度 18 个方面 27 项指标，六大维度：智慧经济、智慧环境、智慧政府、智慧生活、智慧移动、智慧人民。④
2012 年	住建部	层次分析法	4 个维度 11 个方面 57 项指标，四大维度：保障体系与基础设施、智慧建设与宜居、智慧管理与服务、智慧产业与经济。

---

① Dirks S, Keeling M, Dencik J. How smart is your city？：Helping cities measure progress［EB/OL］. ［2016-10-21］. http：//www. ibm. com/smarterplanet/ global/files/uk_en_uk_cities_ibm_sp_pov_smartcity.pdf.

② 邓贤峰. "智慧城市"评价指标体系研究［J］. 发展研究，2010（12）：111-116.

③ "智慧城市指标体系 1. 0"发布［EB/OL］. ［2011-07-05］. http：//news. sina. com. cn/o/2011-07-05/065022757563.shtml

④ 白墨，高松涛. 中外两种智慧城市评价指标介绍和对比启示［J］. 城市发展研究，2014，21（2）：1-4.

13

续表

时间	提出者	评价方法	指标维度及构成
2016 年	国家发改委	定量分析法	8 个维度 21 个方面 54 项指标，八大维度：惠民服务、精准治理、生态宜居、智能设施、信息资源、网络安全、改革创新、市民体验。①
2020 年	上海市经济和信息发展研究中心	定量与定性结合法	3 个维度 10 个方面 40 项指标，三大维度：网络就绪、智慧应用、发展环境。②

　　由表 1-1 可知，国内外关于智慧城市的评价指标体系是根据不同的评价对象设置不同的评价指标和采取不同的评价方法，以期达到预期的评价目标。智慧社区论坛（ICF）（2006）制定的智慧社区评估指标强调城市或社区的宽带经济、文化氛围和和谐环境；欧盟委托奥地利维也纳理工大学教授 Giffinger 领导的研究小组（2007）所制定的评价指标体系最具代表性，它是以推动城市低碳、绿色、可持续发展为目标，考量的是欧盟中等城市的可持续发展能力与竞争力；Lazaroiu G C 等（2007）制定的评价指标体系强调经济、社会和环境的可持续发展；Kourtit K 等（2008）制定的评价指标体系强调经商业、社会和服务的可持续发展；Lombardi P（2009）制定的评价指标体系是为了探索智慧城市的推动因素；IBM（2009）所制定的评价指标体系是为了探索智慧城市的核心系统和活动要素；邓贤峰和南京信息中心（2010）是以南京市为预设的评价层面并根据其内涵和发展特点制定出评价指标体系；上海浦东（2011）是结合浦东新区实际情况，统筹考虑城市信息化水平、公共管理能力、人文素养、信息服务经济等方面的因素制定出评价指标体系；Boyd Cohen

---

　　① 国家发改委发布新型智慧城市评价指标（2016 年）[EB/OL]. [2016-12-01]. http://smartcity. 21csp. com.cn/c591/201612/11355288.html.
　　② 2019 上海智慧城市发展水平评估报告[EB/OL]. [2020-05-20]. http://sheitc. sh.gov.cn/xxfw/20200520/2890afb7b1cd488d92f5cb7da6cacce3.html/.

博士(2012)制定的评价指标体系强调创新城市和数字政府；住建部(2012)制定的评价指标体系强调城市基础建设和居民生活环境；国家发改委(2016)发布的评价指标体系突出"以人为本、惠民便民"的宗旨，注重城市居民的获得感、满意度和幸福感；上海市经济和信息发展研究中心(2020)发布的评价指标体系在充分关注智慧城市建设过程中相关重点工作外，进一步拓展了5G应用、政务服务、数字经济等领域的综合评估。

(四)智慧城市的发展策略

国外关于智慧城市发展策略的理论研究相对不多，他们更关注与技术应用或是实际建设。但也有少数学者研究了智慧城市建设的发展途径、发展原则，智慧城市建设规划、建设层面等问题。例如：Hall(2000)提出，一个聪明的城市应该对路桥、地铁、机场、电力、通信、给排水等重要的基础设施进行监控并整合。智慧城市要重视基础设施建设，优化资源，完善城市服务，并且对于一些预防和维护活动也要进行规划、确保城市安全。① Komninos(2006)指出智慧城市建设一定要以宽带经济与技术创新为基础。具体建设策略涉及三个层面，一是涉及城市居民的科学认知、智力水平以及创新和创造力；二是涉及城市居民的整体智慧、协同合作与组织创新；三是涉及人工智能嵌入城市环境以及被城市人口所利用即通讯基础设施、数字空间和提供给城市居民的在线运用工具。② Edward和Mary(2010)讨论了智慧增长及生态城市的定义、发展途径和14条可持续发展的原则。并分析了智慧增长及生态的城市对争取更加可持续的发展模式的影响。③ Batty等(2012)描述了"智慧城市未来愿景所要实现的目标，预测了可能面临的挑战，并提出了当前的重

15

① Hall R E. The vision of a smart city：Paris[C]. 2000：8-9.

② Komninos N. The architecture of intelligent cities：Conference proceedings intelligent environments[C]. London：Institution of Engineering and Technology, 2006：53-61

③ Edward J Jepson Jr, Mary M Edwards. How possible is sustainable urban development? An analysis of planners' perceptions about new urbanism, smart growth and the ecological city planning[J]. Practice & Research. 2010, 25(4)：417-437.

点建设领域：物质、文化、环境、经济、社会等。① Bibri(2018)指出未来智慧城市的可持续发展将面临除技术以外的财政、组织、体制、社会、政治、监管和道德等方面的挑战，从而针对这些问题提出了一系列应对的途径。②

目前，国内关于智慧城市建设策略方面的研究主要有两种不同的建设思路。一种是，借鉴 IBM 公司对智慧城市建设的构思和实施路径，即强调信息技术对城市管理的影响，通过开发工具化的、有机互联的城市管理系统，形成对城市物理空间和实体资源的高效管理与使用。③ 如杨再高(2012)认为智慧城市要率先推进物联网及智能信息技术，对城市现存经济、社会及城市各系统进行智慧化改造，构建智能化的城市基础与服务设施体系，率先推进物联网等技术研发及大规模产业化，发展智慧经济，构筑智能社会，最终成为互联网、物联网和云计算有机结合及广泛应用的智慧化城市。他将智慧城市发展策略概括为：加快构建智慧城市基础设施和城市基础设施智慧化改造；加强技术研发和人才培养；培育以物联网产业为重点的新兴产业集群；促进社会发展和城市管理智慧化；积极推进示范应用及带动。④ 另一种是，借鉴欧洲智慧城市研究组织提出的以新兴城市发展理念为核心的建设策略，即主要延续创新城市、低碳城市的建设发展脉络，提出通过"智慧经济、智慧公众、智慧治理、智慧流动、智慧环境、智慧生活等六个领域的建设来实现智慧城市"⑤。有些学者是从全方位进行研究，如成思危(2010)认为智慧城市是使用各种先进的技术手段尽可能优化地配置各种核心资

---

① M Batty, K Axhausen, et al. Smart cities of the future [J]. The European Physical Journal Special Topics, 2012(1)：481-518.

② Bibri S E. Smart sustainable cities of the future：The untapped potential of big data analytics and context aware computing for advancing sustainability [M]. Berlin, Germany：Springer, 2018.

③ 赵大鹏. 中国智慧城市建设问题研究[D]. 长春：吉林大学, 2013：22-24.

④ 杨再高. 智慧城市发展策略研究[J]. 科技管理研究, 2012(7)：20-24.

⑤ 埃比尼泽·霍华德. 明日的田园城市[M]. 金经元, 译. 北京：商务印书馆, 2000.

源，他指出智慧城市建设体系中的四大核心资源及其各自功能是：以人为基础，以土地为载体，以信息为先导，以资本为后盾。① 辜胜阻、王敏（2012）认为智慧城市建设是经济发展模式创新在特定空间上的具体体现，是一场信息产业再升级和信息技术创新引导的城市经济社会转型和生产生活方式变革。他们提出推动智慧城市建设策略包括：推动市场"无形之手"和政府"有形之手"相结合；坚持技术创新与金融创新"两轮驱动"；处理好信息基础设施建设与信息集成共享的关系；重视技术标准建设和完善法律规范；采取以典型示范带动整体推进的发展模式。② 有些学者是从其中一个方面进行阐述，如王操（2011）提出"建设智慧政府的基本思路可以按照'智慧化服务'的要求从建设理念、顶层设计、前端布局、后端设计以及知识资源开发利用的角度展开"③。张毅（2020）认为智慧城市建设在践行需求导向、应用导向和服务导向基础上，要将数据作为智慧城市建设的关键核心资源，通过建立数据资源管理部门、推进数据确权工作、加快数据共享开放等措施，缩小"数字鸿沟"，提升智慧城市建设成效。④

总体而言，国内外智慧城市建设策略的关注焦点正在由顶层设计中硬件基础设施建设转变为技术创新、应用和服务、人文环境等综合实力的培养。

（五）智慧城市的建设实践

智慧城市建设最早可以追溯到1992年新加坡制订的IT2000-智慧岛计划（1992—1999），这是全球智慧城市的萌芽。2004年，韩

① 成思危："智慧城市"需四大要素［EB/OL］.［2010-05-22］. http://www.cb.com.cn/opinion/2010_0522/131037.html.

② 辜胜阻，王敏. 智慧城市建设的理论思考与战略选择［J］. 中国人口·资源与环境，2012（5）：74-80.

③ 王操. 上海建设智慧政府的战略思路［A］. 上海社会科学院信息研究所. 智慧城市论丛［C］. 上海：上海社会科学院出版社，2011：69.

④ 张毅. 智慧城市建设要践行三个导向［J］. 国家治理，2020，23（2）：187-189.

17

国推出了 u-Korea 发展战略，积极建设信息化基础设施，希望使韩国提前进入智能社会。2006 年，新加坡启动了"智慧国家 2015"建设计划。2007 年，欧盟提出了一整套智慧城市建设目标，包括智能建筑、智能能源网络、智能城市交通和智能医疗系统等。2009 年，美国爱荷华州的迪比克市与 IBM 宣布共同建设美国第一个智慧城市，通过高新技术将该市完全数字化并将城市所有资源进行互联，实现智能化响应市民的需求。① 同年，英国发布了 *Digital Britain*，这实际是英国建设智慧城市的一个战略规划，强调城市建设更加注重智能化和环境友好，以创新政府公共服务、增加公众在线利用公共服务的能力为目标。同年，日本提出"i-Japan 战略 2015"，该战略以提升电子政务、医疗、教育三大公共服务领域为目标。2010 年，中国逐步开始智慧城市建设，主要以信息基础设施建设和社会服务与管理应用为重点突破口。2014 年，住房城乡建设部办公厅和科学技术部办公厅联合发布了 84 个城市入选国家智慧城市 2014 年度试点名单，我国智慧城市总数达到 277 个；同年，工信部联合八部委制定的《促进我国智慧城市健康有序发展的指导意见》是指导地方智慧城市建设的重要文件。

国内外部分代表性城市的智慧城市建设实践见表 1-2 和表 1-3。

表 1-2　国外部分国家或城市的智慧城市建设实践

国家/地区	时间	项目或实践名称	建设特点	典型城市
新加坡	1998 年	智慧岛计划	网络化	新加坡市
	2006 年	iN2015 计划	智能化、集成、创新	
	2014 年	智慧国家 2025	智能连接、数据共享、智慧服务	

① 金江军. 迈向智慧城市：中国城市转型发展之路[M]. 北京：电子工业出版社，2013：27-28.

续表

国家/地区	时间	项目或实践名称	建设特点	典型城市
韩国	2004 年	u-Korea	移动互联网应用	首尔、仁川
	2011 年	Smart Seoul 2015	智能绿色城市	
	2020 年	智能城市首尔推进计划	物联网、大数据、6G	
日本	2004 年	u-Japan	信息通信技术	东京、藤泽、北九州
	2009 年	i-Japan 战略 2015	数字技术、信息技术与经济社会融合	
	2014 年	可持续智慧城镇	智慧社区、智慧能源	
欧盟	2005 年	i2010	通信技术、新媒体	阿姆斯特丹、斯德哥尔摩、哥本哈根、维也纳等
	2010 年	欧洲 2020 战略	低碳、环保、绿色、智能发展	
美国	2009 年	智能电网发展计划	智能电网	迪比克、纽约、西雅图、圣荷西
	2014 年	智慧城市发展计划	流动网络、绿色愿景	
英国	2012 年	数字英国	宽带网络、开放数据	伦敦、格洛斯特、布里斯托
	2015 年	智慧伦敦计划	数据开放、智能能源管理、智能交通	
澳大利亚	2011 年	国家数字经济战略	智能、绿色、环保	布里斯班
	2017 年	电子布里班斯 2.0	透明、便捷、包容	

表 1-3　国内部分城市的智慧城市建设实践

城市	时间	名称	规划或愿景
台北	1999 年	无线台北	相继开展了无线宽频计划、"数码城市、行动台北""无线台北、台北无限""智能城市、优质生活"等建设项目。
	2008 年	i-236智慧生活	以智慧小镇和智慧经贸园区为推动轴,在防灾、节能、交通、农业休闲等领域开展智慧生活科技创新应用服务示范。
上海	2011 年	智慧城市行动计划	实施智慧化引领的"活力上海五大应用行动",强化信息基础设施、信息技术产业和网络安全保障"三大支撑体系"。
	2016 年	智慧城市建设规划	以便捷的智慧生活、高端的智慧经济、精细的智慧治理、协同的智慧政务为重点,以新一代信息基础设施和网络安全保障为支撑,初步建成以泛在化、融合化、智敏化为特征的智慧城市。①
北京	2012 年	智慧北京行动纲要	建成先进完备的信息基础设施,实现完善的城市运行管理体系,以解决城市发展的迫切需求和人民生活水平的提高为重点,形成信息化与城市社会各方面深度融合的发展态势。②
苏州	2012 年	智慧苏州369 计划	三大领域:信息基础设施、应用推广和相关产业发展;六大平台:地理信息共享、综合信息共享、综合决策支持、市政设施管理、物联网应用、智慧服务;九个示范工程:智慧医疗、交通、物流、电网、旅游、农业、社区、城管、安全。

---

　　① 上海市推进智慧城市建设"十三五"规划[EB/OL].[2017-03-21]. http://www.shanghai.gov.cn/nw2/nw2314/nw2319/nw12344/u26aw50147.html.

　　② 智慧北京行动纲要[EB/OL].[2016-08-02]. http://zhengwu.beijing. gov.cn/gh/xbqtgh/t1433033.htm.

续表

城市	时间	名称	规划或愿景
广州	2012年	智慧广州	构建以智慧新设施为"树根"、智慧新技术为"树干"、智慧新产业为"树枝"、智慧新应用和新生活为"树叶"的智慧城市树形框架，实现低碳经济、智慧城市、幸福生活三位一体的发展理念。
杭州	2016年	城市大脑	首先把城市的交通、能源、供水等基础设施全部数据化，连接城市各个单元的数据资源，打通"神经网络"，并联通"城市大脑"的超大规模计算平台、数据采集系统、数据交换中心、开放算法平台、数据应用平台等五大系统进行运转，对整个城市进行全局实时分析，自动调配公共资源。①
深圳	2018	新型智慧城市建设总体方案	构建统一支撑：涵盖全面感知网、通信网络和计算存储资源的集约化智慧城市支撑体系；建设两个中心：城市大数据中心和智慧城市运行管理中心；实施四大应用：推进公共服务(包括政务服务、医疗、教育、社区服务等)、公共安全(包括公安、应急、安全生产等)、城市治理(包括交通、环保、水务、城管等)、智慧产业(包括智慧园区、智慧工厂、创新服务平台和大数据产业等)四大领域应用工程建设；强化两个保障：建立"防御、监测、打击、治理、评估"五位一体的网络安全保障体系，构建满足新型智慧城市建设需求的标准规范体系。②

①　杭州推出"城市大脑"智慧城市计划［EB/OL］.［2016-10-13］. https://m.huanqiu.com/article/9CaKrnJY3RB.

②　深圳市人民政府关于印发新型智慧城市建设总体方案的通知［EB/OL］.［2018-08-28］. http://www.sz.gov.cn/zfbgt/gzwj/gz/201808/t20180828_14040891.htm.

综上所述，智慧城市概念起源于国外，且在评价体系、新技术应用等方面做出了深入研究，很多智慧城市建设已纳入国家规划或城市规划中；与之相比，国内的智慧城市研究起步较晚，但是发展迅速，无论在基本理论研究还是建设实践探索都有了长足发展，也引起了政府、企业(尤其是IT公司)、研究机构等众多领域的普遍关注和积极参与。但总体而言，理论研究还落后于实践需求，宏观规划较多，微观落实较少，信息技术应用较多，管理服务探索较少，尤其是智慧城市建设过程中关于信息需求和信息服务的研究较少，在智慧城市背景下档案信息服务研究更是少之又少。

二、国内外档案信息服务模式研究现状

(一)国外档案信息服务模式研究现状

鉴于检索结果的权威性、全面性，本书结合澳大利亚研究理事会2010年公布的档案学期刊排名，以及LISA(图书馆学与情报学文摘)专业数据库中所包含的档案学期刊，确定以 *Archival Science*、*Archivaria*、*American Archivist*、*Archives & Manuscripts*、*Archives & Records*、*Library Management* 等十余种重要档案学期刊为检索对象，分别通过Emerald、EBSCO、Web of Science、Springer Link、Wiley等数据库以"archive＊"and"service＊"and("mode"or"pattern")为检索式进行主题词检索，对检索结果进行内容信息优化筛选，剔除相关性较低的文章后共得到相关文献58篇(检索时间：2017-08-21)。

从收集到的文献来看，国外档案信息服务模式的研究成果主要集中在以下几个方面：

1. 基于用户需求角度研究档案信息服务

Patrick P(2003)从学者、学生、社会工作者和研究人员的需求出发，介绍了互联网档案馆的重要性和建设现状，并详细阐述了利用互联网档案馆检索网页档案资源的具体方法。[1] Haesen M 等

---

① Patrick P. The internet archive：An end to the digital dark age[J]. Social Work Education, 2003, 39(2)：343-348.

（2003）通过调查视频存档浏览的现状，提出应以用户为中心，建立自动视频索引，以提高视频存档检索的互动可视化与可用性。①Duff M W 等（2006）以档案工作者的视角探讨档案参考服务中令用户满意和不满意的地方，分析存在的障碍，并提出提供有效档案参考服务需要具备的知识和技能。② Senturk B（2012）提到用户满意度在档案信息服务中具有重要作用，作者认为档案部门要考虑影响用户满意度的多种不同因素，并提出了一些具体的服务指标。③Power C 等（2017）介绍了数据挖掘和图像搜索元数据（DADAISM）的项目工作，并提出建设在线档案方面的互动式系统架构设计思路，以便为用户提供更加便捷高效的检索与浏览体验。④

2. 基于技术应用角度研究档案信息服务

Johanna Chua L 等（2003）基于 XML 技术设计出虚拟展示系统，并应用于新加坡数字档案馆的在线虚拟展览，以满足不同用户群的信息需求。⑤ Ulrich N 等（2006）探讨了利用现代信息技术将档案数据库、档案数字化和电子文件管理系统通过连接聚合到同一网络上形成综合数字档案馆，并且通过该数字档案馆可以实现在线登记、数字化、预约和利用等功能。⑥ Yakel E（2006）探讨了 Web2.0 功能

① Haesen M, Meskens J, Luyten K, Coninx K. Finding a needle in a haystack: An interactive video archive explorer for professional video searchers[J]. Journal Citation Reports, 2013(2): 331-356.

② Duff M W, Fox A. "You're a guide rather than an expert": Archival reference from an archivist's point of view[J]. Journal of the Society of Archivists, 2006, 27(2)129-153.

③ Senturk B. The concept of user satisfaction in archival institutions[J]. Library Management, 2011, 33(1): 66-72.

④ Power C, Lewis A, Petrie H, Green K, Richards J. Improving archaeologists' online archive experiences through user-centred design[J]. Assoc Computing Machinery. 2017(1): 1.

⑤ Johanna Chua L, Schubert F. Creating virtual exhibitions from an XML-based digital archive[J]. Information Science, 2003, 29(3): 143-158.

⑥ Ulrich N, Harald S. On the way to a digital archive: The example of Mannheim 1[J]. The Society of Archivists. 2006, 27(2): 201-212.

在档案检索系统中的应用,以及未来如何将这些功能融入其他网站。① Duff M W 等(2013)通过调研发现档案馆很少利用社交媒体来吸引用户,以至于用户参与度仍然比较低,但他们认为社交媒体有潜力使档案大众化、公益化、丰富化,也有利于提高公众的参与度。② Duff M W 等(2015)认为档案馆应该研究一种更基本的方法以促进用户参与,他们描述了最近的合作项目和技术以鼓励对传统的树型模型服务方式进行改进,并建构新的利用档案馆服务的根茎式模型,这些项目和技术包括社交媒体众包项目、游戏化技术、交互式地理信息系统、移动应用以及重混档案照片。③

3. 基于实践应用角度开展档案信息服务

与理论研究相比,国外数字档案信息服务实践探索则更为频繁且成效显著。20 世纪末,随着信息技术与互联网的快速发展,国外档案馆逐渐开始通过开发档案利用系统或建设档案网站来提供高效便捷的档案信息服务。具体实践状况如下:

(1)美国档案信息服务现状。

美国档案工作的定位和重心就在于社会信息服务,其服务思想、服务手段、服务目标都处于一个较为开放和领先的水平。以美国国家档案与文件署(National Archives and Records Administration,简称 NARA)为例,其于 1998 年提出电子文件档案馆(ERA)实施方案,永久保存联邦政府电子文件,实现电子文件的"一站式"服务和综合利用,并在 2011 年将 ERA 系统全部上线。NARA 网站(http://www.archives.gov/)有超过 35 亿份电子档案,可供检索的数据库有:"在线公共获取系统"(OPA)、"缩微品目录"(MC)、"档案研究目录"(ARC)、"档案获取数据库"(AAD)、"档案图书

---

① Yakel E. Inviting the user into the virtual archives[J]. OCLC Systems & Services: International digital library perspectives, 2006, 22(3)159-163.

② Duff M W, JOHNSON C A, CHERRY J M. Reaching out, reaching in: A preliminary investigation into archives' use of social media in Canada[J]. Archivaria, 2013(75): 77-96.

③ Duff M W, Haskell J. New uses for old records: A rhizomatic approach to archival access[J]. American Archivist, 2015, 78(1): 38-58.

信息中心"(ALIC)等，其中 OPA 是一个在线跨库检索系统，可以为用户检索所有 ARC 中的数据、部分 AAD 中的数据、约百万份来源于 ERA 的电子文件以及大量政府网页和总统图书馆网页资源。① OPA 现已更新为国家档案资源目录系统(The National Archives Catalog)，该检索系统包括 ERA 系统内超过 200 万条电子文件的检索，用户通过它可以检索所有 NARA 门户网站上的网页信息，并且连同与该网页信息相关的档案资源。NARA 网站还非常注重与用户的交互式服务，充分利用 Facebook、Flickr、Twitter、Wiki、RSS Feeds、Youtube、Foursquare 等社交媒体工具，改变传统的服务公众模式，开创与公众实现互动和交流的新方式，方便用户通过多种渠道和方式与他们取得联系并获取服务。值得注意的是，NARA 专门成立了一个信息服务办公室(Office of Information Service)来管理 NARA 与信息技术、项目、工程、过程及设施相关的所有事情，从而推动信息服务的开展。②

(2)英国档案信息服务现状。

英国是较早拥有国家档案馆网站和开展电子档案研究及远程利用的国家之一，1995 年开始建立英国国家数字档案馆，1998 年向社会提供档案利用服务，2006 年凭借"国家档案馆全球搜索""国家档案馆的数字化项目""国家档案馆的学习网站"三个项目，以丰富的数字资源满足公众需要，成为英国最受欢迎的五大政府网站之一，2013 年推出最新最主要的在线数据库"Discovery-our catalogue"，收录了 2000 多万份关于英国社会和英国历史的档案，链接了来自国家档案馆的 11 个数据库、来自合作网站的 18 个数据库以及来自其他档案机构的 3 个数据库。③ 以英国国家档案馆门户网站(http://www.nationalarchives.gov.uk/)为例，该网站以"用户至

25

---

① 蒋冠，李晓. 美、英、澳三国国家档案馆网站数字档案资源服务情况调查与分析[J]. 档案学研究，2013(5)：82-90.

② National Archives[EB/OL]. [2015-08-13]. http://www.archives.gov/.

③ 高彩燕. 中外公共档案馆在线信息服务的比较研究[D]. 太原：山西大学，2015：19.

上"为服务宗旨，针对不同用户设置不同主题服务，并且为各种用户提供免费获取、邮件获取、档案交易获取等多种多样的信息获取方式①；网站不仅为每个浏览者提供个人主页(My page)这一特色服务，还嵌入社交媒体工具如 Facebook、Flickr、Wikimedia Commons、Twitter、Youtube、RSS 等，创建与公众交流的新方式，并实现网络信息的"推送(Push)"服务和高效的信息"聚合(Syndication)"功能②。

(3)澳大利亚档案信息服务现状。

澳大利亚也是较早建设国家档案馆网站并重视档案信息服务的国家，2001 年即开始尝试在网上提供档案数字拷贝服务，有超过2400 万幅纸质档案的扫描图像能够通过在线数据库"Record Search"免费查看，而对于没有提供数字拷贝的档案，用户可以通过在线申请或订购。2016 年澳大利亚国家档案馆(The National Archives of Australia，简称 NAA)颁布数字化信息管理规划，政府机构的工作全面转向数字化，将以数字化方式管理和利用信息。以澳大利亚国家档案馆门户网站(http://www.naa.gov.au/)为例，其提供的在线数据库"Record Search"收录了 9 千个档案来源(档案出品方和收录方等机构、个人或组织)、6 万个系列和大约 800 万份文件、地图、海报等档案的著录信息，以及 120 万份档案的数字拷贝；该网站还有一个照片搜索数据库"Photo Search"，用户可以通过关键词、日期等检索项查找、浏览、下载和打印数量超过 29 万幅照片。③ 此外，澳大利亚国家档案馆网站还提供个性化服务并重视利用社会化媒体开展档案信息服务，NAA 为了便于用户快速、准确地检索到所需信息，针对学生、教师、专家、求职者、志愿者、新闻工作者、商人等各种类型的用户提供服务，还利用了

———————

① 朱兰兰，马倩倩. 英国国家档案馆网站信息服务的特点[J]. 档案学通讯，2010(5)：61-64.

② The National Archives[EB/OL]. [2015-08-13]. http://www.nationalar chives.gov.uk/.

③ 高彩燕. 中外公共档案馆在线信息服务的比较研究[D]. 太原：山西大学，2015：20-21.

Facebook、Twitter、YouTube、Flickr 和 History Pin 等多种社交媒体提供交互服务。①

（4）加拿大档案信息服务现状。

加拿大很早也开展了卓有成效的档案信息服务。2003 年加拿大国家图书馆与档案馆合并，成为世界上最早将图书馆与档案馆合二为一的国家级机构。加拿大图书档案馆（Library and Archives Canada，简称 LAC）秉承"顾客聚焦型"的服务理念，采取各种手段提升自己的信息服务水平。LAC 网站提供"一站式"搜索服务，通过档案搜索（Archives Search）可以搜索加拿大图书档案馆著录的数以万计档案材料，包括文本、照片、音频、肖像、邮政、地图、建筑和其他资料等。② 在信息组织上，LAC 也采取了按用户类型来组织信息的方式，例如 LAC 网站的"学习中心"栏目就提供了老师（For Teachers）和学生（For Students）两个不同入口，利用者可根据自己的身份浏览感兴趣的资源，方便快捷。③

（5）日本档案信息服务现状。

21 世纪初，日本档案事业随着互联网的发展和普及迎来了蓬勃发展，其在政治、经济、文化、历史等诸多领域建立了档案网站为社会公众提供档案信息服务。其中，国立公文书馆通过在网站上建立档案目录数据库、图像数据库、重要文化财产数据库以及特定历史公文数据库等，为用户随时、随地、自由、免费地利用档案信息提供方便。④ 另外，2005 年日本亚洲历史资料中心（Japan Center for Asian Historical Records，简称 JACAR）网站上公布了 740 万张数字图片以便人们利用，预计后续将开放利用超过 2800 万份图像，

①　毛天宇. 澳大利亚国家档案馆网站人性化设计研究[J]. 云南档案. 2013(6)：42-44.

②　魏佳丽. 中外档案在线服务比较研究——基于中、美、英、澳、加五国档案网站的调查[D]. 杭州：浙江大学，2010：40.

③　Library and Archives Canada[EB/OL]. [2015-08-13]. http://www.bac-lac.gc.ca/eng/Pages/home.aspx.

④　李贤静. 日本档案网站信息服务研究[D]. 保定：河北大学，2016：8-12.

堪称全球规模最大的数字化档案馆。JACAR 网站最大的特色在于不仅提供英语的接口，而且目录与接入口都支持日英两种语言。因此，尽管文件所用语言为日语，但是访问者可以用英文的关键词或词组来搜索数据库文件。

（6）荷兰档案信息服务现状。

荷兰一直以来都比较重视档案服务工作，在关注到新时期社会获取信息渠道由实体阅读向虚拟浏览的转变趋势后，荷兰国家档案馆就积极推动与实施数字档案保存与推广计划。该计划除了实现基本的档案查询、在线申请、现场利用外，重点加强数字档案的应用服务，即在对馆藏档案完成数字化扫描基础上提供馆内全文影像浏览；同时，以"容易查询""使用者需要""主题性"为主要原则开展在线展览，展览内容包括照片、移民许可证、书信、移民档案名单等多种形式影像资料，用户可以使用具体时期范围内的地名、人名、重大事件等关键词进行检索，也可以在浏览在线展览的同时即时链接查询相关的档案，使用户对档案馆馆藏有更全面的了解。此外，荷兰国家档案馆还把一部分自己没有版权的馆藏珍贵历史图片数字化，并上传至 Flickr 网络空间，向全球免费开放。①

（7）新西兰档案信息服务现状。

21 世纪以来，新西兰也较为重视档案服务工作，其国家档案馆共收集包括文件、地图、绘画、摄影和电影在内的由 9 万个书架装容的档案，其中 7.5 万套档案可供公众通过阅档室查阅。2007年，新西兰国家档案馆开始实施数字化工作，并通过建设和完善国家档案馆网站为用户提供研究指南、信息表及其他利用服务；还允许用户在线获取文件，鼓励民众利用馆藏数字档案资源进行学术研究和查询政府信息。②

（8）克罗地亚档案信息服务现状。

---

① 马妮."互联网+"下的公共档案馆创新服务研究［D］.西安：西北大学，2018：39.

② 李孟秋.开放数据环境下英国、美国、新西兰数字档案资源再利用的特点及其启示［J］.浙江档案，2017（8）：36-38.

克罗地亚国家档案馆于 2006 年开始启动 ARHiNET 项目，2012 年正式实施。该项目获得克罗地亚文化部支持，整合了 450 个文件保管机构的所有档案，覆盖数字化扫描和数字化生成档案资源。它属于国家层次的档案综合信息服务，角色包括对国家档案遗产的保护、对国家档案信息完整性的维护、促进档案文件广泛利用；采用集中统一管理的方式，建立基于国际标准的统一档案信息系统，提供面向用户的档案收集、加工和呈现及文件形成监督指导。该项目是克罗地亚电子政务项目的有机组成，对确保公民信息利用，支持公共管理的透明和问责有积极贡献。①

总体而言，国外对档案信息服务模式的研究更注重实用性，更多体现在实践层面，他们通过建立各具特色的档案网站和信息系统为公众提供信息服务，并且其功能定位从"宣传展示型"转变为"互动服务型"，这种互动服务型有利于增强社会的档案意识，激发公众对档案信息的关心。

(二)国内档案信息服务模式研究现状

关于国内档案信息服务模式的研究，本书利用中国知网（CNKI），选择中国期刊全文数据库、中国优秀博士论文全文数据库、中国优秀硕士论文全文数据库、中国重要会议全文数据库和中国重要报纸全文数据库，以"档案"and"信息服务"and（"模式"or"模型"）为检索式进行主题检索，剔除相关性较低的文章后获得相关文献 282 篇（检索时间：2020-07-31）。

为了对该主题研究文献进行高度概括和精炼描述，本书采取共词分析法，其基本原理是"对一组词两两统计它们在同一篇文献中出现的次数，以此为基础对这些词进行聚类分析，从而反映出这些词之间的亲疏关系，进而分析这些词所代表的学科和主题

29

---

① Vlatka, Lemic. Building of integrated national archival network in Croatia：Connecting administration, archives and public in practice ［EB/OL］. ［2013-08-19］. http://www.ica2012.com/files/pdf/Full% 20papers% 20upload/ica12Final00019.pdf.

的结构变化"①。利用该方法，本书对 282 篇研究文献的原始数据进行预处理，提取关键词字段并统计频次，共获得 806 个关键词字段，累积出现频次为 1902 次，其中选取出现频次≥4 的 72 个高频关键词如表 1-4 所示。

表 1-4 频次≥4 的高频关键词

关键词	频次	关键词	频次	关键词	频次	关键词	频次
档案信息服务	81	服务	14	社交媒体	8	智慧城市	5
信息服务	79	个性化服务	13	大数据	8	信息用户	4
数字档案馆	60	档案信息资源	13	高校	7	APP	5
档案信息	54	云计算	12	档案馆网	7	服务水平	4
服务模式	37	馆藏档案	12	信息化	7	有偿服务	4
档案	27	信息需求	11	知识服务模式	7	网络信息服务	4
档案利用	25	信息技术	11	数字档案信息	7	档案信息网络	4
信息服务模式	22	网络环境	11	信息资源	7	业务管理自动化	4
档案馆	21	公共档案馆	11	档案信息化	7	知识经济时代	4
档案服务	20	用户服务	10	高校档案	6	服务工作	4
档案网站	19	创新	10	数字化	6	档案人员	4
档案管理	17	高校档案馆	11	微信	6	社会化	4
档案用户	17	数字档案	9	信息服务方式	5	目录数据库	4
档案工作	16	档案利用者	8	档案数字化	5	企业档案	5
用户需求	16	个性化	8	现行文件	5	档案馆工作	4
知识服务	15	档案事业	8	信息	5	服务质量	4
资源共享	15	数字化档案	8	信息化社会	5	档案馆信息	4
模式	15	知识管理	8	集成服务	5	信息资源整合	4

---

① 冯璐，冷伏海. 共词分析方法理论进展［J］. 中国图书馆学报，2006
（2）：88-92.

本书利用 Sati 对以上的高频关键词生成关键词共现矩阵，然后对高频关键词进行数据整理：一是删除没有检索意义的高频关键词，二是合并同义和近义关键词，最终得到 60×60 的关键词矩阵。将共现矩阵导入社会网络分析软件 Nodexl 中，选择 Clauset-Newman-Moore 对节点进行聚类，最终得到高频关键词共现网络①，具体如图 1-3 所示。

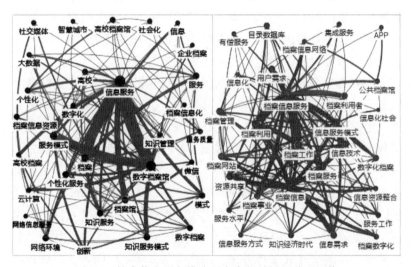

图 1-3　档案信息服务模式研究高频关键词共现网络

在高频关键词共现网络中，代表关键词的圆点越大表示出现频次越高，两个关键词之间的连线代表他们的共现关系，连线越粗表示共现次数越多，联系越紧密。由图 1-3 高频关键词共现网络可以看出，中心度最大的点是信息服务和档案信息服务，其次是数字档案馆和档案利用。针对本书研究主题，结合共现网络图，可以发现与档案信息服务模式最为相关的研究主题包括数字档案馆、知识服务（知识管理）、个性化服务、信息技术（云计算、大数据、社交媒

31

① 刘宇，魏瑞斌，方向明. 国内期刊评价知识图谱研究——基于 CSSCI（1998—2014 年）的计量分析[J]. 图书与情报，2015(5)：81-91.

体)、用户需求(信息需求)、集成服务、资源共享、有偿服务等方面，本书重点基于"数字档案馆""知识服务""个性化服务""云服务""面向用户""信息集成"等理念进行档案信息服务模式综述。

1. 基于"数字档案馆"理念的服务模式

1996 年在北京召开的第十三届国际档案大会，给我国档案界带来了很多"新鲜"的理念，美国档案学者戴维·比尔曼(David Bearman)提出的"虚拟档案馆"概念引起了广泛关注。21 世纪初，我国档案界已掀起了一股"数字档案馆"研究热潮，冯惠玲、何嘉荪、傅荣校等众多国内档案学者都涉足该领域的研究，其中也有学者从不同角度对数字档案馆的服务模式进行探讨。

2007 年，袁红军从用户需求和档案的数字化发展变化对数字档案馆服务模式发展进行分析，并提出复合型分布式分层次服务模式、集成信息服务模式和个性化信息服务模式。[①] 同年，刘明探讨了数字档案馆信息服务的三种模式：基于档案馆业务工作的"馆员中心"模式、基于数字档案信息资源开发利用的"资源中心"模式和基于数字档案信息服务集成的"用户中心"模式。[②] 2008 年，王进平详细论述了数字档案馆参考咨询服务模式的具体形式：网上参考源、常见问题解答(FAQ)、网上导航、电子邮件咨询、电子公告牌系统、实时交互式参考咨询、网络合作式等。[③] 同年，彭忱提出服务主导型数字档案馆信息服务模式是档案人员通过网络平台为利用者提供信息服务，具体分为四种模式：统一信息访问平台、网上参考咨询模式、个性化服务模式、信息服务协作平台。[④] 2009 年，王俊琦提出了数字档案馆综合信息服务模型(图 1-4)，该模型是一种基于用户信息活动的数字信息资源管理与服务系统，包括电子邮

32

---

① 袁红军. 数字档案馆服务模式研究[J]. 档案，2007(1)：19-21.

② 刘明. 数字档案馆信息服务模式研究[J]. 档案学通讯，2007(5)：13-17.

③ 王进平. 数字档案馆参考咨询服务模式探究[J]. 档案，2008(2)：41-44.

④ 彭忱. 服务主导型数字档案馆模式研究[J]. 北京档案，2008(6)：22-23.

件咨询、BBS、实时交互、网络合作四种方式。①

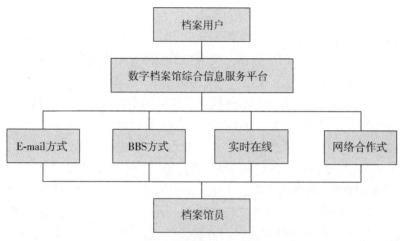

图 1-4　数字档案馆综合信息服务模型图

　　总体而言，数字档案馆功能建设仍存在"重管轻用"的现象，在服务模式研究过程中，也比较注重传统形式的信息服务方式，对基于互联网、移动互联网等新的网络环境下，如何利用数字档案馆服务平台开展多元化、个性化、智能化服务还需进一步探索。

　　2. 基于"知识服务"理念的服务模式

　　知识服务是在知识经济背景下诞生的、以提供知识资源为目标的全新服务。1994 年，特里·库克曾提到："档案工作者应由实体保管员向知识提供者过渡，成为概念、知识的提供者，以应对电子时代的挑战"②，其中即包含了"知识服务"的思想。近年来，随着信息资源的爆炸性增长，人们在庞杂信息中寻求和获取知识的难度

---

　　①　王俊琦. 数字档案馆综合信息服务模型构建探究［J］. 档案，2009（4）：13-15.

　　②　特里·库克. 电子文件与纸质文件观念：后保管及后现代主义社会里信息与档案管理中面临的一场革命［J］. 刘越男，译. 山西档案，1997（2）：7-13.

越来越大，正如约翰·奈斯比特在《大趋势》一书中所说："我们淹没在信息之中，但仍处于知识的饥渴中。"然而，随着信息技术自动化、网络化、智能化的深入发展，如何发挥档案资源的优势，利用现代信息技术挖掘蕴藏在档案文献资源中的知识内容，对其进行有效的知识组织并向广大用户提供知识服务，也逐渐成为档案界关注的热点。

档案界关于档案知识服务模式的研究较多，研究学者诸如周毅（2002）①、徐拥军等（2009）②、赵丹阳（2009）③、马玉杰等（2009）④、杨力等（2010）⑤、李建忠（2013）⑥、苗媛等（2015）⑦、牛力等（2015）⑧、张斌等（2016）⑨，他们关于知识服务模式的研究内容涉及参考咨询服务、个性化知识服务、合作式知识服务、虚拟型知识服务、追踪服务、自助服务、团队化服务、随需应变式服务、特色专题服务等方面。因有些服务模式存在交叉、相近的内容，所以概括出来主要有以下几种基本模式，如表 1-5 所示。

---

① 周毅. 知识服务：档案管理部门的新目标[J]. 档案学研究，2002（5）：48-50.

② 徐拥军，陈玉萍. 传统档案服务向知识服务过渡研究[J]. 北京档案，2009（4）：16-18.

③ 赵丹阳. 数字档案馆知识服务模式及其评价研究[D]. 长春：吉林大学，2009：26-33.

④ 马玉杰，郑悦，等. 档案馆开展知识服务的可行性与服务模式探讨[J]. 档案学通讯，2009（6）：42-45.

⑤ 杨力，姚乐野. 基于知识管理的数字档案馆服务体系构建[J]. 档案学通讯，2010（1）：58-60.

⑥ 李建忠. 试论档案信息资源的知识组织与服务模式[J]. 档案管理. 2013（1）：49-50.

⑦ 苗媛，尚珊. 公共档案馆网站知识服务模式构建研究[J]. 浙江档案，2015（4）：10-13.

⑧ 牛力，王为久，韩小汀. "档案强国"背景下的档案知识服务"云决策平台"构建研究[J]. 档案学研究，2015（5）：74-77.

⑨ 张斌，郝琦，魏扣. 基于档案知识库的档案知识服务研究[J]. 档案学通讯，2016（3）：51-58.

表 1-5　档案知识服务模式相关研究

名称	模式内容	具体方式
自助知识服务	档案人员根据以往服务的经验及对用户需求内容的分类,对高频次且重复率高的需求,借助信息技术手段提供标准化服务和解决方案,由用户采用自助服务的方式满足其需求。	FAQ、网上检索、网上展览、自动摘要。
参考咨询服务	以用户提问为出发点,档案人员根据馆藏资源状况并综合馆员、专家等知识和智力资源,将用户所需知识及问题解决方案提供给用户的服务。	传统参考咨询服务、网络参考咨询服务、专题咨询服务。
合作式知识服务	又称"集成化服务""团队化服务",依据某一特定问题组织相关领域专家构成知识团队,提供给用户专业、全面的知识服务。	独立式团队服务、嵌入式团队服务。
个性化知识服务	以用户需求为导向,根据不同用户的档案信息需求,通过对用户兴趣、使用偏好、利用行为等进行分析并主动提供能满足其需要的知识服务。	导航服务、定制服务、推送服务、智能代理服务、数据挖掘服务。
追踪服务模式	一种基于专业化、个性化、深层次的综合知识服务,通过追踪信息服务活动,将用户利用过程中的隐性需求转换为针对用户的显性需要,协助用户将信息内容转换成知识。	用户跟踪服务、专题跟踪服务、项目跟踪服务。

　　总之,"知识服务"理念被引入我国档案学研究后,已逐渐成为影响我国档案信息服务模式探索的重要理念。但是,目前无论是在理论还是实践方面,我国档案知识服务模式还处于起步阶段,尤其在实践领域,如何挖掘档案中蕴藏的知识资源,进行有效的组织和开发,并实现其为领导决策、为社会服务的价值,有待深入探索。①

35

————————

　　①　赵跃,周耀林. 知识管理视阈下的档案信息资源合作开发模式探析[J]. 档案学研究,2015(5):66-73.

3. 基于"个性化"理念的服务模式

"个性化服务"的理念兴起于 20 世纪末的商业领域，随后逐渐拓展到信息、文化等服务领域，个性化服务是针对特定用户需求的专门服务。随着移动互联网和社交媒体等技术的普遍应用，用户对信息资源的需求从普遍化和标准化逐渐趋向于多样性和个性化，而开展档案个性化服务也日益成为档案界普遍关注、研究和探索的话题。

2006 年，黄萃、陈永生从 Agent 技术与功能和个性化信息服务特性角度出发，构建了基于 Agent 的数字档案信息个性化服务体系模型①；同年，金凡研究了网络环境下档案信息个性化服务，提出了网络环境下档案信息个性化服务系统的一般模型，该模型比较简洁，但能够描述网络环境下一般的档案信息个性化服务流程，具体如图 1-5 所示②。

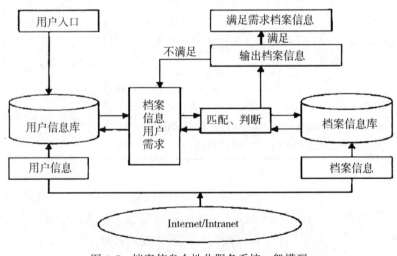

图 1-5　档案信息个性化服务系统一般模型

---

①　黄萃，陈永生. 基于 Agent 的数字档案个性化服务体系研究[J]. 档案学通讯，2006(5)：56-60.

②　金凡. 试析网络环境档案信息个性化服务[J]. 档案与建设，2006(S1)：22-23.

2007 年，张卫东、王萍通过对现代档案用户行为的分析，基于对用户兴趣、角色、背景等因素的高度关注，根据用户个性化的需求提供特色服务而构建了基于数字档案馆的个性化服务模式，具体如图 1-6 所示。①

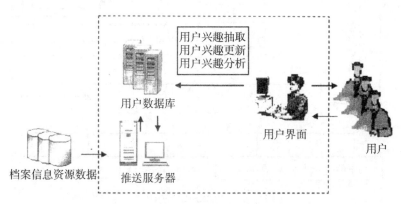

图 1-6　基于数字档案馆的个性化服务模式

2013 年，连志英提出了一种基于用户需求的个性化数字档案信息服务模式，该模式基于对数字档案信息需求、用户行为的分析，对数字档案信息用户进行分类并构建信息用户模型，同时通过建设数字档案信息服务平台，为不同用户提供相应的个性化数字档案信息服务，具体如图 1-7 所示。②

总之，尽管现代信息技术的发展为个性化服务提供了机遇，但作为新兴事物，档案个性化服务的理论研究和实践探索仍进展缓慢，如何在大量的数字资源中找到符合用户需求的档案信息资源，如何精准的把握和预测用户的信息需求，如何恰当地应用信息技术实现服务功能等诸多问题，仍需档案工作人员和研究人员共同深入

①　张卫东，王萍. 档案用户需求驱动的个性化服务模式研究［J］. 档案学通讯，2007(2)：82-86.

②　连志英. 基于用户需求的个性化数字档案信息服务模式构建［J］. 档案学通讯，2013(5)：49-53.

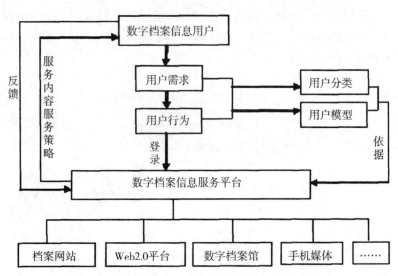

图 1-7 基于用户需求的个性化数字档案信息服务模式

探索。

4. 基于"云服务"理念的服务模式

"云计算"概念的提出,为信息资源的共享研究带来了机遇。在数字档案资源大量产生和急剧增长的背景下,云计算技术的应用为档案信息共享和用户便捷利用创造了条件。国内诸多实践人员和专家学者以云计算技术为基础,借鉴"云服务"理念,探讨了多种基于云计算的档案信息资源共享模式。

2011 年,吕元智提出国家档案信息资源"云"共享服务模式。该模式是一种社会化、集约化和专业化的档案信息资源服务模式,是以云共享理念为指导,通过构建国家档案信息资源共享服务云平台,将分散的国家档案信息资源(包括档案信息、档案服务设施、设备、档案服务人员等)组织起来,实现国家档案信息资源的高度共享和高效利用,具体如图 1-8 所示。①

———————

① 吕元智. 国家档案信息资源"云"共享服务模式研究[J]. 档案学研究, 2011(4): 61-64.

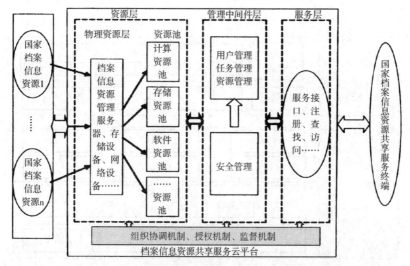

图 1-8　国家档案信息资源"云"共享服务模式示意图

2013 年，牛力、韩小汀针对档案信息资源整合问题，从管理与内容两个方面展开论述，在档案管理整合层面提出基于基础设施层、数据整合处理层、业务应用层、公共服务层的档案信息资源管理模型，在资源内容整合层面引入"云计算"平台，以服务为主线，通过"支撑云""业务云"和"公共云"平台提供不同级别的档案内容与资源服务，具体如图 1-9 所示。①

此外，还有人提出利用云计算技术在档案馆中建立"公共云模式""私有云模式"和"混合云模式"②；利用云计算技术构建数字档案资源云服务平台等③。在互联网和移动互联网日益普及的情况下，将云计算技术和云服务理念应用于数字档案馆（室）建设，已

---

①　牛力，韩小汀. 云计算环境下的档案信息资源整合与服务模式研究[J]. 档案学研究，2013(5)：26-29.

②　刘伟谦，李华莹. 云计算在档案馆中的应用模式初探[J]. 档案学研究，2012(2)：73-76.

③　程结晶. 云技术中数字档案资源共享与管理体系的构建[J]. 中国档案，2013(1)：66-68.

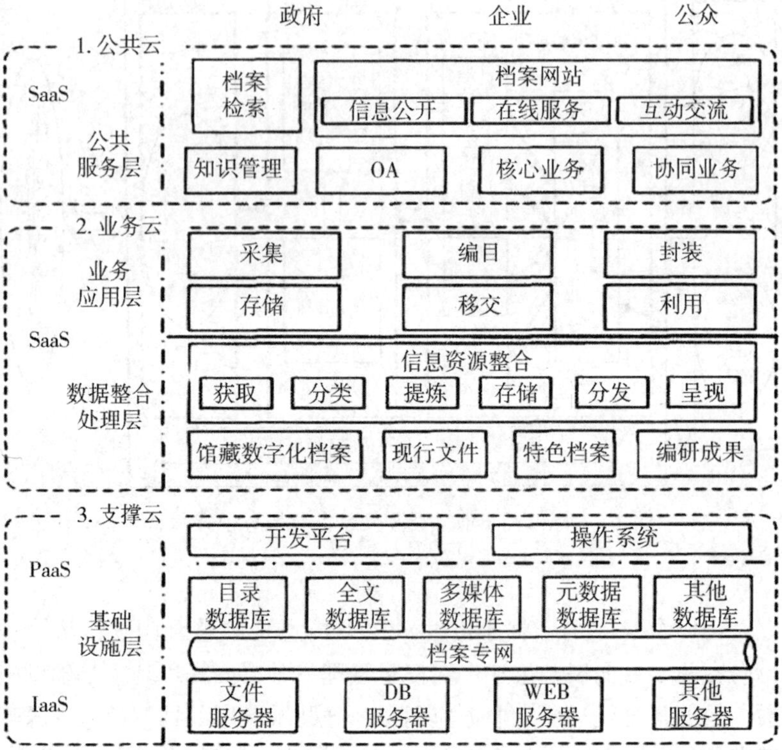

图 1-9 档案信息资源"云服务"模型

成为实现档案资源有效存储与服务的路径之一。

5. 基于"面向用户"理念的服务模式

随着我国档案工作观念的转变，特别是在"以人为本，服务民生"政策的引导下，档案服务工作"面向用户，以用户需求为导向"成为档案服务模式探索过程中的重要指导思想。

2006 年，陈霞将客户满意度（Customer Satisfaction，简称 CS）这一概念引入档案信息服务模式当中，提出网络环境下的档案馆应构建传统与数字兼而有之的现代信息服务模式。① 2007 年，吕元

① 陈霞. 导入 CS 管理构建档案信息服务新模式［J］. 兰台世界，2006 （1）：54-55.

智站在不同层次用户需求的角度，通过对基于载体的实体化服务模式和基于内容的虚拟化服务模式的分析，提出构建档案信息资源复合动态服务模式，具体如图 1-10 所示。①

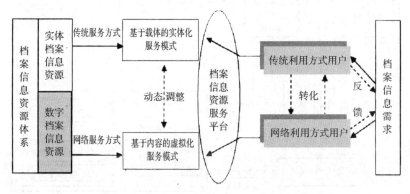

图 1-10　档案信息资源的复合动态服务模式

2013 年，梁孟华针对档案交互服务内容，具体包括用户与用户之间的交互、用户与档案信息系统之间的交互以及用户与交互服务内容(资源、环境)之间的交互，在此基础上构建了面向用户的交互式数字档案服务模型，该模型由参与交互服务的用户、交互系统、交互内容和交互评价系统四个模块组成，实现了用户、交互系统和档案资源在网络环境下的耦合，具体如图 1-11 所示。②

2017 年，周耀林、赵跃针对社会公众、档案资源建设、档案服务之间存在相互剥离的现象，提出了面向公众的档案资源建设与服务联动模式，并对该模式的涵义、特点、平台搭建和运行机制进行了详细阐述，具体如图 1-12 所示。③

41

①　吕元智. 论现阶段我国档案信息资源复合动态服务模式构建[J]. 档案学通讯，2007(2)：39-43.

②　梁孟华. Web2.0 形态下面向用户的交互式数字档案服务研究[J]. 档案学通讯，2013(6)：65-69.

③　周耀林，赵跃. 档案资源建设与服务联动模式探析[J]. 档案学通讯，2015(5)：51-57.

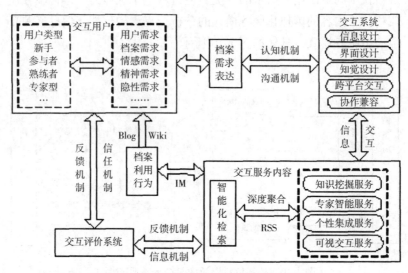

图 1-11　基于用户交互的数字档案服务模型图

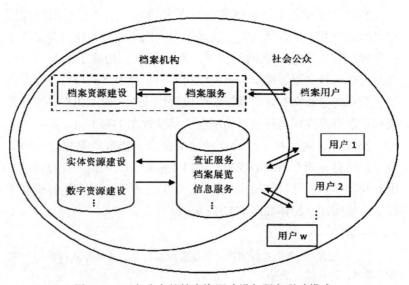

图 1-12　面向公众的档案资源建设与服务联动模式

2018 年，连志英、朱宏涛基于对国内外档案机构在社会化媒体平台环境下档案信息服务的现状调查，构建了参与式档案信息服务模式，该模式改变了传统档案信息服务的权力关系，档案利用者作为具有一定权力的能动主体参与档案信息服务中，有利于同其他利用者及档案工作者形成"想象的共同体"而形成身份认同，共同促进档案信息服务的发展，具体如图 1-13 所示。①

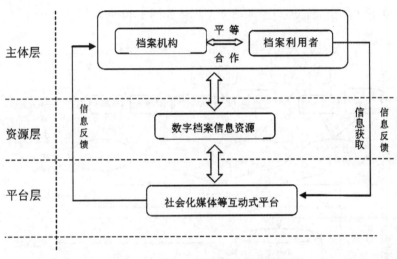

图 1-13　参与式档案信息服务模式

　　总之，在面向用户的模式构建中必须重视用户需求变化，关注用户的满意度，加强用户的实践参与和利用体验，注重用户在档案资源建设与档案服务中的"联动"效应。

　　6. 基于"信息集成"理念的服务模式

　　集成服务是 20 世纪末 21 世纪初兴起于信息资源管理领域的一种重要理念，它强调对资源、服务和系统进行有效集成，并通过综合集成的服务系统平台向用户提供服务，实现"一站式"的服务。随着研究的深入，集成服务涉及的对象已经延伸到电子文件、数字

　　① 连志英，朱宏涛. 参与式档案信息服务模式：社会化媒体环境下档案信息服务新模式[J]. 档案学通讯，2018(4)：59-64.

档案馆、科技档案等内容。

2005 年，金更达、何嘉荪指出，电子文件的集成管理包括系统集成、数据集成和服务集成三个层面。其中，服务集成是将所有服务集成在一起，通过具有交互功能的公共服务平台为用户提供服务；同时通过系统集成和数据集成，为用户提供统一的信息服务入口来实现检索、定位等功能。按照以上思路，构建了基于元数据的电子文件集成管理与服务模型，具体如图 1-14 所示。①

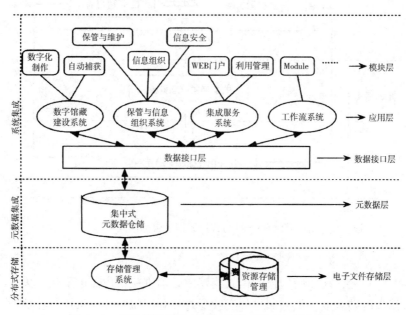

图 1-14　基于元数据的电子文件集成管理与服务模型

2009 年，梁孟华提出了面向用户的集成检索服务机制，即通过提供统一的检索接口和集成搜索引擎，为档案用户提供简单、便捷的浏览和检索服务，具体如图 1-15 所示；同时，还提出利用智能代理技术实现对档案资源和服务功能的集成管理，从而帮助档案

①　金更达，何嘉荪. 数字档案馆模式探讨——基于元数据的电子文件集成管理与服务研究之二[J]. 档案学通讯，2005（5）：54-58.

用户通过集成服务平台获得"一站式"服务，具体如图 1-16 所示。①

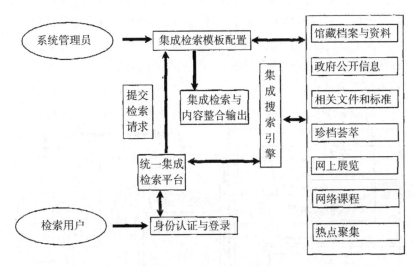

图 1-15　面向用户的集成检索服务机制

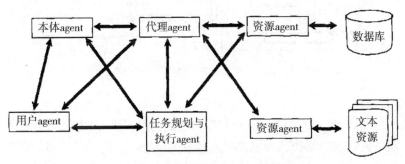

图 1-16　基于智能代理的档案信息集成服务机制

2010 年，薛四新提出了一种基于集成管理思想的服务型数字档案馆集成平台架构，在对比国内数字档案馆建设单一型和区域型

---

① 梁孟华. 面向用户的档案信息集成服务模式研究［J］. 档案学研究，2009（2）：47-50.

两种主流模式基础上，为适应和谐型、节约型、发展型、信息资源广泛利用型信息社会的发展特点，构建出 IT 集约化服务型数字档案馆运行模式（OSDA），通过搭建一个面向现代档案管理工作的集成服务平台，将数字化档案信息实施集中统一、标准规范的管理，最终实现集成化的档案信息服务，具体如图 1-17 所示。①

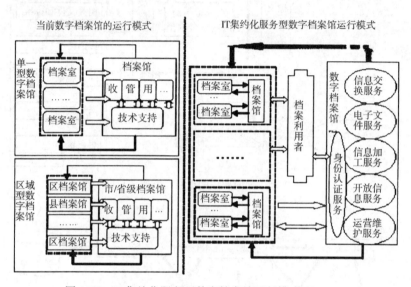

图 1-17　IT 集约化服务型数字档案馆运行模式（OSDA）

2018 年，李灵雪、房开乾提出一种适用于军工集团的集成式服务型数字档案馆建设模式，通过集约化建设、集成式管理、租户式扩展、"一站式"共享利用来建设数字档案馆，并通过该集成式服务型数字档案馆系统实现资源集成、馆室互动、信息互通、整体提升，具体如图 1-18 所示。②

---

① 薛四新. IT 集约化服务型数字档案馆运行模式研究[J]. 档案学通讯, 2007(5)：10-13.
② 李灵雪, 房开乾. 军工集团集成式服务型数字档案馆建设模式探讨[J]. 办公自动化, 2018(9)：48-52.

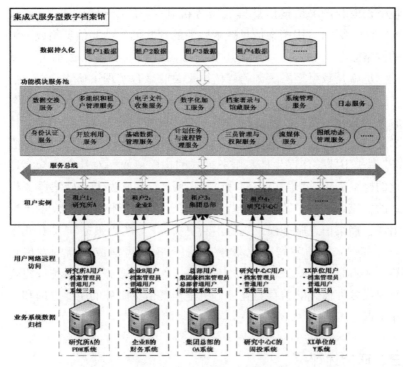

图 1-18　集成式服务型数字档案馆运行模式

　　在档案信息化建设背景下，集成服务理念对档案服务的影响颇深。除了上面提到的面向用户的档案信息集成服务模式、基于集成管理思想的服务型数字档案馆集成平台架构，还有学者提出了科技档案信息资源集成服务模式以及企业档案信息集成的组织联盟型运营模式、互为客户型运营模式、垂直水平型运营模式等。① 此外，对于集成服务模式的实现，梁孟华引入"全面质量管理"的方法，强调从管理制度和流程上进行规范；② 王兰成提出要构建大数据环

---

　　① 何振，易臣何. 企业档案信息集成的几个运营模式探讨与设计[J]. 档案学通讯，2013(4)：57-61.

　　② 梁孟华. 基于全面质量管理的档案信息集成服务研究[J]. 档案学通讯，2011(1)：94-98.

境下档案与图书情报信息集成服务机制;① 屠跃明引入"融汇"技术方法，提出运用档案信息融汇服务的理念创建档案信息集成融汇的网络服务平台;② 吕元智还研究了实现数字档案集成服务的基础，也就是数字档案资源跨媒体语义关联聚合实现策略③。

总体来看，档案信息服务模式不是固定不变的，它会随着档案服务的变化而变化。随着智慧城市的建设和发展，服务民生和新技术应用将成为档案信息服务模式变化的重要动因。传统的"实体服务"模式主要关注民生档案服务模式的构建，而面对社会大众多样化的档案需求，"信息服务"和"知识服务"将成为未来档案服务模式的主流。同时，智慧城市背景下新技术、新媒体、新理念的不断出现，档案信息服务模式也将不断更新，"个性化服务""交互式服务""移动式服务""智能化服务"等服务模式可能成为新的发展趋势。在新时代背景下，面对档案服务工作的新形势，坚持传统模式与现代多种模式的共存与互补，将是档案信息服务的主要方向和工作重点。

三、研究述评

综上所述，国内外专家学者关于档案信息服务都有了一定程度的理论研究和实践探索，尤其在档案信息服务模式方面进行了多角度、跨领域的研究，比如：有的从服务内涵角度研究建立服务模式的重要性，有的具体研究某一服务模式的内容和功能，有的从技术应用角度研究如何实现某一服务模式，有的针对某一服务模式研究具体的服务方式，有的从质量评价角度评估服务模式的效果。总体而言，国外对档案信息服务模式的研究更注重实用性，更多地体现

---

① 王兰成. 大数据环境下档案与图书情报信息集成服务机制的构建[J]. 档案与建设, 2014(12)：4-7.

② 屠跃明. 数字档案信息融汇服务系统的研究与实践[J]. 档案学研究, 2014(4)：65-70.

③ 吕元智. 数字档案资源跨媒体语义关联聚合实现策略研究[J]. 档案学研究, 2015(5)：60-65.

在实践层面，他们主要通过技术应用和服务实践来探究有效的档案服务模式，而在理论概括和模式总结方面稍显欠缺；国内对档案信息服务模式的研究则更倾向于理论性，更多的是概念解析和理念设想，缺乏对档案实践工作中运行模式的实证分析。

分析国内外关于该主题的研究成果，可以看出目前的研究还存在一些不足：一是在研究的内容上，阶段性特征比较明显，普适性总结比较缺乏。近年来，国家政策的导向、服务意识的改变、信息技术的出现、用户需求的变化、服务理念的更迭等，都对档案服务模式的研究产生影响，使得不同研究阶段具有不同的特点；信息服务活动主要由信息用户、信息服务者、服务内容和服务策略四个要素组成，服务模式则是对这些要素及其相互关系的描述①，而关于这四个要素的变化及其相互关系的基本服务模式研究不多。二是在研究的方法上，从理论或实践的某一角度研究的文献较多，从理论结合实践进行整体性分析和探讨的文献相对较少。国外重点侧重实践领域的研究，倾向于信息技术的应用探索；国内则侧重理论研究，倾向于概念借鉴、理念设想和模式设计，而将实践经验进行理论概括和提炼，或将理论模式进行实践应用和验证，这两方面的研究则尚不多见。三是在研究的深度上，涉猎范围较广，但完整的理论体系较少。尤其是国内关于档案信息服务模式的研究，涉及的主题和范围有数字档案馆、知识服务、个性化服务、云计算、用户需求、信息集成等诸多方面，但相关理论研究成果较为零散且研究深度不够，尚未形成具有一定影响力的理论体系。四是在研究的创新上，"嫁接"的成果较多，"独创"的成果较少。国内外学者对档案信息服务模式的研究都较为关注政策的导向、技术的演进和理论的借鉴，尤其在知识服务、个性化服务、云服务等领域借鉴管理学、图书馆学、计算机科学等相关研究成果较多，虽然具有一定的前沿性和热点性，但其中也存在缺乏论证的"生搬硬套"式的研究，而真正从档案的本身特点出发，从信息的本质角度研究，从而形成符

---

①　陈建龙. 信息服务模式研究[J]. 北京大学学报(哲学社会科学版)，2003，40(3)：124-132.

合档案研究与实践特色的自主创新式成果还有待加强。

按照模式的定义，上述文献所进行的模式分类或针对某一模式某方面的研究都可以归为档案信息服务模式的一种，但其适用范围存在局限性；而且随着社会环境的变化和信息技术的发展，档案信息服务模式也将随之变化并出现新的模式。本书拟从信息服务模式的基本内涵入手，即对信息服务的组成要素（服务主体、服务客体、服务内容、服务策略）及其相互关系进行描述，针对各个组成要素的主导作用强度不同总结概括出不同的档案信息服务模式；同时，针对当今智慧城市建设的时代特点：数字化、网络化、智能化，对信息技术的智能应用与信息人的主观能动相结合的新型服务模式进行全面分析，以期深入阐释基本服务模式在新的时代背景和社会环境中的应用和拓展。

第三节　研究内容与创新点

一、核心概念界定

不同的时期、不同的作者、不同的立场，对同一概念往往有不同的定义和理解，为体现学术研究的规范性和严谨性，有必要对本书的核心概念进行界定。

（一）智慧城市

智慧城市的提法是从"Smart City""Intelligent City""Wisdom City"三个用得较多的英文词汇翻译而来。这三个英文词汇更多的是从信息技术推进城市发展的角度来使用，更侧重于强调"物"的智能化。但中文翻译为"智慧城市"，而非"智能城市""聪明城市"，其实是加入了"人"的智慧参与，其含义也变得更加丰富。《辞海》中"智慧"的解释是：对事物能认识、辨析、判断处理和发明创造的能力，《新华字典》中"智慧"的解释是：对事物能迅速、灵活、正确地理解和解决的能力。由此可知，将"智慧"一词连接"城市"，既要强调智慧城市"智"的一面，即智能化、自动化；又要重视其"慧"的一面，即灵活性、人文化、创造力。因此，智慧城市应该是从强调物的智能化，到突出物的智能化和人的自主化相结合；从强调小众参与，到突出小众参与和大众参与相结合；从强调物物互动，到突出物物互动、人物互动、人人互动相结合。①

综合国内外专家、学者及相关组织对智慧城市的定义及对"智""慧"二字的理解，本书认为：智慧城市是综合应用互联网、物联网、云计算、大数据、人工智能等技术，全面感知城市时空信息，通过泛在互联、资源集聚、信息共享等方式实现信息资源的高效运转，为城市运行、政府管理、企业发展和公众需求提供便捷、智能的信息服务，最终实现人、社会、环境间的健康、和谐、可持续发展的新模式和城市新形态。本书主要从信息角度来研究智慧城市，将其主要内涵概括为：建设基础是信息资源、重要支撑是信息技术、核心本质是信息服务、最终目的是以人为本。

(二)档案信息服务

信息，是物质存在的一种根本属性，在人类社会活动的各个领域都存在。信息奠基人香农认为"信息是用来消除随机不确定性的东西"。② 我国信息学专家钟义信认为"信息是事物存在方式或运动状态，以这种方式或状态直接或间接的表述"。③ 结合研究内容，本书认为信息既是对事物运动状态和变化内容的反映，也是通信过程中传递的有用数据。

所谓信息服务，就是从社会现实出发，以充分发挥信息的社会作用、沟通用户的信息联系和满足用户的信息需求为目的，通过对

51

---

① 维基百科. 智慧［EB/OL］.［2015-02-08］. http://zh. wikipedia. org/wiki/%E6%99%BA%E6%85%A7.

② 苗东升. 系统科学精要［M］. 北京：中国人民大学出版社，1998：242.

③ 魏宏森. 系统理论及其哲学思考［M］. 北京：清华大学出版社，1988：247.

相关信息资源的采集、整理、存储、加工和分析，并最终向用户提供其所需要的信息或信息产品的一种社会服务活动。①

档案信息服务是指档案部门以保障公民档案信息资源利用的权利和满足公众档案信息需求为目的，通过对馆藏档案资源的收集、整理、存储、加工、处理和分析，在服务理念支配下向社会和公众提供档案信息，进行档案信息传播以最大限度地发挥档案信息社会价值和经济价值的活动与过程。

本书的研究主题是智慧城市背景下的档案信息服务，这就限定了档案信息服务的背景环境是智慧城市。智慧城市是城市信息化的高级阶段，其建设的前提是具备数字化基础，这就决定档案信息服务是以数字档案资源为主；智慧城市强调新一代信息技术如：物联网、云计算、大数据等技术的应用，这就要求改变传统档案服务的方式，使档案信息服务方式转向移动化、智能化、个性化；由于智慧城市环境下的政府管理、产业发展、科学研究、经济运行与人民生活等各个方面都与档案信息联系紧密，因此档案信息服务范围将更加广泛，服务内容也更加多样；智慧城市背景下的信息用户具有较高的信息素养，他们的档案信息利用意识将更强、利用类型和利用手段将更多、利用质量将更高，这将决定档案信息服务理念转为以用户为中心，充分实现智慧城市的最终目标——以人为本。

（三）模式

《辞海》中"模式"的定义为"事物的标准样式"，其中"模"意为"规范，标准，效仿"；"式"意为"样子，特定的规格"。《软科学知识辞典》中"模式"的定义："是对现实事件的内在机制以及事件之间关系的直观和简洁描述，是理论的一种简化形式，能够向人们表明事物结构或过程的主要组成部分，以及这些部分之间的相互联系。"②综合来看，模式是指从工作经验和社会经验中经过抽象和升

① 胡昌平. 信息服务管理［M］. 北京：科学出版社，2003：5.

② 王培智. 软科学知识辞典［M］. 北京：中国展望出版社，1988：776-777.

华提炼出来的核心知识体系，是对客观事物内外部机制直观而简洁的描述。简言之，模式是把解决某类问题的方法总结归纳到理论高度，它是一种指导，有助于做出一个更优的解决方案，达到事半功倍的效果。

英国社会学家麦奎尔和他的助手温德尔合著的《大众传播模式论》中提到模式方法的应用："我们将每个模式看作是用图像形式对某一客观现象进行有意简化的描述。每个模式试图表明的是任何结构或过程的主要组成部分以及这些部分之间的相互关系。"该书将模式分为："结构性"模式和"功能性"模式，"结构性"模式是描述某种现象的结构，如收音机的线路图；"功能性"模式是从能量、力量及其方向等角度来描述各系统、各部门之间的关系和相互作用。①

本书用模式的方法来研究档案信息服务，是希望借鉴信息传播和信息服务的研究思路，采用"功能性"模式方法对档案信息服务活动的组成要素及要素间的相互关系进行描述，通过建立具有共性的档案信息服务模式，理顺智慧城市背景下档案信息服务所涉及各个要素的关系，让它们彼此相互作用、相互协调，以求在新的技术环境和社会环境中找到新的理论和方法来推进档案信息的利用服务。

二、研究内容

"智慧城市背景下的档案信息服务模式研究"，并不仅仅是针对某一方面的需求问题所采取单一的服务对策或模式，而是涉及智慧城市背景下档案信息服务的服务主体、服务客体、服务内容、服务方式、服务技术等诸多方面，这些方面的问题需要以"智慧城市"为背景条件、以"档案资源"为研究对象、以"信息服务模式"为核心内容来综合思考，研究和探讨有针对性、适用性、全面性和前

53

① 丹尼斯·麦奎尔，斯文·温德尔. 大众传播模式论[M]. 祝建华，武伟，译. 上海：上海译文出版社，1987：2-3.

瞻性的档案信息服务模式。在这样的目标策动下，本书主要围绕如下内容展开研究：首先，系统梳理智慧城市与档案信息服务的相关理论研究，厘清档案信息服务模式的内涵、组成要素及发展变化，根据档案信息化的发展历程分析其中存在的三种代表性服务模式："馆员型""资源型"和"用户型"档案信息服务模式；其次，针对智慧城市的特点详细分析智慧城市背景下档案信息服务模式转变的现实条件和要素变化，从而提炼和概括出新的社会环境下档案信息服务模式转变的动力机制和理论支撑，并从模式的内涵出发构建出"智慧型"档案信息服务模式；最后，对"智慧型"档案信息服务模式的内容构成、技术实现和运行保障机制进行详细论述，以期构建出能揭示档案信息服务活动共性规律并具有广泛适用性的新型档案信息服务模式，从而为档案信息服务模式的创新发展提供理论参考和实践借鉴。

三、研究创新点

本书是在大量搜集现有文献资料的基础上，对部分国内具有代表性的市级档案馆信息服务活动进行实地调研，从理论视角全面梳理了档案信息服务模式的要素关系和发展变化，并尝试使之系统化。本书的特色和创新之处在于结合当今时代智慧城市的发展背景，将智慧城市的管理理念、技术应用、服务方式探索性地引入档案信息服务的研究领域，提出了一种新的综合"物"的"智"和"人"的"慧"的"智慧型"档案信息服务模式，并对该模式的内容结构、技术实现和运行保障进行了详细论述。本研究的创新点主要表现在以下四个方面：

第一，提出从要素关系角度分析档案信息服务模式的研究思路。本书借鉴传播学理论和信息生态链理论，对档案信息服务模式的内涵、组成要素、要素关系和变化发展进行了全面和深入的分析，认为档案信息服务模式是对档案信息服务活动中组成要素及其相互作用关系的描述，其本质是在信息服务活动过程中通过调整各要素间相互关系组合而实现用户需求满足的最优化。档案信息服务模式包括服务主体、服务客体、服务内容和服务策略四个要素，这些要素在信息服务过程中的作用程度及相互作用顺序均不同，将会形成不同的信息服务模式。这种从要素角度分析档案信息服务模式的研究思路，能系统揭示信息服务各要素之间的作用机制，可以从根源上对信息服务模式的内在逻辑进行阐释，不仅有利于解释目前档案信息服务活动中的各种服务形式，而且有利于研究者或实践者更加清晰地了解档案信息服务活动过程中的主要问题，能扩展和挖掘出档案信息服务新的应用范围和应用方式，丰富和拓宽了档案信息服务研究领域的内涵和范畴。

第二，构建"智慧型"档案信息服务模式。本书针对智慧城市动态感知(物联化)、泛在互联(网络化)、共享集成(知识化)、智能应用(智能化)的四大特征，结合其对档案信息服务要素：服务主体(档案人员)、服务客体(档案用户)、服务内容(档案资源)、服务策略(信息技术)的影响，提出了以"技术"的智能应用和"人"的聪明应对为核心的"智慧型"档案信息服务模式。该模式是档案人员利用智能档案信息服务系统，围绕用户信息需求和信息活动来组织、集成、嵌入档案信息空间的信息资源和信息服务，支持用户灵活自主地获取信息、互动交流和解决问题的一种新型档案信息服务模式。从要素分析角度，"智慧型"档案信息服务模式实现了人、资源、技术各要素的有效组合和充分集成，为智慧城市背景下档案信息服务提供了一个先进、高效、可操作的完整框架，是档案信息服务模式创新发展的一种探索。

第三，设计"智慧型"档案信息服务模式的技术实现平台。本书借助物联网、云计算、大数据等现代信息技术和软件工程设计思路，搭建了智能档案信息服务系统，包括档案信息资源库、智能处理系统、用户信息感知系统和档案"云服务"平台；并结合实际调研情况设计出该信息服务系统的实现流程，通过传统档案信息服务平台、档案信息门户网站、"一站式"服务平台、人机交互知识服务平台和移动档案馆等利用平台为用户提供服务。从技术应用角度，"智慧型"档案信息服务模式是通过物联网、数据库、云计算、大数据等信息技术构建一个智能档案信息服务系统，实现档案馆、档案、用户、设备等的全面感知、泛在互联和实时交流，并通过对接各种档案利用平台，进而提供更加自动化、便捷化和智能化档案服务的过程。

第四，解析"智慧型"档案信息服务模式的运行保障机制。档案信息服务模式的顺利实施需要一套与之相适应的运行保障机制，因而分析档案信息服务活动的运行机制，采取有效控制措施保障其稳步实现，是档案信息服务模式研究的重要内容。本书从档案信息的自由流动和共享利用入手，分析"智慧型"档案信息服务活动的运行机理，并深入解析和论述其运行过程中所涉及的信息接收、信息转化、信息共享、信息开放和信息反馈等内容；同时，"智慧型"档案信息服务模式的保障还依赖于外部环境的支持，尤其是政府部门在政策规划方面的支持和档案行政部门在规章制度和技术标准方面的支持，从而为档案信息服务模式的创新发展提供良好的政策导向、制度保障和技术支撑。总体而言，档案信息服务模式的运行保障机制，是促进档案信息服务活动内部诸要素功能发挥及相互作用的运行规则，是保障档案信息服务效果和质量的重要因素，是档案信息服务模式不断追求创新的内在机能和运转方式。

第四节　总体研究设计

一、研究方法

本书研究涉及档案信息服务、智慧城市建设、数字档案馆、信息需求、信息资源管理、服务质量评价等内容，围绕"档案信息服务模式"这一主题，综合采用了文献调查、实地调研、对比分析、专家咨询和案例分析等研究方法。

1. 文献调查法

利用数据库信息资源、网络信息资源、纸质图书期刊等信息媒介，通过文献检索、阅读、分析和总结，系统梳理和述评国内外与智慧城市及档案信息服务有关的研究成果，跟踪相关项目研究的新动向，了解不同研究者和研究机构的研究视角和研究进展，全面掌握该领域的研究现状和发展态势，为本书的研究提供文献和理论支持。

2. 实地调研法

通过对档案信息服务相对成熟的上海市档案馆及浦东新区档案馆、青岛市档案馆、杭州市档案馆等进行实地调研，了解这些先进的数字档案馆在智慧城市建设过程中服务社会的经验、做法和面临的问题，为理论研究提供实践参考。

3. 对比分析法

通过对比分析"馆员型""资源型""用户型"三种档案信息服务模式的要素组成及要素间相互作用关系，发现其中的异同之处和优缺点，为新型档案信息服务模式的构建提供参考。

4. 专家咨询法

选择档案信息化领域资深的专家学者进行深入访谈或专题研讨，广泛征求专家和档案工作者的建议，获取他们对本书研究思路、研究框架和理论模式的意见和看法，并及时进行调整和修改，提升研究成果的学术水平。

5. 案例分析法

通过对国内外一些重要的档案信息服务案例，如上海交通大学档案信息服务、青岛市档案馆"电子公文和档案信息共享"服务、美国 NARA 网站分众信息服务等进行具体的分析和研究，掌握其项目实施的背景、步骤及效果，探讨其经验，为本书不同类型的档案信息服务模式研究提供参考。

二、技术路线

在智慧城市背景下，数字化、网络化、智能化的程度将越来越高，档案工作正经历一个从档案实体管理到数字管理再到数据管理，从手工操作到自动操作再到智能操作，从档案分散利用到集成共享再到智慧服务的变革过程。但是，我国档案信息服务在档案资源的价值实现、社会公众的需求满足、信息服务的能力提升等方面还存在一定不足，而智慧城市建设与档案信息化建设都是以现代信息技术为基础，向社会公众提供普惠均等的个性化、知识化服务。因此，本书借鉴智慧城市的先进理念、服务模式和新兴技术，对新型档案信息服务模式进行探索研究，下面是本书的总体研究思路和技术路线。

首先，在综合评述国内外专家学者关于智慧城市和档案信息服务模式研究成果的基础上，深入分析档案信息服务模式的四个组成要素：服务主体、服务客体、服务内容和服务策略，研究各组成要素的主导作用程度和相互关系，抽象出不同类型的服务模式和服务流程；以此为参照，系统梳理和概括了档案信息服务模式有代表性的三种类型："馆员型"服务模式、"资源型"服务模式和"用户型"服务模式，并对每种类型服务模式的内涵、组成要素和相应案例予以剖析和对比研究。

其次，针对智慧城市的特点详细分析智慧城市背景下档案信息服务模式转变的现实条件和要素变化，从而提炼出新的社会环境下档案信息服务模式转变的动力机制，并借鉴用户需求、传播学、公共服务、信息生态链等理论，结合模式的内涵和智慧城市背景下档案信息服务要素的特点设计出"智慧型"档案信息服务模式的总体框架。

再次，分别对"智慧型"档案信息服务模式的内容构成和技术实现进行详细论述。内容构成包括档案用户数据的动态感知和挖掘分析，档案资源的高效整合和深度融合，以及基于云计算、大数据、移动互联网的共享服务、智能服务和泛在服务。技术实现包括档案信息资源库、智能处理系统、感知系统和利用系统等服务系统的设计，以及传统档案信息服务平台、档案门户网站、"一站式"服务平台、人机交互知识服务平台和移动档案馆等利用平台的搭建。

最后，重点研究了支撑"智慧型"档案信息服务模式顺利实现的运行机制、保障机制以及相关协同机制，这些运行保障机制是相互联系、相互影响、相互制约的，并在其相互作用中实现档案信息服务模式的整体功能，促进档案信息服务过程的顺利开展和良性循环。

本书的研究技术路线如图 1-19 所示。

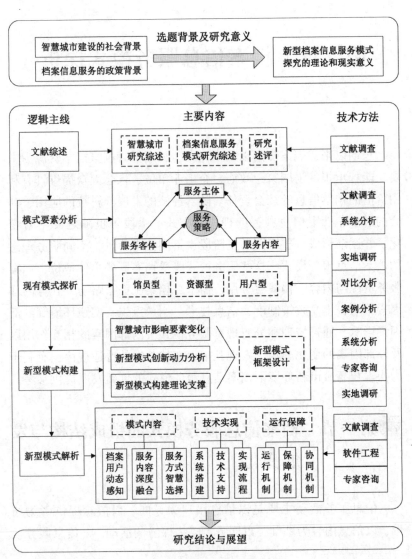

图 1-19 本书的研究技术路线图

59

第二章　档案信息服务模式探析

　　长期以来，档案部门以集中保存、长期保管国家档案资源为主要功能，承担着为国家、政府、企事业单位、社会大众提供具有利用价值的档案信息的社会责任。随着经济的发展、科技的应用、社会的进步，档案信息服务的理念、方式、手段等也随之发生着变化，并逐渐形成一些不同历史阶段、不同技术背景、不同服务理念的档案信息服务模式。这些服务模式既受档案服务主体地位、档案服务资源与内容、档案服务用户需求、档案服务策略与方式等内部因素影响，也受政策制度、信息技术、用户意识、实践环境等外部因素影响，通过梳理和分析现有服务模式中内部因素的相互作用以及外部因素的变化影响，发现其中存在的共性的普适规律，有利于为探索智慧城市新环境下档案信息服务模式的创新发展提供参考。

第一节　档案信息服务模式的组成结构与发展变化

　　信息服务活动主要是以信息用户为导向、以信息提供者为纽带、以信息内容为基础、以服务策略为保障的活动。① 信息服务模

---

　　① 陈建龙. 信息服务模式研究[J]. 北京大学学报(哲学社会科学版)，2003，40(3)：124-132.

式是对信息服务活动的组成要素及这些要素之间相互关系的描述，本质就是信息服务在其活动过程中为满足用户对信息需求，调整各构成要素之间相互关系组合而形成的一种信息服务工作模式。① 结合第一章第三节中对档案信息服务概念的理解，本书认为档案信息服务模式是以档案信息为研究对象，对特定服务策略下服务主体、服务客体和服务内容组成要素在档案信息服务活动中相互作用关系的描述。

一、档案信息服务要素分析

信息服务活动主要包括服务主体、服务客体、服务内容和服务策略四个要素，这也是构成档案信息服务的四个基本要素，其对应关系是服务主体对应档案人员，服务客体对应档案用户，服务内容对应档案资源，服务策略重点对应信息技术。其构成关系如图 2-1 所示。

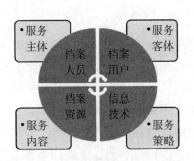

图 2-1　档案信息服务要素结构图

(一)服务主体——档案人员

服务主体是信息服务的提供者，也是构建信息服务模式的主要

---

① 郭海明. 数字图书馆信息服务模式的研究[J]. 情报科学，2005，23（10）：45-48.

素。作为档案信息服务活动的实施者和主导者，服务主体包括参与档案信息服务活动的一切组织、机构或个人，即档案行政机构、档案馆和档案人员。档案行政机构通过政策制定、监督指导、宏观管理等方式参与并影响着整体档案服务活动的开展；档案馆的主要职能是收集整理对社会发展和人民生活有价值的档案信息并提供有针对性的档案服务；档案人员则是直接参与档案信息服务活动，并在服务过程中发挥着重要的主观能动性。为了便于对服务模式各组成要素及其相互关系进行简明且深入的分析，鉴于档案人员既是档案行政机构和档案馆具体目标和任务的执行者，具有清晰的主观意识和信息行为，而且与其他服务要素产生直接关系，故本书选取档案人员代表服务主体。

档案人员主要指具有一定档案意识、服务能力和合理知识结构的档案工作者，他们是档案信息服务活动中的主体，其档案意识、服务理念、业务能力和知识水平等综合素质是影响档案价值实现和档案服务质量的重要因素。

(二)服务客体——档案用户

服务客体是信息服务的接受者，是信息服务产品的使用者，也是信息服务模式中必不可少的主要素。档案信息服务客体主要是指具有一定信息需求而选择、接受档案服务的机构、组织和个人，也称为档案用户。档案用户是档案信息的需求者，也是档案信息服务的对象；档案用户的信息需求是档案价值实现和档案利用服务的重要动力，档案用户的需求满足是检验档案服务工作合格的关键指标。

档案是社会大众在社会实践活动中形成的真实记录，因此社会上每个人都有可能因为需要档案信息而成为档案用户。而在信息社会和网络社会下，档案用户不再局限于由某类单一社会特征的人组成，而是由不同年龄、不同职业、不同背景、不同素质的社会大众组成，他们的知识结构、利用心理、需求特征和信息行为等方面也都各有差异。档案用户的大众化是档案服务社会化的必然结果，也是档案服务策略的最终目标，更是体现"以人为本"服务理念的真实写照。①

(三)服务内容——档案资源

信息资源是信息服务活动顺利开展的基础，是信息服务人员提供给信息用户的主要内容或最终成果，也是信息服务模式构成的基本要素。档案资源是档案馆为档案用户提供信息服务内容的主要来源，其内在结构和外在形式还决定着档案服务的技术应用和策略选择，所以也是档案信息服务模式的重要组成。档案资源是档案收集、整理、保管和利用的对象，也是档案人员与档案用户沟通联系的核心内容，其质量高低直接决定着档案信息服务的效能发挥。

档案资源主要包括馆藏传统档案资源、数字档案资源以及其他档案资源。馆藏传统档案资源是指传统档案馆保存的纸质档案、唱片档案、录音录像档案和缩微胶片等；数字档案资源是指以二进制代码形式存在并存储于光盘、磁盘等介质上的档案资源，包括由原生性电子文件归档转化而来的电子档案和对传统载体档案资源进行数字化加工处理而得到的数字副本；其他档案资源包括各种类型的档案编研产品、档案信息加工品、档案信息资源库以及网络档案资源等。②

(四)服务策略——信息技术

服务策略是信息服务活动得以实现的基础和保障，是信息服务人员和信息用户连接、沟通的桥梁，也是信息服务模式构成的关键要素。档案服务策略是为提升档案信息服务水平、促进档案资源利用效率、满足用户方便利用而采取的一系列方式和途径③，它会随着社会的发展变化而不断变化。传统档案服务主要以在固定的时间和地点通过面对面的方式为档案用户手工提供档案原件或信息，而

63

---

① 张博. 档案馆档案信息服务模式研究[D]. 合肥：安徽大学，2014：8-9.

② 金波，等. 数字档案馆生态系统研究[M]. 北京：学习出版社，2014：204.

③ 李冰. 浅述档案信息服务模式构成要素[J]. 黑龙江档案，2011(4)：48.

未来档案信息服务的目标则是"应用新一代信息技术及相关工具和方法，最大限度地提高档案资源的整合建设能力和开发服务能力"①。事实上，信息技术作为档案信息服务开展的重要支持，是满足用户需求和实现服务供给的工具手段；信息技术的进步是拓展服务方式和提高服务效率的关键，是档案信息服务创新的推动力。② 而在智慧城市背景下研究新型档案信息服务模式就需要选择与之匹配的服务策略，因此本书重点选取服务策略中信息技术这一维度，来分析其对推动档案信息服务模式创新的作用和影响。

信息技术是管理、开发和利用信息资源的相关方法、手段与操作程序的总称。③ 信息技术放大了档案资源的价值和功能，人们既可以通过信息技术改变档案的产生、存储、组织和处理等过程，也可以通过信息技术提高获取、传递、利用档案信息的效率。信息技术在档案管理和利用服务中的应用涉及传统技术和现代技术，传统信息技术是基于人工和机械技术，如手工信息编目技术、穿孔卡片检索技术等；现代信息技术是建立在微电子学基础上并以计算机技术为代表，如计算机自动标引技术、网络信息检索技术、数据库技术、数据挖掘技术、可视化技术等。④ 信息技术支持下的服务策略是实现档案人员和档案用户沟通的桥梁，它是提高档案信息服务效率的重要条件和支撑。

二、档案信息服务要素的相互关系

档案信息服务模式的形成源于四个组成要素的作用程度，以及

---

① 吴绪成. 浅谈大数据背景下的第四代档案馆建设[J]. 湖北档案，2013(3)：10-11.

② 杨智勇，周枫. 面向智慧城市的档案信息服务模式探究[J]. 档案学通讯，2016(4)：44-49.

③ 邰侠. 浅谈对国内外信息技术教育的认识[J]. 科教文汇，2011(2)：65-66.

④ 周承聪. 信息服务生态系统运行与优化机制研究[D]. 武汉：华中师范大学，2011：35.

各要素之间的作用顺序。如果某一组成要素发挥主导作用，那么它将对其他三个要素产生不同的作用关系，并影响四个要素间的相互作用，进而构成信息服务模式的动力，并最终确定信息服务模式的角度和方向。从要素的角度分析档案信息服务模式，能系统揭示信息服务各要素之间的作用机制，可以从根源上对信息服务模式的内在逻辑进行阐释，有利于推进档案信息服务研究的深入开展。

在整个关系网络中，档案人员、档案用户、档案资源和信息技术四个要素发挥着各自不同的作用。一方面，档案人员和档案用户作为信息人，具有主观能动性，可以认识与改造网络中的其他因素；另一方面，档案资源作为信息服务的核心要素，又将决定着信息人的取舍和信息技术的改进，而信息技术作为支撑档案资源、档案用户和档案人员的桥梁，则为人机交互、资源交互和人际交互创造条件。因此，为了更清晰地描述各要素之间的关系，我们将服务主体(档案人员)、服务客体(档案用户)和服务内容(档案资源)作为三个要素点，三者之间的相互关系作为三个相互活动的边，它们之间的相互作用和关系实现需要通过一个条件——服务策略(信息技术)来完成。它们之间的关系如图2-2所示。

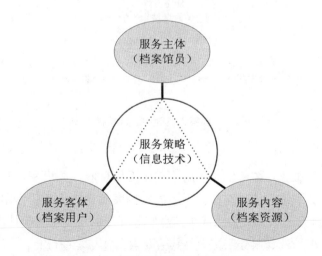

图 2-2 档案信息服务要素关系图

由图 2-2 可知，三个圆表示三个主要素，三条黑色虚线边表示要素之间的相互活动连接，红色的实线划圆表示服务策略，蓝色的直线段表示要素与策略和活动边之间的接口。主要素之间的作用顺序由接口和边的连线来表示，并通过箭头表示方向。

如果服务主体起主导作用，它作为信息服务的提供者，在整个档案服务过程中发挥着至关重要的作用，与系统中的其他要素密切联系，则形成以档案人员为中心的作用关系，如图 2-3 所示。档案人员的主观能动性作为信息服务开展的主要动力，它将以自身的服务特色与服务目标为出发点，通过相应的服务策略把加工处理好的档案资源提供给档案用户利用。

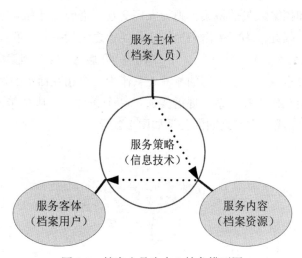

图 2-3　档案人员为中心抽象模型图

如果服务客体起主导作用，它作为信息服务的出发点和归宿，处于服务系统的核心地位，则形成以档案用户为中心的作用关系，如图 2-4 所示。用户需求成为信息服务开展的主要动力，档案用户主动寻求与选择服务系统中的其他要素，并与之进行交互。

如果服务内容起主导作用，它决定着服务主体的取舍和服务客体的需求，影响着整个信息服务活动的质量，信息服务产品的生产

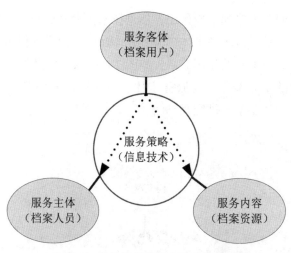

图 2-4 档案用户为中心抽象模型图

占有重要地位，从而形成以档案资源为中心的作用关系，如图 2-5
所示。档案资源的开发成为信息服务开展的主要动力，它源于信息
服务内容并以信息服务产品为中心，通过相应的服务策略传递给档
案用户利用。

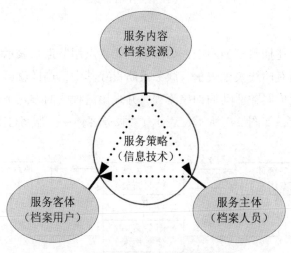

图 2-5 档案资源为中心抽象模型图

如果服务策略起主导作用，信息技术作为开展档案信息服务的重要工具，是连接服务主体、服务客体和服务内容的桥梁，则形成以信息技术为中心的作用关系，如图 2-6 所示。信息技术作为档案信息服务的中心节点，与服务主体、服务客体和服务内容进行交互，为系统各要素提供交互空间。

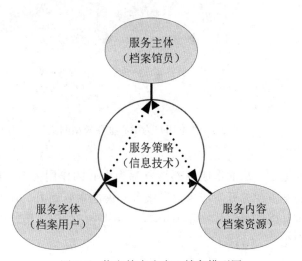

图 2-6　信息技术为中心抽象模型图

在上述抽象模型图中，如果把主要素点用节点来表示，相互活动的边用有向线段来表示，服务策略贯穿其中，这样就可以把服务模式转变成服务活动的抽象流程，并采用流程图的方式来表示服务活动模式，如图 2-7 所示，表示了"服务客体——服务主体——服

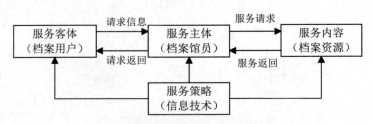

图 2-7　档案信息服务抽象流程图

务内容"模式的抽象流程。

三、档案信息服务模式的发展变化

本书将在研究我国档案服务政策变化和外部环境演进的基础上，结合不同发展阶段档案信息服务的整体特征，重点从档案服务要素及其相互作用关系的角度出发，概括出在不同阶段因突出某一主导要素而影响与其他要素的相互作用关系所构成不同的服务模式；然后在对比分析这些服务模式优劣的基础上，探讨智慧城市背景下新环境、新理念、新技术对服务要素的影响而产生的新型档案信息服务模式。

改革开放初期，为顺应当时我国历史科学研究和老一辈无产阶级革命家传记编写工作需要，满足历史研究、文化发展和经济建设的档案利用需求，1980 年 3 月国家档案局发布《关于开放历史档案的几点意见》的通知，其中涉及开放对象、范围、手续等重点内容，明确了利用方式、界限、办法等具体做法，标志着档案利用服务从过去较为抽象的"以利用为纲"向"开放历史档案"深化。1986年国家档案局发布《档案馆开放档案暂行办法》，将向社会开放档案确立为各级各类国家档案馆的基本任务之一，不仅明确了档案开放工作的执行主体，而且详细制订了开放的期限（30 年）和范围（6项）、开放的条件和要求、开放档案利用手续、档案公布出版等方面的内容。国家档案局 1986 年制订的《档案事业发展"七五"计划》和 1991 年制订的《全国档案事业发展十年规划和"八五"计划纲要》都提及：要积极开展档案的利用工作，进一步开放档案馆的档案，多形式、多渠道地开发档案信息资源，增强档案信息部门的有效服务实力和深度开发能力，为社会主义现代化建设服务。这一系列政策的制定和执行，推动了档案利用服务从"开放历史档案"向"开放档案信息资源"发展。这个阶段起主导作用的是档案人员，其行为决定着开放档案的种类、范围和内容，也影响着利用者的实际利用需求，因此该阶段更多以"馆员型"档案服务为主。

21 世纪初随着中国逐步迈进民主化和信息化时代，档案信息化建设的快速发展也提高了档案服务的水平和效率。2000 年发布的《全国档案事业发展"十五"计划》中，将"坚持为维护最广大人民的根本利益服务的方向"写入指导思想，"为广大人民群众"服务与"为党和国家各项工作服务"同等重要。① 2002 年国家档案局发布的《全国档案信息化建设实施纲要》提出，要加快推进档案资源数字化和信息服务网络化进程，推动馆藏档案的数字化和数据库建设，扩大档案信息资源的开发利用。② 2006 年国家档案局印发的《档案事业发展"十一五"规划》提出，要加强对国家综合档案馆馆藏档案进行数字化加工和数据资源整合，建立与完善档案目录数据库、全文数据库和多媒体数据库等，适时启动数字档案建设与社会化服务工程。③ 这些政策制度的制定和执行标志着档案利用服务从实体档案向数字档案服务发展，促进了数字档案资源的深入开发与利用。这一阶段档案信息服务活动的重点转向馆藏档案资源，尽管档案人员还占据主动地位，但其工作重心转向以档案资源为主，服务内容转向档案数据库和信息服务平台建设，而档案用户还处于被动接收档案信息的地位，因此该阶段开始以"资源型"档案服务为重。

2010 年以来，随着信息技术和网络技术的飞速发展，政府公共信息资源更加开放，公民信息权利意识日益增强，利益多元化的社会态势逐步确立，档案利用服务工作所处的内外部环境都发生了新的变化。2010 年国家档案局发布的《数字档案馆建设指南》提出："数字档案馆建设应以需求为导向，着眼于党政机关、社会公众在线利用数字档案信息资源的需求，推动档案信息资源的共享。"④ 2014 年中共中央办公厅、国务院办公厅联合印发的《关于加强和改

---

① 全国档案事业发展"十五"计划（摘要）[J]. 中国档案，2001(2)：13-14.

② 全国档案信息化建设实施纲要[J]. 中国档案，2003(3)：35-37.

③ 李扬新. 建国以来我国档案利用服务政策梳理与回顾[J]. 兰台世界，2011(9)：2-4.

④ 国家档案局. 数字档案馆建设指南（档办〔2010〕116 号）[EB/OL]. [2016-07-18]. http://jda.cq.gov.cn/fgbz/gjfgbz/17428.htm.

进新形势下档案工作的意见》中提出："要紧紧围绕党委、政府、本单位和其他单位及人民群众的需要，主动开发档案资源，积极提供档案信息服务，建立健全服务民生、服务人民群众的档案利用体系。"①这些政策的制定和执行标志着档案信息服务从以"资源为中心"向以"民生为中心"转变，加强档案信息服务与政府公共服务协同和融入，实现档案信息服务的"社会化"和"个性化"。这一阶段档案信息服务活动的重点转向社会公众的利用需求，档案用户的地位逐渐由被动接受服务向主动选择服务转变，因此该阶段逐渐开始探索"用户型"档案服务。

通过上述梳理，档案信息服务模式可分为以档案人员起主导作用的"馆员型"服务模式、以档案资源建设为中心的"资源型"服务模式以及以满足用户需求为目标的"用户型"服务模式，这三种模式在国内外档案行业都具有一定的普适性和代表性。下文通过分析各个模式的内涵、特征及各自异同，以期为探索智慧城市背景下新的档案信息服务模式提供参考。

第二节 "馆员型"档案信息服务模式

一、"馆员型"档案信息服务模式的内涵解析

"馆员型"档案信息服务模式，是指档案信息服务从档案人员业务工作出发，围绕档案收集、整理、保存、利用等工作环节，提供档案借阅、编研、咨询、展览等服务内容的一种模式。具体如图2-8所示。

"馆员型"档案信息服务模式是一种典型的传统档案服务模式，它是档案服务工作在特定发展阶段的产物，这与当时的档案管理现

71

---

① 中共中央办公厅国务院办公厅印发《关于加强和改进新形势下档案工作的意见》（中办发〔2014〕15 号）〔J〕. 中国档案，2014（5）：12-14.

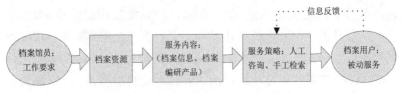

图 2-8　"馆员型"档案信息服务模式

状和现实政策环境是相适应的，它突出强调档案人员在模式构成要素中的主体地位，对整个档案信息服务过程具有很强的控制性，不仅包括对服务策略的设计，还包括对服务内容与资源的开放利用范围的限制。作为服务的对象，档案用户在这种模式中完全处于被动地位，只能被动地接受档案人员的服务，选择特定的服务方式查询、检索、利用有限的档案信息资源。该模式很少考虑服务效果，它的建立只是单纯地为了减轻档案人员的工作压力、降低服务成本、维持档案馆日常管理活动的正常运行。

由图 2-8 可知，在"馆员型"档案信息服务模式中，档案人员处于服务的前端，档案用户处于服务的终端。从档案人员提供服务到用户利用信息，中间有很多环节，且都是单一的沟通形式。档案人员提供档案资源，并将部分档案信息加工成编研产品，经过一定的方式传递给用户，用户只是被动地接收档案信息，且信息反馈只在利用过程中有所反映，缺乏有效的信息反馈和沟通平台，这就可能导致档案人员无法完整有效地获取用户在档案利用过程中的反馈信息，也可能档案人员对用户的反馈意见视而不见。档案人员以完成档案服务过程为目的，对服务效果的关注和掌控不足。

"馆员型"档案信息服务模式中，档案用户无法主动选择服务策略，也不能主动选择自身需要的档案信息或产品，只能由档案人员提供。因此，他们的信息需求很难在档案信息服务工作中得到满足，档案信息利用效率低下，档案人员工作固化、轻松、无任何创新。这一阶段的档案馆信息服务工作并没有突出"服务"二字，档案人员也并非现代意义上的"服务者"，更多强调的是"管理者"，即对档案信息的管理、对用户的管理。从档案信息资源角度看，这一阶段的档案信息以馆藏纸质档案为主，档案堆积在库房中，查阅、使用难度大。由于数字化、网络技术还没有应用到传统档案馆服务工作中，馆藏资源的数字化以及网络信息的收集工作还难以开展，因此档案信息结构比较单一，利用层次较低。从服务策略与方式上来看，这时的档案利用方式还是要按照手工检索、库房查找、复印、使用等一系列流程进行，即档案用户必须亲自到档案馆，并出示有关证明，方可利用档案信息。

总而言之，"馆员型"档案信息服务模式是较为基础和传统的服务模式，是档案服务工作在特定发展阶段的产物，它突出强调档案人员在模式构成要素中的主导地位，不仅决定着服务内容开放利用的范围和程度，也影响着服务策略的设计和应用。档案用户作为服务对象在这种模式中只能被动接受服务，选择的服务方式和利用的档案资源较为有限。该模式主要是为了维持日常档案服务活动的正常运行，较少考虑服务效果。①

二、"馆员型"档案信息服务模式的要素分析

（一）档案人员的特征分析

"馆员型"档案信息服务模式突出档案人员的主体和主导作用，符合特定社会环境下的工作实际，有利于保护档案信息安全，维持档案日常管理和服务工作的正常运转。但是，随着信息时代的到来和互联网的普遍应用，信息共享和智能技术日益深入人心，用户对档案信息的快捷化、多样化和个性化需求日益增强，档案人员的主体地位面临重大挑战。数字档案馆的建设和信息技术的发展使档案人员陷入困境，具体表现在三个方面。

一是服务理念缺失，即档案人员由于传统服务对象主要是政府机关或从事历史研究的专家学者等少数人群，所以主要体现出"资政"的服务理念；同时"重藏轻用"的思想观念又长期影响着档案部

① 张博. 档案馆档案信息服务模式研究[D]. 合肥：安徽大学，2014：13-14.

门及服务人员，且档案人员缺乏社会参与意识，服务理念滞后于社会发展，因而在服务过程中缺乏主观能动性，缺乏对社会和用户需求的了解，服务方式单一，服务效果和质量不佳。

二是角色定位不准，即传统档案人员将自己定位为"保管者"而非"服务者"，工作中心在于档案信息的收集、鉴定、整理、编研、保管等日常档案管理工作，对档案信息的开发和提供利用关注较少。究其原因：一方面，传统档案馆更注重自身的管理职能而忽视服务职能，从而影响档案人员的工作定位；另一方面，保密保险、开放危险的心理，使档案人员对开放、利用档案信息顾虑重重。

三是知识素质较弱，即从档案信息服务工作实践来看，传统档案人员只是了解基本的档案学理论和简单的业务工作技能，知识结构单一，业务素质偏低，对馆藏档案资源内容了解不深，缺乏档案编研以及深层次开发、加工档案信息的能力，难以胜任网络环境下的档案开发利用和信息服务工作。

（二）档案用户的特征分析

传统档案用户的困境主要是指档案用户在传统型档案信息服务中一直处于被动地位，无法满足自身的信息需求。究其原因，主要受档案用户自身的内部因素和档案利用环境的外部因素的影响。

档案用户的信息利用意识不足和利用能力不强是导致其处于被动地位的内部因素，即自身因素。对于绝大多数社会公众来说，档案馆是一个陌生的机构，对其职能不甚了解。由于长期的封闭，档案的价值对于社会公众来说也"无足轻重"，到档案馆去利用档案的人少之又少。再加上长期以来社会公众对政府机构保持敬畏之情，在面对档案人员时就会更加被动。同时，一部分档案用户信息获取的能力不足，从而无法确定档案馆是否有自己所需的信息，再加上大多档案用户缺乏对古汉语知识的了解和信息检索能力的训练，也在一定程度上减弱了其档案利用的主动性。

档案利用环境的外部因素主要体现在：一是传统档案信息服务由于其产生的档案实践环境背景而表现出很强的特权性和阶级性。

作为行政服务机构，服务对象多为政府官员、专家学者等少数"特权者"，社会公众很难拥有档案信息利用权利，信息需求难以满足。二是由于民主制度的不完善以及全社会对档案信息服务工作的不重视，法律在相关权利和义务上没有刚性规定，存在漏洞和空白。档案馆作为事实上的行政服务机构，其权力受到法律的保障，具有强制性，表现为对待用户的单向性。由于法律上没有档案信息服务申诉、行政复议、行政诉讼等救济手段和程序的规定，当社会公众在档案信息服务中遭遇不公平待遇、服务人员态度差、利用效果不佳等情况时，无法选择有效的法律救济手段来维护自身的信息利用权利，从而导致自身合法利益受损。三是传统档案资源相对分散杂乱，系统性较差，很多利用的档案不是找不到就是找不全，也在一定程度上影响着档案用户的利用效果和服务体验。上述三点因素综合作用，从而导致了档案用户的弱势性和信息需求的难以满足。①

(三)档案服务内容的特征分析

传统档案服务内容主要是纸质、缩微、磁带、光盘等实体档案，服务功能也是以绝大部分的纸质档案直接提供用户使用，或者通过档案编研成果服务于用户。就传统档案服务资源的存储载体来说，由于档案信息与其存储载体的不可分离性，档案人员提供档案信息服务和档案用户利用档案信息时都主要通过纸质档案和实体档案的编研成果来进行。因此，"馆员型"档案信息服务内容的主要特征是：以档案原件提供利用，包括各种一手档案材料和原始凭证等；以档案复制件提供利用，包括对孤本档案、珍本档案、档案史料等材料制作复本；以档案编研产品提供利用，包括制发档案证明、汇编档案文集、编辑专题史料、编写参考资料、参与编史修志等。

(四)档案服务策略的特征分析

传统环境下，档案服务策略特征主要是特定时间、地点、权限

75

---

① 张博. 档案馆档案信息服务模式研究[D]. 合肥：安徽大学，2014：14-17.

和手段，这对于限制访问查询或保密性较强的档案信息有较好的保护作用，但对档案信息利用服务效果则有较大的局限。具体体现在：服务时间方面，传统档案馆开放时间有限，在开放时间外的任何档案需求都难以得到满足，服务时间过短也阻碍了利用者档案需求的有效满足；服务空间方面，档案馆主要针对本区域用户，利用者必须亲自到档案馆办理合法手续才能利用所需档案，地域空间的限制为档案用户的利用带来诸多不便；① 服务手段方面，档案馆采用"等客上门""面对面"的形式，通过手工查找、手工复印、手工借还等方式为档案用户提供纸质档案信息，这种方式不利于档案信息的快速、高效利用。

三、案例分析：上海交通大学档案信息服务

（一）产生背景

中国高校档案事业始于交通大学，交通大学（原上海交通大学和西安交通大学）保存有中国高校最早的记录，其前身为南洋公学，于 1896 年成立。上海交通大学档案馆于 1986 年 4 月成立，是为学校教学、科研、管理工作和社会各方面提供利用档案资料的中心，是早先成立的高校档案馆之一。② 2010 年，为了以服务学校中心工作为宗旨，以争创一流档案文博工作为目标，强化内涵建设，扩展档案馆社会服务功能，档案馆和学校党史、校史研究室合署办公。

（二）发展现状

上海交通大学档案馆自成立之初即非常重视档案工作服务学校

① 王婷婷. 网络环境下的档案馆用户服务模式研究[D]. 南昌：南昌大学，2012：18-19.
② 李月. 中日大学档案馆比较研究[D]. 南京：南京大学，2017：14-17.

发展，并在实践中逐步形成了一套相对完整的档案服务体系。具体服务方式和手段包括传统的档案阅览、档案外借，制发档案复本、档案证明，提供档案参考咨询外；1994 年初成立的全国高校第一个档案科学及史料应用研究室，通过充分发挥馆藏资源丰富的优势，主动对接上海交大历史沿革及校友工作，积极开展校史研究和档案编研。例如：与江苏文艺出版社合作出版《老交大的故事》一书；主编《柴树藩纪念文集》一书；参与编剧、策划 3 集电视纪录片《百年风云话交大》；并依托校史博物馆开展档案征集工作和举办多种展览，起到很好的效果。①

1996 年，上海交通大学档案馆工作人员抓住百年校庆的重大机遇，一方面主动征集档案文献资料，通过邮发征集信件、上门拜访老校友、广阅报刊和史料专著等方式，共征集到校史档案文献实物 5000 余件，并积极为百年校庆利用档案和编史修志服务；另一方面主动筹备校史博物馆，扩大档案馆文化服务功能。

21 世纪以来，上海交通大学档案馆以档案资源建设为核心，以现代信息技术为基础，以信息资源综合集成为特色，以服务学校和社会为目的，建立完善的档案信息服务体系，促进档案工作的全面发展。内容包括：建设各级各类档案信息资源数据库，丰富档案信息服务内容；建设档案网站，通过网络平台开展网上查询、网络咨询，为档案信息服务开展创建良好的平台；重视档案编研工作的服务功能，开展了包括毕业生照片、干部任免、科研获奖、上海交大报等专题汇编和校史考证、学校历史经典、学校历史人物、学校典故等校史研究；开发高水平的档案信息查询系统，建设多样化的档案信息服务方式，推进档案信息服务工作。

（三）经验总结

从服务要素作用关系的角度分析，上海交通大学档案信息服务起主导作用的是服务主体，即档案馆和档案人员。一方面是因为档

---

① 上海交通大学档案馆. 上海交通大学档案馆积极开发档案信息资源成果显著[J]. 上海档案，1999(6)：44.

案馆一直以来都是我国档案管理和服务的主体机构，是档案发挥作用的文化事业机构，他们都有责任担负起整合、管理和提供本行政区域档案资源利用的职责；另一方面，档案人员的改革创新精神和主动工作作风，以及联合外部力量共同编研、开发档案资源的能力，也是促成上海交通大学档案信息服务工作走在全国高校前列的重要动力。上海交通大学档案信息服务的经验总结如下：

第一，档案人员的主动作为。上海交通大学档案馆是国内成立最早的高校档案馆，也是最早晋升为国家一级档案管理单位的高校档案馆。档案馆领导及工作人员始终保持主动作为、主动服务、主动探索的精神，始终以服务学校中心工作为宗旨，努力收集、整理、编研和开发档案资源，为学校教学、科研、管理工作和社会各方面提供利用档案信息；积极探索档案史料与文博研究相互融合、相互补充的发展路径，通过联合编研的形式把校内各种编研力量组织起来，在编史修志、史料研究和服务校友等方面做出了重要贡献。

第二，形成"立体"式的档案服务渠道。上海交通大学档案馆以全方位服务学校和社会的大视角来创新服务体制和服务思路，立足学校，面向社会，逐步形成"立体"式的档案服务渠道：在服务高度上，结合学校的中心工作和社会时政需求，努力寻求档案服务与学校、社会全局工作的结合点和生长点，把"激活"的档案资源服务于学校和社会。在服务深度上，积极谋划主题，逐步深化对馆藏资源全方位、多形式的研究，出版高质量的编研成果，为弘扬大学文化和大学精神做贡献。在服务宽度上，一是在改善服务手段，提高服务质量和岗位技能为基础的档案常规服务工作的同时，逐步把档案编研引入档案常规服务之中；二是充分利用计算机技术、网络技术和数字化技术，加速馆藏档案数字化的进程，加强档案数据库、档案网站和档案服务平台的建设，不断提高服务效率和服务效果。①

---

① 袁继军. 高等学校档案馆公共服务策略研究［D］. 上海：上海交通大学，2012：14-18.

第三节 "资源型"档案信息服务模式

一、"资源型"档案信息服务模式的内涵解析

"资源型"档案信息服务模式，是指档案信息服务以馆藏资源数字化和电子文件归档为主要内容，档案人员为档案用户提供数字化的档案信息资源查询、检索和利用服务的一种模式。具体如图2-9所示。

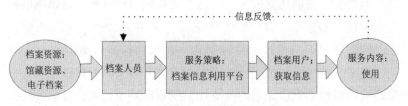

图 2-9 "资源型"档案信息服务模式

"资源型"档案信息服务模式是在档案资源数量急剧增多、档案信息化建设不断推进、档案信息服务逐步数字化的背景下产生的。在传统信息环境下，这种服务模式是我国众多档案机构所采用的主流模式。该服务模式在一定程度上体现了档案人员的开发主动性，也较大程度满足了档案用户的信息需求，但其利用效果是建立在档案人员对档案信息资源的开发程度之上的。因为档案人员是基于馆藏档案资源进行开发，所以如果馆藏资源不够丰富或资源类型不够多样或档案内容不够全面，档案信息开发的成果质量就难以得到保障，也难以满足档案用户的需求；另外，如果档案人员专业素质不够或服务意识不强或开发能力不足，也会导致用户无法全面地获取所需档案信息。

由图2-9可知，在"资源型"档案信息服务模式中，档案资源处

79

于服务的前端，档案用户处于服务的终端。档案人员通过对馆藏数字化档案资源进行加工处理，以目录数据库、全文数据库、多媒体数据库等形式存储于档案管理系统中，并通过档案信息利用平台为用户提供档案信息查询，用户则通过利用平台检索所需档案信息并获取相关全文信息或实体档案服务，但用户利用过程还是单向、被动的检索档案信息，缺乏充分的信息反馈和双向沟通，最终的利用效果得不到有效保障。

"资源型"档案信息服务模式开始突出信息资源在档案服务中的主导作用，档案人员的服务工作主要围绕馆藏资源展开，一些简单的档案管理系统和信息检索工具开始使用，档案服务内容更加数字化和多样化，数字档案资源库成为档案信息服务工作的内容保障。但档案人员的信息技术和信息素质有限，计算机信息系统的技术应用还不够成熟，具体的服务方式不够多元、服务手段不够智能；档案用户仍然是被动接收信息，无法和档案人员实现充分互动，档案人员也无法全面了解档案用户的真实需求和反馈意见。该模式强调了档案资源建设的重要性，变相推动了档案信息服务的手段和效率，但在满足用户需求和保证服务质量方面还存在一定局限。

二、"资源型"档案信息服务模式的要素分析

（一）档案人员的特征分析

"资源型"档案信息服务模式在一定程度上提高了档案人员的主观能动性，促进了开发利用档案资源的积极性，但在服务理念、角色定位和知识素养方面还存在一定局限。在服务理念方面，尽管普通民众可以到档案馆检索各种开放的档案信息，但档案人员只是将此利用作为服务工作的一部分，其主要工作内容还是以行政服务和历史研究为主，比如针对重大活动的档案音视频编研产品和档案网上展览，针对珍贵历史档案资料的网上开放等，服务理念仍以

"资政研究服务"为主。在角色定位方面，档案人员已经逐渐从"保管者"向"开发者"转变，即加强对馆藏档案资源的编研、开发和利用，但档案编研产品还是以自身工作需求来做，而非针对利用者的需求进行编研；同时，档案人员不仅为领导决策、工作参考提供服务，也开始为传播档案文化、满足用户多样化需求提供服务。在知识素养方面，档案人员既要调整心态、更新观念，及时适应新的信息环境；又要学习更多的外语知识、计算机知识和网络知识，并掌握相应的数据库技术和信息检索技术，从而可以进行数字档案资源的二次开发与建设，为用户提供多元化档案信息服务，提高档案服务的范围、效率和质量。

（二）档案用户的特征分析

信息化环境下，社会公众对档案信息的需求加大，对自由、平等利用档案信息的要求更加迫切，但在档案信息利用过程中效果并不明显，除了档案馆和档案人员的不够主动、开放外，档案用户也有自身的问题。究其原因：一是档案利用意识不强。多数档案用户还把档案馆看作一个保密机构，他们对于档案馆的馆藏内容、服务职能、利用手续等不甚了解；或者由于部分档案人员的服务工作不够主动，使一些档案用户的利用需求得不到满足，即使得到也颇费周折，这也大大削弱了档案用户的利用意愿。二是用户利用信息习惯的限制。档案信息因其安全性要求导致利用程序稍显复杂而影响用户利用意愿；同时，信息时代用户获取信息的渠道更加多样，很多信息需求用户不借助档案机构而通过网络或其他信息机构也可以满足，因此也影响了档案信息与利用者的接触机会。三是用户信息检索能力的制约。档案用户除了部分专家学者和研究管理人员以外，大多是普通民众，他们选择、获取信息的能力较弱，利用数字化系统检索信息的能力也不足，这也限制了档案信息的利用效果。①

81

---

① 易碧蓉. 档案开发利用的制约因素及对策[J]. 贵州民族学院学报（哲学社会科学版），2005(3)：130-132.

(三)档案服务内容的特征分析

档案信息资源库是"资源型"档案信息服务模式中档案服务内容的重心，其主要内容涉及馆藏档案资源的数字化和原生数字档案资源的采集处理，这些数字资源丰富了档案信息服务内容；同时，目录数据库和全文数据库的建立，也使得档案信息资源库的结构和质量不断提高，推进了档案信息服务进程。

(四)档案服务策略的特征分析

"资源型"档案信息服务模式开始尝试利用检索系统和利用平台为用户提供服务，服务手段和服务方式逐渐向信息化、网络化转变，目录数据库和全文数据库逐渐发挥更大作用；但服务方式需要加强与其他档案馆(室)服务平台的协作共享，服务手段需要向更加方便、多样的网络信息服务发展。

三、案例分析：青岛市档案馆"电子公文和档案信息共享"
服务

(一)产生背景

2000 年，青岛市档案馆即提出数字档案馆建设的设想，并在《青岛市国民经济和社会发展第十个五年计划纲要》和《青岛市信息化建设和信息产业发展"十五"规划》中明确提出："要加快建设'数字青岛'工程，建设特色鲜明的大型信息资源数据库，建设数字档案馆。"2003 年，青岛市建成数字档案馆，全市各级机关和综合档案馆逐渐形成了大量门类齐全、内容丰富的档案信息资源。但在信息利用服务过程中，还存在数据库内容不够丰富和多样、数据库中数据结构格式不一、系统开发和利用平台存在异构等问题，使得大量数字档案资源难以实现充分共享，也影响档案馆为政府提供资政参考、为民众提供基础服务的效率和质量。为此，青岛市档案馆于2008 年开始实施"电子公文和档案信息共享"工程，目标是实现"四个共享"：机关之间电子公文共享、综合档案馆的馆际共享、综合档案馆和机关档案室间信息共享、综合档案馆开放档案资源社会共享。①

(二)发展现状

在馆藏档案资源开发方面，青岛市档案馆首先加强对传统档案进行数字化，即通过各种设备将不同载体形式的档案转换成数字档案。而在具体数字化实施过程中，青岛市档案馆提出数字化内容选择的四个基本原则：价值性原则、实用性原则、开放性原则和特色性原则。遵循这四项原则，青岛市档案馆优先选择了重要实体档案进行数字化，包括：珍贵档案、核心档案(如政府档案)、特色档案(如海关档案)、特殊载体档案(如照片档案、音像档案)、综合性机构文书档案(如社会局档案)、专业管理机构文书档案(如教育局档案)、其他机构文书档案(如教育局所属学校)、重要专业档案等(如诉讼档案)和其他重要档案。随后，开始档案数据库的建设。数据库从不同角度可以划分为不同种类，从资源的数据结构可以分为结构化数据(如元数据或目录数据)和非结构化数据(如文本、图像、多媒体等)。结构化数据在数字档案馆建设和档案信息服务中具有非常重要的作用，所以青岛市档案馆首先从结构化数据(即目录数据库)开始，主要包括案卷级目录数据库、文件级目录数据库、人名索引数据库、专题目录数据库等，随后又建设了全文数据库、照片数据库、音像数据库、网络档案资料库、数据仓库和长期保存库等。

2009 年，青岛市档案馆启动并推行"四个共享"工程。在档案信息服务公众方面，青岛市档案馆重点通过完善官方网站和数字档案馆系统功能来提升服务质量。"青岛档案信息网"(http://www.qdda.gov.cn)自 2003 年开通以来，经过多次改版升级，从以技术导向为核心的网站功能建设阶段转向以内容导向为核心的信息服务阶

83

---

① 徐明君. 青岛全市推广档案信息共享经验[N]. 中国档案报，2011-09-01(1).

段。"青岛档案信息网"设有"政务公开""局馆指南""教育培训""档案动态""视频导视""历史上的今天"等栏目，并设有"老青岛""藏品鉴赏""历史知识库""专家文库"等地方历史文化栏目，档案历史文化信息占有明显的优势。"青岛档案信息网"还开设了"数字档案馆"系统专栏，设有"选择档案馆""专题检索""档案公布"等栏目，并链接全市 13 个综合档案馆网页及开放档案查询服务平台，用户通过网站可以查阅各种数字档案信息。截至 2017 年8 月，网站访问量接近 5178 万人次，月访问量接近 40 万人次，日访问量稳定在 1 万人次以上；数字档案馆访问量接近 1543 万人次，数字档案馆月访问量接近 4 万人次，日访问量也稳定在 1000 人次以上。

(三)经验总结

从服务要素作用关系的角度分析，青岛市档案馆"电子公文和档案信息共享"服务工程的主要任务其实是服务内容建设，即建立起完善的数字档案资源体系。整个服务工程主要是围绕档案资源数字化和数字档案资源库的建设来开展，而"数字档案资源体系"的建设目标一方面提高了档案人员的主观能动性，促进了档案人员开发利用档案资源的积极性；另一方面，也实现了机关之间、综合档案馆之间、综合档案馆和机关档案室之间以及综合档案馆与社会公众之间的档案资源共享和利用，从而更好地满足了档案用户的利用需求。青岛市档案馆"电子公文和档案信息共享"服务工程的经验总结如下：

第一，有条不紊开展档案资源数字化工作，因地制宜完善档案数据库建设。青岛市档案馆对馆藏实体档案进行数字化工作，既非盲目地全部数字化，也非按部就班地依序数字化，而是根据价值性原则、实用性原则、开放性原则和特色性原则有选择、有重点地开展档案信息数字化。同时，在档案资源数字化的基础上，根据馆藏结构、单位实际、社会需求加强多种结构、多种类型的数据库建设，为档案信息资源共享和全方位服务奠定了基础。

第二，加强信息共享平台建设，促进档案资源的高效利用。通过建立电子文件中心，打破机关之间的"信息壁垒"，实现机关之间信息共享，为政府机关公共管理提供了资源共享平台；建立区域内档案馆之间联动服务机制，消除馆际的"信息孤岛"，实现馆际信息共享，实现网上查档零距离；搭建馆室之间的"信息桥梁"，实现馆室之间信息共享，提升档案信息服务效能；建立档案信息服务社会大众的新阵地，开通面向公众的"信息窗口"，实现档案信息社会共享。①

第三，完善档案网站和数字档案馆系统功能，强化档案信息发布功能和公共服务功能。各级档案馆通过建设门户网站和数字档案馆，不仅为社会查阅档案信息开辟新的窗口，而且使公众可以随时随地享有档案信息服务。青岛档案信息网（内嵌数字档案馆功能）以其特色的栏目、丰富的内容，成为社会大众获取有价值信息的重要平台，也成为青岛市档案馆服务社会的桥梁和纽带。②

第四节 "用户型"档案信息服务模式

一、"用户型"档案信息服务模式的内涵解析

"用户型"档案信息服务模式，是指档案信息服务以档案用户为中心，档案人员针对用户需求对档案资源进行加工处理，形成更高利用价值的档案信息加工品，从而满足用户信息需求并解决其实际问题的一种服务模式。③ 具体如图 2-10 所示。

---

① 徐明君. 青岛全市推广档案信息共享经验［N］. 中国档案报，2011-09-01（1）.

② 李云波. 实施电子公文和档案信息共享工程［J］. 中国档案，2011（11）：34-35.

③ 刘明. 数字档案馆信息服务模式研究［J］. 档案学通讯，2007（5）：13-17.

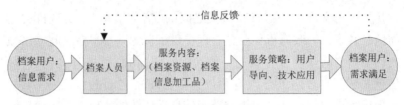

图 2-10　"用户型"档案信息服务模式

　　"用户型"档案信息服务模式是为了适应信息化、数字化、网络化时代带来的服务理念巨大转变、用户群体深刻变化、信息技术充分应用、服务内容不断拓展而逐步产生和形成的。它开始突出档案用户在档案服务中的主导作用，档案人员的服务工作开始围绕档案用户的需求展开，各种数字化、虚拟化、网络化的档案集成管理系统和"一站式"档案利用平台开始使用，档案服务内容更加全面、多样、丰富，档案信息资源的整合与共享程度大大提高，档案用户与档案人员之间信息互动更加频繁，用户信息需求得到更好的满足。

　　由图 2-10 可知，在"用户型"档案信息服务模式中，以档案用户需求为开始，以档案用户需求满足为结束，实现了完整的闭环过程。在这种模式中，档案用户通过多种方式向档案人员传递需求，档案人员根据用户的信息需求和所要解决的问题对服务内容进行深度挖掘和加工，并对服务策略进行完善和调整，最终实现用户的需求满足和问题解决。该模式的核心目标是"以用户为本"，体现了用户在档案信息服务中的主体地位，促进了档案用户与档案人员的实时互动和信息沟通，有效提升了档案服务的质量和效果。

　　"用户型"档案信息服务模式的形成与发展主要以用户需求为中心，特别重视档案用户需求的变化，即由传统单一、大众化、滞后的需求转变为广泛性、小众化和时效性的需求。所谓广泛性需求是指随着档案用户知识获取能力的增强，知识层次越来越多样化，因此希望档案人员为其提供内容全面、形式多样、类型完整、来源广泛的档案信息，这些信息表现出跨地区、跨历史、跨领域的特点；所谓小众化需求即个性化需求，是指利用信息系统和用户系统关注到每一位用户的信息需求，为其提供个性化的信息服务；所谓时效性需求是指用户通过网络或计算机自助服务就可以方便快捷地实现档案查询、检索和利用档案信息的目的。因此，"用户型"档案信息服务模式实现了档案人员与档案用户之间的交互作用，能快速满足用户信息需求，增强了档案信息服务工作的实效性和用户满意度，但在未来智能时代如何动态感知并预测用户需求、创新性地开展档案信息服务并协助用户全方位解决问题等方面还存在一定的提升空间。

二、"用户型"档案信息服务模式的要素分析

（一）档案人员的特征分析

"用户型"档案信息服务模式是在信息化、数字化、网络化的时代背景下逐渐产生和形成的，档案人员在服务理念、角色定位和知识素养方面也具备更高的要求。在服务理念方面，档案人员随着外部环境变化的影响逐渐改变了其传统的思维定式，转向"以用户为中心"的服务理念；而随着市场化和网络化的快速发展，档案人员还需继续拓展服务理念，转向更为开放的服务社会化理念。在角色定位方面，档案人员将使"档案服务者"的功能和内涵逐步拓展，既是档案内容的提供者，也是社会服务的参与者；既是历史资料的编研者，也是历史文化的推广者；既是档案信息的传递者，也是文化知识的传播者。在知识素养方面，档案人员在熟练掌握档案学理论知识和相关业务技能的基础上，将丰富知识管理、用户心理、信息技术和网络传播等知识结构，并具备一定的档案数据挖掘、信息开发和网络应用等信息技能。

（二）档案用户的特征分析

"用户型"档案信息服务模式的形成与发展与互联网的兴起及信息技术在社会各个领域的广泛普及密切相关，而这一背景下的档案用户需求也出现了新的特征。一是便捷化需求，即档案用户希望

档案馆有稳定的档案利用平台，能通过网络或计算机自助服务实现档案查询、检索和利用的方便快捷；二是全面化需求，即档案用户对档案信息服务的广度和深度都有了更高的要求，他们希望档案人员为其提供内容全面、形式多样、类型完整、来源广泛的档案信息，更加需要档案全文信息和深加工信息；三是个性化需求，即档案用户更倾向于根据自己的兴趣、爱好、知识和工作背景以及实际需要，提出各种不同的服务需求，他们希望所获取的档案信息能直接解决自己的实际问题。①

(三)档案服务内容的特征分析

信息环境下的档案资源不仅包括实体馆藏资源，而且包括馆藏档案资源的数字化副本、电子文件和网络档案信息，这些资源涉及社会生活的各个领域、各个方面内容，能够广泛满足用户在工作、学习、生活中产生的共性化或个性化需求。同时，网络环境下信息的流动速度加快，档案信息资源的馆际、馆室间流转成为常态，档案数据流、信息流、信息平台、网络应用等也将成为档案服务内容的重要组成和支撑。②

(四)档案服务策略的特征分析

"用户型"档案信息服务模式在服务策略上体现得更加开放和多元。一方面，通过档案信息门户网站，公布各种类型的开放档案信息和档案利用流程，档案用户通过一次注册、认证就能够登录进去长期检索和利用档案信息；另一方面，档案信息服务系统或利用平台不仅为用户提供了档案信息查询、检索、利用等基础服务功能，还利用现代信息技术处理手段和社交媒体传播手段，将分布、异构的档案资源整合到统一的服务平台，通过信息推送、个性化定

① 张卫东. 网络环境下档案馆社会化服务模式研究[D]. 长春：吉林大学，2006：28-35.

② 刘明. 数字档案馆信息服务模式研究[J]. 档案学通讯，2007(5)：13-17.

制、信息参考咨询、在线参与等多种服务方式满足不同类型用户的档案信息需求。

三、案例分析：NARA 网站分众信息服务

在网络时代，社会大众更倾向于通过互联网在线获取信息，档案网站成为集宣传、交流、利用于一体的档案信息重要服务窗口。其中，美国国家档案与文件署(NARA)的网站服务走在各国档案网站信息服务的前列，尤其注重"以用户为中心"，具体体现在其独具特色的用户分组和针对分组用户的个性化信息服务。

（一）产生背景

1997 年美国国家档案与文件署制订了"1997—2007 年美国国家档案与文件署战略计划"，该计划的目标之一就是建立一个全国性的综合在线信息传递系统，包括建设国家档案与文件署的网站、档案信息导航系统(NAIL)、电子查询系统等。NARA 网站初始网址为 https://www.nara.gov，后改为 https://www.archives.gov/。网站经过多次改版，曾经设有一级类目 18 个，加上二级类目总数已近200 个，其 18 个一级类目分别是"我们做什么、探索与互动、研究与要求、联邦文件、参与政府、申请利用、多数人的要求、新闻与事件、从档案学者到你、国家档案馆的位置、档案馆的职能、国家档案馆馆史、美国历史档案、在线数据库和工具、档案研究目录(ARC)、档案数据库的使用(AAD)、退伍老兵档案、在线阅读等"。目前，NARA 网站已经发展成为了内容丰富、信息齐全，可以提供全方位、多角度的档案信息的在线服务平台。

（二）发展现状

NARA 网站始终重视对用户需求的研究，并将利用人群根据职业不同分为七大类：公民档案员（Citizen Archives）、联邦雇员（Federal Employees）、家谱学家（Genealogists）、国会议员（Members of Congress）、档案保存者（Preservation）、文件管理者（Records

Managers)、媒体工作者(The Press)等，每类用户都能链接到相应页面，获取有针对性的档案信息服务。其中，对于普通公众用户，NARA 网站在栏目设计和设置时非常注重交互性，比如：页面上的五大栏目包括标签、转录、编辑档案、上传和分享、1940 年人口普查，其中"标签"栏目就是让用户帮助档案馆为档案加上关键词、术语和标签，从而帮助其他人发现和利用档案；"转录"栏目则是让用户采取手工抄录、打字或静电复印等方式，将档案原件(或档案复印件)上的原文信息内容，如实转移到档案文献出版物底稿上，并对其字体、格式、符号等进行必要的技术性处理的工作；"编辑档案"栏目提供给研究人员、教育工作者、家谱和档案工作人员一个网上空间来共享知识和信息，存储和分享自己的研究成果；"上传和分享"栏目号召人们上传和分享国家档案馆档案的数字拷贝件，用户可以利用 Flickr 上传和分享照片、为照片补充描述信息。对于联邦雇员用户，NARA 网站以各种方式为联邦雇员服务，除了在雇员离开政府服务后保存其个人就业记录外，NARA 还帮助雇员履行更多记录管理职责，比如：针对联邦雇员管理联邦记录的职责需求，该用户组的页面上对联邦记录管理的政策、业务指导、管理工具、电子记录管理、培训等信息都可以详细展示，甚至在如何选取记录主题、存储标准、记录控制时间表、备忘录等方面也有相关指导。对于家谱学家用户，NARA 网站的页面主要分为家谱研究、热门话题、活动、家谱研究工具四个板块，其中"家谱研究"板块指引人们如何利用国家档案馆的资源开展家谱研究，以及提供丰富的谱系资源；"热门话题"板块列举了进行研究的一些主题资源，例如人口普查记录、入境处记录、土地记录、民族遗产等；"活动"板块则用日历或列表的形式列出全美、华盛顿地区家谱研究有关的活动，其中包括全国家谱讲习班等；"家谱研究工具"板块主要提供在线研究工具、相关网站的链接以及家谱利用指南等。对于国会议员用户，NARA 网站为其提供的信息主要是关于制宪常见问题及有关机构设立的政策和程序方面，提供美国国会的正式记录查询、免费记录存储、免费订阅刊物以及到国家档案馆的旅游等服务，以及提供立法档案中心、联邦登记册、美国政府手册等资源。对于档案保存用户，NARA 网站为此类人群提供针对多种档案类型的保护技术和方法以及相关论文的出处和产品生产厂商信息，其中档案类型包括家庭档案、摄影材料、数字媒体、纸及羊皮纸、音频视频电影档案等，保护技术和方法包括如何对档案去酸、干燥、修复、防磁以及养护处理、环境监测、储运、数字化改造等档案保护的专业知识，除此之外还提供了 2019—2020 年的保护战略文件。对于文件管理者用户，NARA 网站设立了记录管理门户、调度与转移、监督和报告、培训和教育、政策和指导、重要话题六个板块，主要提供给文件管理者(或档案管理员)的服务是关于存储、处理文件(或档案)信息的工具和技能，以及档案专业组织、专业认证的相关信息，比如：NARA 网站上提供了详尽的档案业务指导，包括如何存储、描述、保存文档信息，如何管理和提供数字化的文档产品和服务等，以延长文档寿命，协助市民查询文档信息。对于媒体工作者用户，在面向新闻出版媒体工作者的页面上，每天都会更新国家档案与文件署的新闻稿，报道该机构的各项活动，并提供新闻的 RSS 订阅服务，比如："新闻资料袋"就以专题的形式提供给记者写作的素材，包括文字和高分辨率的图像、视频等，内容丰富，目前提供的有美国妇女与投票、越南战争关键事件、自由宪章重建计划、本杰明·富兰克林等专题资料。①

NARA 网站也提供了丰富多样的信息检索服务，主要包括档案研究目录(Archival Research Catalog，ARC)、档案数据库检索(Access to Archival Databases，ADD)、缩微档案目录(Microfilm Catalog)、联邦文件指南(Guide to Federal Records)、在线公共获取(Online Public Access，OPA)、电子档案馆(Electronic Records Archives，ERA)。② 其中，AAD 在以用户为中心、向公众提供丰富多样的档案信息方面发挥着重要作用。AAD 信息服务主要涉及

---

① 祝洁. 分众传播时代的档案网站信息服务模式创新[J]. 档案学通讯，2013(1)：89-90.

② 赵屹，汪艳. 新媒体环境下的档案信息服务[M]. 上海：世界图书出版公司，2015：47-48.

三大方面：数据库资源建设（包括资源的数量、内容和组织）、检索系统（检索界面、入口和效率）和服务功能（包括导航与帮助、互动与反馈、全文提供服务）。①数据库资源建设。数据库资源是数据库建设的核心，数据库资源的数量及质量是衡量数据库资源的重要指标。AAD 存储了 NARA 所保存的 30 多个联邦机构形成的及社会捐赠的共 8500 万份原生电子文件，这些原生电子文件内容丰富，涵盖了战争、经济、自然灾难、教育、移民、外交、反恐、军事等 100 多个主题。AAD 的资源是根据系列、案卷及卷内文件进行组织的，某些案卷还包括了若干数据列表，这些系列、案卷及文件通常是根据形成机构保存文件及向 NARA 迁移文件时的方式组织的，既维护了这些电子文件之间的有机联系，也方便了公众检索。②检索系统。AAD 检索界面非常友好，设计风格简洁明了，整个界面包括七大版块：AAD 工具栏、AAD 检索栏、开始栏、按目录及主题检索栏、最新文件栏、AAD 最显著文件栏、最受欢迎文件栏，公众进入 AAD 界面后对其内容及功能一目了然，界面操作非常方便。同时，AAD 提供了多途径的检索入口：一是按关键词检索，分为基本检索和高级检索两种；二是按目录检索，AAD 网页上提供七大类目录：家谱/个人历史、私营部门、战争/国际关系、时间段、照片及文本文件索引、地区、政府开支，每一类目录下又细分不同的目录；三是按主题检索，AAD 按 24 个字母顺序将其数据库资源分成近 180 个主题。从 AAD 检索系统的建设情况来看，AAD 充分考虑到公众的检索习惯及检索心理，提供的检索界面简洁明了、检索入口多样化且操作方便、简单易用，检索效率高。③服务功能。一是导航与帮助功能，AAD 在其主页面的左上角专门设置了"AAD 工具"栏，包括详细地使用 AAD 的指南（Getting Started Guide）、术语（Terminology）及常见问题和答复（General FAQs），在其右上角有专门的"帮助（help）"功能。二是反馈与互动功能，公众进入 AAD 页面时 AAD 会自动弹出一份调查问卷，该调查问卷的目的是为了让 NARA 知道 AAD 在哪些方面做得好，哪些方面需要改进，通过该调查问卷可及时地将利用者对 AAD 的肯定之处及需完善之处反馈给 NARA，这也是 NARA 改进 AAD 的重要依据；此外，NARA 还积极地通过 Facebook、Blog、Twitter、Wiki 及其他新媒体渠道增进他们和用户的互动，公众可以通过这些新媒体与 NARA 就任何方面包括 AAD 进行互动交流。三是全文提供服务。公众可自由地下载或打印自己所需的 AAD 电子文件，但因为 AAD 并非分析工具也不包括统计软件，为确保 AAD 的稳定性及实时向公众提供利用，它也限制了一个查询所能获取及下载的数据量，故 NARA 相应地提供了 AAD 电子文件订购业务。①

NARA 还积极开展社会化媒体战略，利用 Facebook、Flickr、Twitter、YouTube、Foursquare 等多种社交媒体工具与网站关联，为用户发表意见和建议提供平台和渠道，促进用户与档案人员的交流互动，推动档案网站的改进与升级，提高档案信息的传播范围和利用效率。例如 NARA 网站在 Facebook 上设有四类账户：国家档案馆体系的机构、联邦登录处体系的机构、总统图书馆体系的机构和基金会体系的机构，有效拓宽了社会公众参与档案信息共享的途径；再如 2011 年 NARA 网站还新增加了"公民档案员"板块，吸引用户参与档案资源建设和档案利用服务推广工作。

(三)经验总结

从服务要素作用关系角度分析，NARA 网站分众信息服务的核心目标是服务客体，即以档案用户为中心。NARA 网站分众信息服务以满足广大档案用户的需求为目标，切实做到便民利民、以人为本，真正体现了用户在档案信息服务中的主体地位，这种服务理念一方面促进了档案人员与档案用户的实时互动和信息沟通，有效促进了档案人员对用户需求的准确把握，从而提供有针对性和个性化的档案信息服务，切实提高了服务质量和效果；另一方面，促进了档案信息资源的细分、加工、处理和重组，丰富和完善了档案数据库和用户需求信息库的建设，也进一步推动了档案信息服务平台和现代信息技术的应用，拓展了档案信息服务的手段和方式。NARA

93

---

① 连志英. "以用户为中心"的在线档案全文数据库建设初探——以美国国家档案馆 AAD 为例[J]. 浙江档案，2012(4)：11-13.

网站分众信息服务的经验总结如下：

第一，丰富和完善数据库资源建设。NARA 网站提供了 9 种在线数据库和检索工具，通过链接功能将各类在线数据库逻辑关联起来，并根据用户特征和利用主题对档案资源进行分类整合，为各类用户获取档案信息资源提供快捷通道。NARA 网站还在 2010 年重新设计时明确提出"以用户为中心"的原则，开展对用户数据的收集和分析，并以此为基础做好其网络的各项服务。①

第二，根据用户类型组织网站内容和服务。NARA 能根据用户的职业、背景、利用目的、偏好和要求，整合不同类别、层次的档案信息，并按照用户需求以在线数据库、资源列表、主题等形式组织于不同用户组的页面上，既能为各类用户提供个性化信息服务，也能更好地适应档案用户信息利用的实际规律。

第三，应用 Web2.0 技术拓宽用户参与渠道，增强交互性。用户的动机、需要、情绪直接影响他们对信息的选择，根据不同用户需求和特点来增强网站交互，有利于增强网站用户的体验效果。NARA 网站专门设有一级类目 FAQ，用于列举用户最近提出的问题及其解答；利用各种 Web2.0 工具，如 Facebook、Google +、Twitter、Foursquare 等加强与用户的互动，极大地拓宽了档案用户的参与渠道，提高了整个社会的档案意识，不断推动档案信息服务工作的与时俱进。

📚 第五节　三种档案信息服务模式的对比分析

如前所述，服务主体、服务客体、服务内容和服务策略是信息服务的四个基本要素。据此，本书从档案人员、档案资源、档案用户、服务策略四个方面对上述三种档案信息服务模式进行比较。

首先，从档案人员的角度看，"馆员型"模式更加强调档案人

---

① About the Archives. gov 2010 Redesign ［EB/OL］. ［2011-12-02］. http://www.archives.gov/open/redesign/about.html#data.

员的主体地位，信息服务活动以是否符合档案人员意愿和方便其工作开展为主要出发点，且其服务理念和知识素养较为传统和单一；在"资源型"模式中，档案人员地位从管理者逐渐转变为服务者，其服务理念逐渐增强，知识结构和业务素养逐步提高；在"用户型"模式中，档案人员地位向协调者和参与者延伸，其服务理念更加开放，知识结构和信息素养不断完善。

其次，从档案资源的角度看，"馆员型"模式虽然也强调对档案资源的管理和编研，但档案资源并非档案服务工作的关注重点，仅仅是档案服务工作的参与对象；在"资源型"模式中，档案资源建设是档案信息服务的中心环节，档案数字化、数据库建设以及档案资源体系构建成为这一阶段档案工作的重点；在"用户型"模式中，档案资源建设是围绕用户需求来展开，档案资源的多元价值逐渐得到体现，档案资源满足用户需求、服务社会功能得以不断扩展。

再次，从档案用户的角度看，"馆员型"模式虽为用户提供服务但并不是档案工作的重点，档案用户得不到充分的重视，其仍然处于被动接受的地位；"资源型"模式开始注重用户的主动参与，用户地位有所提高，但仍处于较被动状态；"用户型"模式则主要以档案用户为中心，用户的信息需求成为档案信息服务的出发点，档案用户地位更加凸显。

最后，从服务策略的角度看，"馆员型"模式基本沿用传统的档案服务策略，主要是采取定点、定时、定量的服务方式，服务手段则主要通过手工查找、手工复印、手工借还等方式为档案用户提供档案信息；"资源型"模式在服务策略上实现了一定程度的升级，用户可以通过计算机系统自主检索或通过网络"在线预约""在线查档"，服务方式和手段更加信息化和网络化；"用户型"模式较前两种服务模式更加关注综合信息服务平台的构建，它不仅支持网络获取档案信息的方式，而且注重档案用户与档案人员的双向互动，服务方式和手段更加多元化和个性化。

综上所述，伴随着档案信息化的不断发展，档案信息服务模式也经历了馆员型、资源型、用户型三种类型的发展变化，不同服务模式中各服务要素发挥着各自不同的主导作用，并影响着其他几种要素的相互关系。笔者认为，未来档案信息服务模式的发展方向应该是充分应用现代信息技术和网络通信技术，构建高度现代化、集成化、智能化的档案信息服务系统，它是以档案人员为纽带、以档案用户为中心、以档案资源为基础、以信息技术为支撑开展档案信息服务活动，以达到档案信息数据化、档案管理自动化、信息传递网络化、档案服务智能化目标的新型服务模式。①

第六节 小 结

在对智慧城市背景下档案信息服务模式进行深入研究之前，有必要先弄清档案信息服务模式的内涵及其主要类型和发展变化。本章首先分析档案信息服务模式的四个组成要素：服务主体、服务客体、服务内容和服务策略，并通过研究各组成要素的主导程度和它们之间的作用关系，抽象出不同类型的服务模式和服务流程；以此为参照，系统梳理和概括了档案信息服务模式有代表性的三种类型：以档案人员起主导作用的"馆员型"服务模式、以档案资源建设为中心的"资源型"服务模式以及以满足用户需求为目标的"用户型"服务模式，同时对每种类型服务模式的内涵和组成要素进行分析，并对实践领域相应的案例予以剖析；最后，对三种服务模式在组成要素方面的侧重程度进行对比分析，为探索智慧城市背景下档案信息服务模式的创新发展提供参考。

---

① 刘明. 数字档案馆信息服务模式研究[J]. 档案学通讯，2007(5)：13-17.

第三章　智慧城市背景下档案信息服务模式的转变

　　人类社会进步的奥秘隐伏于资源—工具—生产力—社会的连锁反应之中。人类能够利用什么样的资源就可能制造什么样的工具，就可能形成什么样的生产力，就可能促成什么样的社会。① "古代人类只懂得利用物质一种资源，因而就只能制造镰刀、锄头一类人力工具，只能形成农业时代的生产力，促成农业社会的生长和发展；近代人类逐步懂得了利用能源，把能量资源与物质资源相结合，就制造了机车、轮船一类动力工具，形成了工业时代生产力，促成了工业社会的生长和发展；现代人类正在向信息资源进军，综合利用信息、能源、物质三种资源，信息时代的生产力正在茁壮成长，我们已进入了信息化社会。" ②2008年IBM提出"智慧的地球"的理念以后，以物联网、云计算、大数据、移动互联网等为代表的新一代信息技术的兴起，使得数据资源成为重要的战略资源，于是量子计算机、智能手机、人工智能系统等新一类崭新的生产工具——智能工具迅速涌现，人类将逐步迈入智能化社会。

　　由第二章内容分析可知，"馆员型"服务模式突出档案人员的主体作用，有利于保护档案信息安全，维持日常档案服务活动的正常运行，但服务理念和服务方式及手段都有待转变和提高；"资源

　　① 吕斌，李国秋. 信息化的理论反思[J]. 情报科学，2005(12)：1793.
　　② 钟义信，邓寿鹏. 信息时代宣言[J]. 今日电子，1996(7)：98-99.

型"服务模式增强了档案人员开发档案的主动性，丰富了档案服务内容，提高了档案服务手段和效率，但在满足用户需求和保证服务质量方面还存在一定局限；"用户型"服务模式实现了档案人员与档案用户之间的交互作用，增强了档案信息服务工作的实效性和用户满意度，但在动态感知并预测用户需求、创新性开展档案信息服务和协助用户全方位解决问题方面还存在一定的提升空间。而在智慧城市建设深入推进的背景下，其建设理念、发展思路、技术应用和信息需求将为档案信息服务活动带来新的机遇，也将促进档案信息服务要素的作用发挥及其相互关系的增强，尤其是物联网、云计算、大数据、移动互联网等现代信息技术的普遍应用还将对档案信息服务模式的创新发展产生新的动力。因此，智慧城市背景下，如何加强档案服务各要素之间的合理配置和融合集成，加强智能技术在服务策略中的合理应用，推动信息服务系统功能的拓展和智能化发展，从而为社会大众提供更加智慧的信息服务，将成为未来档案信息服务模式创新转变的重要议题。

第一节　智慧城市背景下档案信息服务模式转变的现实条件

一、智能融合的信息服务环境

智慧城市是信息化高度发展、智能技术充分应用、智慧产业规模运作的现代化城市，其核心本质是将信息资源作为重要的生产要素，并充分运用现代信息技术最大限度开发利用信息和知识资源，为社会发展、城市运行和人民生活提供全面、及时、便捷、高效的信息服务。① 智慧城市背景下的信息服务环境呈现以下态势。

---

① 工业和信息化部赛迪研究院. 智慧城市热潮中的冷思考[N]. 赛迪专报，2011-03-15(7).

（一）服务资源数字化

智慧城市是一个融合了物联网、互联网、云计算、大数据等技术集成应用的地理空间，这些信息与通信技术的广泛应用带来不同于以往的信息类型和信息规模，数字化资源、网络资源和多媒体资源等多元化数字信息成为信息服务的主要内容。而服务资源的数字化具体表现在政府部门、产业部门、社会组织以及 IT 公司通过建立门户网站，利用系统、应用程序或信息平台，为社会大众提供浏览、检索、查考、凭证等信息服务。

（二）服务内容多样化

智慧城市背景下信息资源内容的广泛性和资源形式的多样性促进了服务内容的多样化。由于信息产生的范围更加广泛，信息采集的渠道和途径更加复杂多样，所以信息服务机构要想为用户提供全面、快捷、高质量的信息服务就必须全面收集各方面信息，并为用户提供形式多样的服务内容。比如，从信息类型上，有些需要提供统计数据信息、有些需要提供文字信息、有些需要提供图片信息、有些需要提供声像信息、有些需要提供多类型综合信息等；从信息加工程度上，有些需要实时感知数据、有些需要原始文献信息、有些需要一次加工信息、有些需要二次汇编信息、有些需要综合加工的知识信息等。

（三）服务方式个性化

随着智慧城市背景下新技术和新媒体的快速发展和普遍应用，信息服务部门利用自身资源优势，整合服务内容，优化服务方式，能够根据用户的个性化需求提供全方位服务。服务方式个性化要求服务部门既能根据用户的明确要求提供信息服务；又能在充分把握用户的基本特征、兴趣爱好和行为习惯基础上，发现其潜在需求，并能利用现代信息技术主动提供有针对性的个性化信息和服务。①

99

① 国佳，李望宁，李贺. 面向智慧城市的社会化信息服务体系构建研究[J]. 图书馆学研究，2017(9)：53-59.

(四)信息传播网络化

信息传播是指信息通过一定的载体进行传递、交流和利用，并在传递、交流和利用中实现其价值。信息传播网络化即能够通过网络把分布存储的、不同载体的信息传递给不同时空的用户使用。① 智慧城市是通过高带宽的固定网络、无线网络、移动通信网络以及物联网等实现实时连接的，人们可以通过网络及时、迅速、不受时空限制地获取世界各地信息系统的信息，通过电子邮件、微博、微信、QQ、博客、网络论坛、流媒体等网络媒介进行在线交流并获取信息。网络化使信息传播发生了深刻变化，它既提高了信息传播的时效性和便捷性，也实现了信息传播的共享性和交互性。

(五)信息服务集成化

信息服务集成化是通过对信息服务的有序化组织，将各类服务资源整合到一起，为利用者提供统一服务平台、一次性用户认证、"一站式"服务。智慧城市背景下的信息服务集成了组织、技术、信息等多种资源，突破了异构系统、时间空间等限制，为用户提供了集成化、一站式的信息服务。

二、灵活多样的信息用户需求

智慧城市是数字化、网络化、智能化高度发展的社会环境。② 高速发展的信息环境不断刺激着社会化信息服务需求，全社会的信息素养不断提高；全面普及的网络环境又满足社会用户对时效性和灵活性的要求，社会用户多元化的信息需求可能随时随地产生并得

---

① 瞿楠香. 档案信息资源开发与利用服务关系研究[J]. 云南档案，2010(7)：33-34.

② Coe A, Paquet G, Roy J. E-governance and smart communities：A social learning challenge[J]. Social Science Computer Review，2001，19(1)：80-93.

到满足；深入应用的智能环境又能及时感知社会用户的信息需求，并为其提供个性化服务内容。具体体现出以下三个方面的特点。

（一）多元化与个性化

智慧城市背景下，迅速发展的信息化推动了信息资源的大量产生和信息需求的不断增强，全社会的信息意识也不断提升，社会公众的信息需求不再局限于经济、文化、科技等领域，而是遍布生产、生活、学习和社交活动等各个方面。智慧城市中社会公众的信息需求呈多元化发展趋势，其多元化需求表现在不同用户希望可以通过多种渠道、多种平台获得多种形式的信息产品；而不同用户的信息需求往往具有较大差异，各类用户信息需求的个性化程度不断增强。

对于档案用户，网络社会和智慧城市的发展也使他们的信息需求呈现出多元化、个性化的发展趋势。他们不再局限于学术研究和工作查考而利用档案信息，同时也涉及了政治、经济、教育、文化、民生、娱乐等各方面的信息。他们不仅需要大量传统纸质档案，还需要各种新型载体档案；不仅需要静态的信息，也需要音频、视频等动态的信息；不仅需要各种档案原文信息，还需要各类档案编研产品、档案文化产品等加工信息或知识信息，① 档案用户的需求显现出多元化特征。基于档案用户个体的差异也使其信息需求具有非常明显的个性化，但在传统环境下档案馆主要是提供馆藏档案的信息服务，档案利用的方式主要是通过供需双方的直接作用实现，而用户的很多个性化信息需求难以得到满足；信息技术的发展拓宽了档案接收领域，丰富了档案信息资源内容和形式，产生了更加专业化和特殊化的档案产品，形成了多样化和人性化的利用平台，也在一定程度上激发了档案用户的信息意识和潜在需求，用户的档案需求逐渐趋于专深化和特殊性，更具个性化特征。

---

① 王婷婷. 网络环境下的档案馆用户服务模式研究［D］. 南昌：南昌大学，2012：14.

(二)时效性和准确性

时效性和准确性是信息服务的重要特征，但智慧城市背景下的信息服务对时效性和准确性有更高的要求。一方面，智慧城市快节奏的社会环境决定了其信息环境的瞬息万变，信息资源和信息产品本身的有效时间更短；而且快节奏的社会生活使信息用户对信息服务的时效性要求更高，信息用户往往需要在产生信息需求之后，马上就能得到对应的信息服务来满足这种信息需求。另一方面，智慧城市是一个信息泛滥和信息过载的社会，互联网的高速发展加速了信息资源的指数增加和广泛传播，而信息的过度膨胀和过量冗余信息的存在使得高价值信息获取的成本越来越高，人们迫切需要的不再是大量的低价值信息，而是少量的高价值信息，因为时间是人们最为宝贵的东西，而快捷、准确是节省时间最有效的方法。

智慧城市背景下，以通信技术和网络技术为代表的电子信息技术的飞速发展大大提升了信息的组织能力和传输效率，也为档案信息需求的时效性和准确性提供了可靠的技术保障。对档案用户而言，互联网尤其是移动互联网为用户提供了高效、快捷的档案信息传播和获取途径，档案人员将数字档案资源借助网站、社交媒体、手机 APP 等途径向社会公众提供利用，既实现了档案信息内容的及时更新，充分发挥了档案信息的时效性，又实现了传播手段便捷化、需求响应高效化，充分体现了信息时代档案用户需求的高效化特征。同时，网络环境下信息超载、信息污染等问题给用户准确、高效获取信息带来了较大障碍，因为能够获得的信息未必有用，而容易获得的信息往往价值很低，甚至有些虚假信息还会迷惑视听造成损失，所以真实、准确的档案信息将成为用户获取高质量信息的重要选择；并且，档案用户在通过网络直接获取大量所需的档案信息后，他们也更加注重信息质量，希望准确、有效地获取解决问题所需的关键信息。因此，用户对档案信息逐渐从数量上的需求发展为质量上的需求，同时由低质量需求向高质量需求上升，充分体现了用户需求的精准化特征。①

（三）集成化与智能化

　　智慧城市的重要特征是更发达的信息化、更深入的智能化，社会信息基础设施高度发达，信息传播渠道形式多样，信息获取方式简单快捷，社会公众信息素养不断提升，因而，传统对一次信息资源的匮乏不再是智慧城市信息需求的主要方面。智慧城市背景下，信息用户的信息需求往往是对高层次信息的需求，是对包含着高度智慧结晶的信息需求。信息用户需要的不仅是离散的信息，更多的是对集成信息以及经过综合分析之后做出的智能化决策。②

　　智慧城市背景下，档案用户的信息需求也侧重于档案信息内容的集成化和利用方式的智能化。从信息内容角度看，仅凭一份或几份档案信息已很难满足用户的信息需求，在很多时候用户往往需要综合化、集成化的信息。如有些研究学者不仅需要档案原件，还需要关于这份原件的相关说明；有些普通民众不仅要了解亲人在某个时期的情况，还想了解当时的社会背景和家族其他亲人的情况，这都体现出档案信息需求的集成化。从利用方式角度看，档案用户不再满足于到馆查档和网上分散查找，他们更希望档案信息资源之间的无缝链接，即通过一个入口或一个界面就能实现"一站式"服务，一键获取自己需要的一系列相关档案信息；而且，随着智能技术的深入应用，档案用户更青睐于利用智能化推荐系统，直接将自己的需求或问题输入系统，随即获取相关的档案信息或有效的解决方案，这将体现出档案信息需求的智能化。

三、高速发展的现代信息技术

103

　　如果说智慧城市是信息技术与知识创新环境下城市形态深度融

---

　　①　王婷婷. 网络环境下的档案馆用户服务模式研究[D]. 南昌：南昌大学，2012：14.
　　②　肖应旭. 面向智慧城市的信息服务体系构建与运行模式研究[D]. 长春：吉林大学，2012：17.

合的产物，那么，构建信息资源从数据获取、存储、处理、挖掘到开放共享的完整信息服务链则是其持续发展的动力。① 信息服务与智慧城市深度融合的关键技术包括：物联网、移动互联网、云计算、大数据和人工智能，而这些新一代信息技术也将深刻影响着各类信息的智能感知、获取、传输、处理和服务等工作方式，将使信息服务水平提升到新的阶段。

(一)物联网技术

物联网(Internet of Things，IoT)是互联网和移动通信网的应用延伸和进化，是不同传感器之间按约定的协议进行信息交换和通信，以实现智能化识别、定位、追踪、监控和管理的一种网络技术。② 美国麻省理工学院的 Ashton 在 1999 年首次提出物联网的概念，③ 2005 年国际电信联盟(ITU) 发布了《ITU 互联网报告 2005：物联网》，正式对物联网进行了全面阐释。④ 2009 年时任美国总统奥巴马在与美国工商业领袖举行的"圆桌会议"上，对 IBM 提出的"智慧地球"概念给予了非常积极的回应，认为"这就是美国在 21世纪保持和夺回竞争优势的方式"。2013 年中国将云计算、物联网列入重大科技规划，并在 2014 年由工业和信息化部推出的《物联网白皮书》从战略、应用、技术和标准、产业四个角度分析并归纳了物联网的发展。⑤ 目前，物联网业已成为智慧城市中连接人与人、人与物、物与物并即将实现万物互联的核心技术之一。

---

① 吴志红，赵元斌，韩秀珍. 区域集群式信息服务协同体系与智慧城市深度融合之探讨[J]. 图书情报工作，2014(13)：11-16.

② 金江军. 迈向智慧城市：中国城市转型发展之路[M]. 北京：电子工业出版社，2013：17-18.

③ Ashton K. That "Internet of things" thing [J]. RFID Journal，2009(22)：97-114.

④ 钟书华. 物联网演义(二)——《ITU 互联网报告 2005：物联网》[J]. 物联网技术，2012(6)：87-88.

⑤ 李梅，范东琦，等.物联网科技导论[M]. 北京：北京邮电大学出版社，2015：3.

　　一般来说，物联网技术由射频识别技术、传感器技术、网络和通信技术、数据处理与融合技术等四个方面组成，射频识别和传感器作为物联网的前端技术是物联网功能设计的主要参考因素，网络和通信技术、数据处理与融合技术属于物联网的后端支撑性技术，起到为射频识别和传感器提供由识别数据向应用转换的作用。① 依托物联网技术构建智慧档案管理系统，可以实现档案、馆舍、设备、用户与档案人员随时随地的沟通和互动，从而实现档案实体管理的自动化、档案业务管理的感知化、档案信息管理的精细化和档案利用服务的智慧化。

　　利用物联网技术将有效解决档案实体与现有的档案信息管理系统之间缺乏沟通桥梁的难题；同时，通过建立物联网管理系统与现有的档案信息管理系统的无缝链接，可以有效实现档案资源共享和档案实体快速灵活查找、准确定位区域、图形化导航索取、快速查库等智能化管理。例如：江苏省太仓市档案馆利用超高频射频识别技术，实时联动档案实体和数字档案资源，实现了档案实体的区域追踪定位、移动终端管理、自动盘库等功能，创新构建了档案的管理利用体系。

　　以物联网技术为核心，还可实现馆藏档案资源的精准获取与推送服务的智能化。物联网的感知和控制能力使得应用对象在提供感知信息后还能够相互传递信息，同时各个智慧节点自身都具有智慧化的信息处理能力，它们又通过物联网形成一个有机的整体，相互之间可以进行信息的交换与共享，因此除了丰富档案内容信息之外，还将产生大量的档案全生命周期过程中的辅助信息。在此基础上，能够自动分析用户的需求，挖掘各种档案知识，对各节点之间的档案知识进行汇聚和融合，从中获得一些隐藏的有价值的信息，从而为用户提供综合的深层次的信息服务。②

　　①　张应福. 物联网技术与应用[J]. 通信与信息技术，2010(1)：51-54.
　　②　李月娥，周晓林，等. 物联网环境下智慧档案馆的档案实体管理与服务模式研究[J]. 北京档案，2017(1)：20-23.

(二)移动互联网技术

移动互联网技术是互联网技术与移动通信技术的结合和延伸。近年来,随着无线网络技术的发展和第四代移动通信(4G)业务的开展,以及智能手机、平板电脑、智能穿戴等移动智能终端设备的普及,我国已经进入了移动互联网飞速发展的阶段。根据中国互联网络中心发布的《第40次中国互联网络发展状况统计报告》,截至2020年12月,中国手机网民规模达9.86亿,网民中使用手机上网的比例达到99.7%,具体如图3-1所示。①

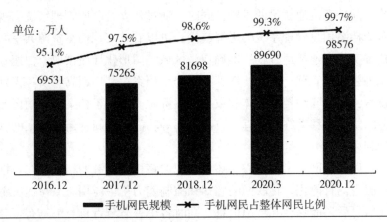

图 3-1　2016—2020 年中国手机网民规模及其占网民比例

随着移动互联网技术的发展,手机微博、微信、APP 等移动应用层出不穷,移动电子政务、移动电子商务等也快速发展,随之而来的移动档案馆、手机档案馆等档案移动服务也逐渐发展起来,不仅打破了时空界限,而且实现了档案信息服务的高效率和泛

---

①　第 47 次中国互联网络发展状况统计报告(全文)[EB/OL].[2021-02-03]. http://cnnic.cn/hlwfzyj/hlwxzbg/hlwtjbg/202102/P020210203334633480104.pdf.

在化。

在移动互联网环境下，档案移动服务的技术形态主要由"云"和"端"两部分组成："云"是指云计算、大数据和用户运营等虚拟开放平台；"端"是用户通过手机、笔记本和平板电脑等移动终端看到的 APP 界面，包括移动端和应用两部分。"云"和"端"相辅相成，中间流动着的则是"活"的档案数据，即档案内容，主要由档案部门自制或与政府部门、IT 公司和社会组织合作完成。档案信息从"云"流向"端"，代表用户接收档案数据、获取档案移动服务的过程；反之，则代表档案部门获取用户反馈、收集用户数据的过程。①

移动互联网技术的普及也使得国内外档案馆开始重视移动互联网的应用，以达到满足用户需求，提升档案信息服务效果等目的。国外档案馆通常使用 Facebook、Twitter、移动应用程序等方式提供服务，很多综合档案馆还将 My Space、YouTube 等社交平台和自身网站相连接。② 例如美国国家档案馆以数字档案资源为基础，以 Facebook、Twitter、Flickr 等社交媒体为媒介，以智能手机、平板电脑等移动设备为终端，通过 WAP 网站、移动客户端、应用程序、在线咨询等形式为档案用户提供服务。英国国家档案馆通过 Twitter、YouTube、Flickr、Facebook 等 14 个社交媒体服务与用户实时互动并提供档案信息共享。③ 我国综合档案馆主要通过手机短信、WAP 网站、微信公众号、手机 APP 等方式开展移动服务。例如：贵州省档案馆开通的手机短信查档业务和 WAP 网站服务；④武汉市档案馆的档案利用服务 APP——"手机档案信息及文化推送

107

---

① 王协舟，王露露. 档案移动服务研究述评及启示[J]. 档案学通讯，2016(3)：58-63.

② Wei-Hsiang Hung，Lih-juan Chan Lin. Development of mobile web for the library[J]. Procedia-Social and Behavioral Sciences，2015 (7)：259-264.

③ The national archives on the web[EB/OL].［2017-09-14］. http://www.nationalarchives.gov.uk/get-involved/social-media.htm.

④ 韩义义. 贵州手机短信可查档案目录[N]. 中国档案报，2006-06-08 (1).

系统"，提供订报、阅读、查询、互动、更多 5 个服务模块，其中推送服务包括：档案馆文化展示，档案开放目录查询和档案关联信息阅读。①

(三)云计算技术

云计算是一种基于互联网的计算方式，它利用分布式计算和虚拟资源管理等技术，通过网络统一组织和灵活调用，将分散的软硬件资源和信息资源集中起来形成共享的资源池，并以动态按需求和可度量的方式，向使用各种形式终端的用户提供服务。按照云计算服务提供的资源所在的层次不同，可以分为 IaaS(基础设施即服务)、PaaS(平台即服务)和 SaaS(软件即服务)三种服务方式；根据服务对象的不同，则可以分为面向机构内部提供服务的私有云、面向公众使用的公有云以及二者相结合的混合云等。

从本质上来讲，云计算的核心是将计算转为服务，因而以云计算为核心有利于实现信息服务的便捷提供。基于虚拟化的数据中心技术、互联网技术和信息终端技术的发展，为云计算的理论和实践提供了信息技术支撑。虚拟化技术将数据中心内的海量硬件、软件和网络等各类计算资源进行虚拟化，使得用户可以按需调用信息服务资源，而无须关注计算资源的配置、调度与演化方式；档案部门在搭建业务应用时，也可利用云计算技术将档案管理服务中的网络资源、存储资源和服务器资源等基础设施虚拟到云端，从而极大地提高档案基础设施资源的利用效率。互联网技术为云计算的发展提供了必要的基础平台支撑，云计算的全部服务均需通过互联网向云端的用户提供；该技术也能为档案应用系统提供运行所必需的软件平台资源，包括操作系统平台、软件开发环境、各类数据存储环境等，档案应用可以基于平台服务所提供的服务接口，直接在该平台上进行开发或部署档案应用。而信息终端技术则为云端用户便捷、高效地使用云计算环境下的多源信息服务提供了友好的人机交互环境，用户通过简单的操作即可按需获取所需服务；该技术通过对档

---

① 曹佳瑜. APP 在档案服务中的利用[J]. 档案时空，2014(8)：13.

案应用进行整合，按照最优化和通用化原则，以服务的形式向用户发布各种档案应用，使得终端用户不仅可以通过档案信息门户网站对档案资源进行使用，还可以直接通过网络或者接口使用档案应用服务，从而有效实现档案信息服务的便捷和高效。①

云计算的理念是将信息资源放在公共资源池中，根据用户需求进行弹性分配，对于智慧城市来讲，云计算的应用将使得资源的分配更加高效，用户获取信息资源更加便捷。同理，云计算也将在扩大档案社会化服务范围、增强档案社会利用价值方面发挥更加重要的作用。比如：依托部署在"云端"的档案资源管理体系，公众可便捷地获得数字档案资源，并开展不同专题的档案编研；也可以将家庭档案和个人收藏制作成精美的网络展览，推入"云端"以供共享；还可以利用"云端"提供的"一站式"检索功能获得跨专业、跨地区的档案信息。在国家档案局开展的"中国档案云"项目中，拟建设以云计算技术为依托，建立"中央级"和"省级"两级中心，打破地域限制，打造成覆盖全国公共档案信息资源、互联互通、统一运营的"中国档案云"，从而为广大利用者打造一个统一的、"一站式"的档案信息资源共享和服务平台，为社会提供档案信息服务。②

（四）大数据技术

近年来，随着信息技术的发展和智慧城市中信息化建设的深入，海量信息爆炸增长、高度聚集、迅速传播。从概念描述角度，大数据可定义为"无法在一定时间内用常规软件工具对其内容进行抓取、管理和处理的数据集合"③。从技术描述角度，大数据是借助数据挖掘、云计算、数据库、可视化等技术，"对广泛异构的数据源进行抽取和集成，结果按照一定的标准统一存储，通过合适的

---

①　牛力，韩小汀. 云计算环境下的档案信息资源整合与服务模式研究[J]. 档案学研究，2013(5)：28-29.

②　佘建新，李静，季雪岗. 互联网时代下档案馆间联盟机制与实践探索[J]. 档案学通讯，2016(1)：64-65.

③　大数据[EB/OL]. [2016-08-02]. http://zh.wikipedia.org/zh/%E5%A4%A7%E6%95%B0%E6%8D%AE.

数据分析方法对存储的数据进行分析，从中提取有益的知识并利用恰当的方式将结果展现给用户"①。因此，以大数据技术为核心，有利于实现档案信息服务的深层开发，既能帮助档案人员从海量资源中快捷发现和获取数字资源，也能深度挖掘用户行为特征，提供个性化、多元化、人性化的智慧服务，还能从档案及用户的各种关联中获得洞察力并有效预测用户需求。

　　从数据角度而言，智慧城市的产生和发展不仅反映了数据资源的大量产生，也反映了数据资源的互联互通，更反映了数据资源的深度挖掘。可以说，智慧城市是大数据发展的重要载体，而智慧城市发展的核心则是数据资源的深度挖掘。因此，在智慧城市背景下，档案部门要充分利用大数据技术，一方面通过深度挖掘用户在交互性知识服务过程中的潜在需求数据，实时透彻感知和预测用户需求，作出快速反应，有针对性地开展服务，主动为用户提供不同粒度、不同功能及不同类型的便捷、精准、高效的服务，从而最大限度地满足用户的服务需求；另一方面根据用户需求和实际体验定位服务短板，以用户为中心，有效弥补"用户需求"与"服务供给"之间的差距，并推动档案信息服务朝着服务个性化、决策智能化、推送主动化、响应敏捷化的智慧服务转型。

　　在档案资源挖掘方面，大数据技术推动着档案开发从常规分析向广度、深度分析转变，利用语义分析、人工智能、机器学习、知识图谱等技术从海量档案资源中分析出潜在价值，为档案编研、信息服务、决策支持奠定基础。在用户数据挖掘方面，根据用户服务数据和网络数据，对档案用户身份记录、借阅记录等结构化数据及存储行为、搜索方式、行为轨迹乃至 SNS（社交网络服务）上的言行记录等半结构化、非结构化数据进行多维、交叉分析；并把各种数据进行融合，建立预测模型，发掘用户访问规律及隐性诉求，为进一步修正或重新制定档案信息服务策略提供依据，从而改善和提高服务能力。在关系洞察及趋势预测方面，利用大数据技术深入挖

①　孟小峰，慈祥. 大数据管理：概念、技术与挑战[J]. 计算机研究与发展，2013（1）：151.

掘离散档案资源之间的关系，并将这些孤立的信息和分散的链接关联起来，进而更好地开展关联服务；同时对用户关系进行挖掘与管理，精确洞察相关用户之间的需求关系和共性特征，从而有效提升信息推送的覆盖率和针对性；最终通过数据与用户的有效衔接，实现服务需求与服务供给的完美结合，实现档案信息服务的优化升级。

（五）人工智能技术

人工智能始于 20 世纪 50 年代，至今大致分为三个发展阶段：第一阶段（20 世纪 50—80 年代）是注重逻辑推理的机器翻译时期；第二阶段（20 世纪 80—90 年代末）是依托知识积累构建模型的专家系统时期；第三阶段（21 世纪初至今）进入了基于数据积累、算法革新和自主学习的认知智能时期。人工智能具体的发展历程如图 3-2 所示。

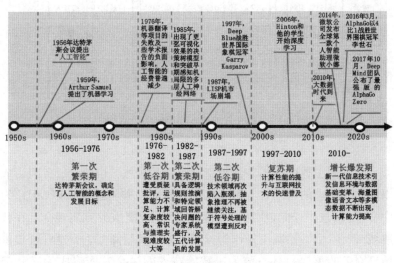

图 3-2　人工智能的发展历史①

---

① 中国电子技术标准化研究院. 人工智能标准化白皮书（2019）[R]. 2019：3.

111

人工智能是研究、开发用于模拟、延伸和扩展人的智能的理论、方法、技术及应用系统的一门新兴技术科学，该领域的研究范围包括智能检索、专家系统、自然语言理解、机器人、逻辑推理、智能决策、过程控制、自动程序设计、问题求解与博弈、模式识别和神经网络等方面，具体涉及数字技术、虚拟技术、感知技术、数据挖掘、机器学习、遗传算法、并行计算、知识表示、生物信息处理技术等。具体内容如图 3-3 所示。

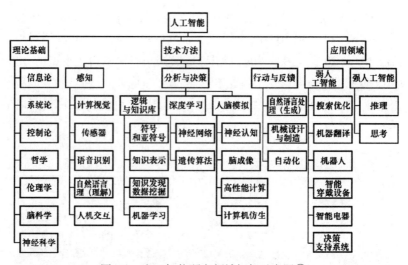

图 3-3　人工智能研究领域框架示意图①

　　随着人工智能技术条件越来越成熟，智慧城市信息服务将形成以数据为驱动的自动化、智能化服务机制，并将逐渐从以"用户为中心"的信息服务向以"数据智能计算"的智能服务方向转变。在智慧城市背景下，档案工作作为智慧政务、智慧商务、智慧社会提供信息服务的重要一环，与人工智能技术的融合发展将成为必然趋势，而智能检索、深度学习、自然语言处理、知识可视化等技术在

　　①　王延飞，赵柯然，何芳. 重视智能技术 凝练情报智慧——情报、智能、智慧关系辨析[J]. 情报理论与实践，2016，39（2）：1-4.

档案服务中的实践和应用将更加广泛和深入。

在人工智能技术飞速发展和档案利用服务需求快速变化的新形势下，档案实践部门对如何加强机器识别、计算机感知、数据快速提取等人工智能技术的应用，以及从用户需求出发如何运用数据分析、数据挖掘、知识可视化等人工智能技术实现智能化服务，都提出了更多新的需求，具体体现在以下几个方面：一是探索智能化在线归档的适用技术和实现方法，利用档案图像内容识别等人工智能相关技术，开发智能化在线归档处理工具；二是在管理流程设计中采用图像标签技术等措施，为重要档案实体进行身份标识，为机器更好地识读和解析档案提供便利，提高机读效率；三是根据用户历史查询信息，利用自然语言理解技术和信息抽取技术，进行用户需求分析和信息的智能推送，提高用户利用档案的效率和质量；四是针对档案利用过程中细粒度、精准化的需求，应用图像识别、文本处理技术，探究档案图文智能定位与精细化检索工具，实现对数字化图像内容的智能识别和精准定位；五是针对音视频档案文件信息量大、内容连贯无规律等特点，引入语音识别技术、计算机视觉技术，探索以音视频信息服务为主体的多媒体内容分析处理等智能化信息处理技术；六是运用知识表示与处理技术，实现档案垂直领域的知识优化，根据档案的特点和特定的利用场景，完善档案知识图谱构建和知识组织，满足用户实际需求。①

第二节　智慧城市背景下档案信息服务模式的要素变化

在智慧城市数字化、网络化、智能化快速发展的背景下，信息服务环境的智能融合、信息用户需求的移动多元以及现代信息技术的高速发展，既将在宏观上影响档案信息服务的外部环境、服务理

① 陈会明，史爱丽，王宁，等. 人工智能技术在档案工作中的应用与发展刍议[J]. 中国档案，2020(3)：72-74.

念和服务模式，也将在微观上给档案信息服务的组成要素：服务主体、服务客体、服务内容和服务策略带来新的变化。

一、档案服务主体的变化

服务主体是信息服务活动的提供者和实施者，主要是指依托于服务机构的工作人员。智慧城市背景下新的信息服务环境、服务理念和服务方式将对档案人员的服务理念、服务方式及其知识水平和工作能力提出新的要求。

（一）档案人员服务理念的改变

中国人民大学徐拥军教授曾在一篇博文中指出：在这个唯一不变的是变化越来越快的世界，我们思想越顽固，我们就越会被变化的世界"边缘化"；我们的思想越守旧，我们就越会被周围的变化"去功能化"，唯有以变应变才是我们的根本出路。① 而智慧城市的出现，标志着人们开始将技术的智能化、自动化与人类的文化力、创造力相互融合，以一种更加开放、人文的理念来重新认识和建设整个城市的生态环境，② 这种新理念也将影响档案人员的思维方式和服务理念。具体体现在：

由保守思维转向开放思维。由于根深蒂固的保守思想的影响和高度集中的管理体制的束缚，传统档案人员把自己的角色定位为"保管者"，无论是思想观念还是服务理念都过于保守。而智慧城市的建设理念是开放共享，这将推动档案服务理念的转变；同时，智慧城市背景下，信息资源大量产生、信息需求日益增加、信息交流更加频繁、信息价值不断凸显，作为一种公共信息资源，档案馆所保管的档案信息经过加工处理后开放至社会，使这些公开信息得

---

① 解放思想仍是档案界最紧迫的任务［EB/OL］．［2017-07-27］．http://blog.sina.com.cn/s/blog_51ae07b9010108dj.html.

② 郭晶. 上海交通大学智慧图书馆之"型"与"行"［J］．中国网络教育，2011(11)：23-24.

到自由的流动，以便公众开发利用，进而产生社会效益和经济效益。

　　由被动服务转向主动服务。传统的档案服务往往是以档案机构自身为中心、以馆藏资源为基础提供档案利用服务，较少考虑档案用户的需求特点和利用习惯。随着智慧城市的推进，社会服务环境的改变，用户信息意识的增强，档案人员的服务理念也将由被动服务向主动服务转变，主动以用户的信息、文化、生活等需求为中心，以积极的态度和服务精神发掘用户需求，主动服务社会。

　　由经验思维转向数据思维。在传统档案服务过程中，档案人员对档案资源的开发和利用更多的是按照自己或前人经验来进行；而在智慧城市背景下，数据获取、数据挖掘、数据分析等大数据技术更加普及，无论是档案的利用情况统计，还是用户的需求特征分析，甚至是档案馆、档案和用户之间的关联程度分析，都可以通过数据分析来说明情况。所以，相比之前的经验思维，数据思维更加适应新时期的档案服务工作。

（二）档案人员服务能力的改变

　　在档案信息化进程中，掌握理论知识和操作技能的档案人员是提升档案服务工作水平的关键所在。而智慧城市的深入推进和信息技术的日新月异也对档案人员提出了更高的要求，具体体现在以下两个方面：

　　一是知识结构重构。档案人员除了要具备传统档案工作要求掌握的档案学基础理论知识以及文书学、历史学、外语、计算机等相关知识外，在智慧城市背景和现代信息技术环境下，档案人员的知识结构需要作以下补充：①信息鉴定知识。信息时代的档案信息在规模上是海量的、在门类上是多维的、在价值上是多元的，档案人员只有具备电子档案内容价值和技术状况的鉴定知识，才能及时、准确地捕捉和收集具有档案价值的信息，并根据其重要程度开放利用。②需求分析知识。档案信息服务工作须以用户为中心，以需求为导向。因此，档案人员能够对档案信息的现实用户和潜在用户、当前需求和未来需求、本单位内部需求和社会大众需求等，进行全面的、前瞻性的分析，并能对档案信息系统的信息需求、功能需求和性能需求进行准确的描述和规范的表达。③系统开发知识。为了实现档案业务和信息技术的完美结合，档案人员必须深度、全程参与档案信息系统开发，因而档案人员需要具备一定的软件工程理论和软件开发技术，能够使用信息技术专业语言与信息技术人员进行沟通，共同完成对信息系统的开发和建设。④系统评价知识。评价是系统维护和改进的前提，档案人员要具备评价档案信息系统质量的能力，能从档案管理和计算机技术的专业角度，评价档案信息系统的直接效益和间接效益，评价系统管理指标、经济指标和性能指标，并能对系统存在的问题，提出改进的意见和建议。

二是操作技能提升。档案信息化工作已经深入档案工作的各个环节，这就需要档案人员既懂档案管理业务，又熟悉计算机操作技能。他们的主要职责是应用计算机技术从事档案数据的积累、归档、组卷(组件)、分类、编目、扫描、保管、鉴定、检索以及数据备份等操作，而在智慧城市背景和现代信息技术环境下，档案人员的信息技术能力还需要不断提升，具体涉及：①信息输入技术。既能采用传统的键盘输入技术，也能使用先进的语音、文字、图像识别输入技术，还能掌握数据导入、导出转储技术以及数码摄影、摄像技术。②信息加工技术。能够采用信息检索工具，从指定的网页、服务器、脱机载体中采集档案信息；按照档案的形式和内容特征进行分类；按照档案的内在联系进行组件、组卷或组盘；采用自动或手工方式对档案进行著录和标引，以及对档案元数据进行采集、封装和管理。③信息保护技术。熟悉或掌握数据库管理、数据组织、数据迁移、数据加密、数字签名、脱机存储、网络访问控制、数据容灾，以及维护电子档案真实性、完整性、有效性和安全性等技术。④信息处理技术。熟悉或掌握文本编辑、图像处理、视频编辑、文件格式转换、数据下载或上传等技术，了解或掌握档案多媒体编研技术。⑤信息检索技术。能够按照用户查档要求，正确选择检索项、关键词、主题词、分类号，并正确组织检索表达式，对在线或离线保存的文本、超文本全文信息进行检索，并对检索结果进行打印、下载、排序、转发等处理。⑥信息传输技术。能够采用电子邮件、短信、微博、微信等手段接收和传播文字、图片、声音、视频等各类档案信息；能够掌握网页设计和社交媒体技术以实现各类档案信息的网络传播。①

二、档案服务客体的变化

服务客体是信息服务活动的需求提出者和最终满足者，主要是指一切有利用需求的信息用户。智慧城市背景下，档案用户作为信息用户的一部分，也将在用户类型和需求内容等方面发生各式各样的变化。

(一)用户类型的变化

不同用户由于社会角色、职业特征、地理位置等的不同，会有不同的档案信息需求，从而形成复杂多样的用户类型。档案信息内容的广泛和社会活动分工的细密决定了档案用户的多层次和多类型，这些类型的划分会随着需求目的的不同而不同，也会随着时间的变化而发生变化。传统的档案用户按职业因素和利用特征主要分为：管理人员、研究人员、工程技术人员、专门职业人员以及其他人员。② 然而，随着档案信息化和网络社会的发展，档案用户的界限日益模糊、用户的数量大幅增加、用户结构更加多样、用户需求动态变化。

智慧城市背景下，档案用户突破了传统的到馆用户的局限，增加了网络用户和移动用户等新的群体，即可将用户群分为传统型用户、网络型用户和移动型用户三种类型。传统型用户，是指习惯到档案馆或者通过其他途径从实体档案中获取信息和满足需求的用户。网络型用户，是指习惯于借助广泛分布的信息网络，从处于任何位置的终端接入档案网站或数字档案馆门户，实现档案信息需求

117

---

① 许建军，费美荣. 给数字档案馆插上"智慧"的翅膀——关于智慧档案馆建设的思考[J]. 上海档案，2017(9)：25-29.

② 石磊. 论档案利用服务需求[J]. 档案学通讯，2005(5)：75-77.

满足的用户,① 或是对档案信息有知识、娱乐、休闲等需求的广大"网民"。移动型用户,是指能够熟练使用移动终端尤其是智能手机,习惯于通过移动终端在线了解档案信息或利用档案信息的用户。随着网络社会的发展和移动终端的普及,网络型用户和移动型用户将日益成为档案用户的主力军,档案信息需求将更加多元,这就要求档案资源更加数字化、档案传输更加移动化、档案服务更加个性化。

(二)用户需求内容的变化

随着智慧城市的发展和科技水平的提升,人们获取信息的途径更加便捷多样,用户的信息获取能力也不断提高;同时,社会信息化进程的加快和移动网络的普及也促使人们对信息内容的需求出现新的变化。②

第一,对档案信息类型的需求变化。随着印刷技术、存储技术和网络技术的发展变化,档案信息的载体和形式也在不断发生改变,除了传统馆藏占主导地位的纸质形态,更多出现的是以光盘、磁盘、硬盘等为主的电子化形态,以网站、微博、微信等为主的网络化形态和以数据库为主的数字化形态。随着档案用户信息素质的逐步提高以及信息技术和互联网的普及,档案用户在利用档案信息时不再仅满足于纸质档案,更倾向于通过形象生动的信息来满足其需求,比如图片、动画、音频、视频、网页等多样化的档案信息。这些类型的档案信息能够让用户全面、直观地感受到档案内容的各种显性特征,能更好地满足档案用户的各种需求。③

第二,对档案信息内容的需求变化。档案信息内容是用户信息需求的核心,不同的档案用户受自身条件及外在环境的影响,需求

---

① 朱桂玲. 网络环境下档案馆用户信息需求与服务策略研究[D]. 成都:四川大学,2007:13-14.

② 刘耿生. 档案开发与利用教程[M]. 北京:中国人民大学出版社,2001:198.

③ 陈勇. 论电子政务环境下档案用户需求的新变化[J]. 档案学通讯,2006(4):72-75.

的信息内容也各不相同，即使是同一个档案用户，也会在不同的时间及环境下有其不同的需求。以往的档案用户利用档案主要是从事学术研究、解决实际工作问题、满足个人的利用需求，具有一定的普遍性和相似性；当今社会的档案用户信息利用意识更强，查询利用档案的目的更加多样，有些是因为工作需要而利用档案文件，有些则是出于对家族、个人或组织历史的兴趣而查阅档案信息，还有一些是出于纯粹的休闲好奇或文化"漫游"而涉猎档案资源。①

智慧城市背景下更多信息在被提供给用户的同时，用户对档案信息内容的需求也随之提升：首先，对档案信息内容的广度要求提高，社会活动的复杂性和人们活动的频繁性，使得用户的档案信息需求涉及多个领域、多个方面，比如政治、经济、文化、医疗、城建、信用等；其次，对档案信息内容的精度要求提高，档案用户越来越倾向于直接获取对解决问题起关键作用的实用性档案信息，而不需要自己去鉴别、提炼和摘取；再次，对档案信息的深度要求提高，传统的一次文献和目录查询已经不能满足广大档案用户的需求，他们提出了全文查询、多媒体检索和深度加工的要求，希望获取经过加工、提炼、编研的综合信息。

三、档案服务内容的变化

信息资源是信息服务活动最基本的要素，智慧城市背景下各种电子设备和数字化技术的广泛应用，产生了大量的数字信息，这些数字信息又通过通信网络快速传播，其中存在很多无序、凌乱、缺损、冗余甚至过时、虚假的信息，这些信息又必须通过整理、加工和分析处理之后才能提供利用。这就使得信息服务内容产生两大变化：一是服务内容以数字信息为主，二是服务机构通过对数字信息的采集、整合、处理后提供信息加工品。档案资源作为信息资源的一部分，它在智慧城市背景下也呈现出这两种变化特征：

---

① 于喆. 网络档案用户管理研究[D]. 苏州：苏州大学，2010：15.

（一）以数字化档案资源为主要服务内容

智慧城市背景下，馆藏资源发生了巨大变化，数字形式的档案资源成为档案信息服务的重要内容。这些资源不仅包括传统馆藏档案资源数字化处理后得到的副本化资源，还包括根据归档范围直接接收的具有原始凭证价值的电子文件，以及一些具有特色的、有保存价值的网络信息资源等。

副本化档案资源主要是指对传统的馆藏档案资源进行数字化处理后得到的档案数字化副本，它主要包括纸质档案的数字化副本、照片档案的数字化副本、缩微胶片档案数字化副本、录音录像档案的数字化副本等。纸质档案的数字化副本主要存在两种形态：一是通过扫描纸质档案后再运用字符识别（OCR）软件进行识别，最终生成文本文件；二是直接扫描纸质档案后形成数字图像文件。目前，智慧城市建设中有重要利用价值的基建档案、房产档案、婚姻档案等传统纸质档案都已优先进行数字化转换。照片档案、缩微胶片档案、录音录像档案的数字化副本都是利用相应的数字化技术转换为数字文件，通过计算机系统和通信网络进行传递和利用。相较于纸质档案，照片档案、录音录像档案更能生动、直观、形象地再现历史场景和人物特征，是重要的影像记忆和特色鲜明的档案资源，是档案数字化加工和网上展览的重要素材。

电子化档案资源主要是指电子文件的归档与接收。电子文件作为一种新兴的文件形态，又直接形成于信息化系统，不仅是管理机构和业务机构日常工作的工具，而且可以作为信息环境下机构工作的历史记录和活动凭据，也是智慧城市建设中重要的信息资源和文化财富。电子文件按信息类型可以分为：字处理文件或文本文件、图像文件、图形文件、影像文件、声音文件、数据库文件、程序文件、超媒体链接文件和元数据文件等。

网络化档案资源是反映国家机关、社会组织或个人在实践活动中形成的、具有档案价值或潜在档案价值，并借助计算机网络进行传递和利用的各种数字档案信息资源的集合。它除了包括网络档案信息内容本身，还包括完整描述文件内容、背景信息、结构和网站存放地址的元数据以及相关支持软件等。① 其具体表现形态是各种政府网站、社交媒体、网络平台、电子邮件系统中存在的文字、图片、音频、视频、网页等结构化、半结构化和非结构数字信息资源。

（二）以知识化档案信息加工品为主要服务内容

信息服务是以信息为核心要素，通过对信息的采集、整理、加工、存储和综合分析，最终向用户提供具有较高知识含量的信息产品的过程。② 智慧城市背景下的档案信息服务，也将更加注重档案资源的组织与开发，其中需要档案人员的智力投入和技术应用，实现档案信息和内含知识的关联、集聚，形成具有较高知识含量的档案信息加工品，帮助用户找到或形成解决问题的方案。

档案进行知识化加工的优势体现在：①档案是人们在社会实践活动中直接形成的真实历史记录，它的来源和形成过程具有可靠性和规范性，对知识构建起到独特的支撑作用。②档案的形成和组织始终保持来源联系，其构成包括内容、结构和背景三个必备要素，这就为信息整合和知识构建奠定了基础，更加便于进行知识的识别、获取、存储和档案知识地图的构建。③档案是由文件材料转化而来的，其中的数据、事实和知识均从实践中来又作用于实践，具有较强的规范性、针对性和价值性，构成了较为完整的知识结构，是真实可靠的显性知识源。④档案记录了特定行业和专业领域发展过程中解决特定问题的研究成果，具有行业和专业的知识结构和特色内容，更利于专业知识的构建和服务。⑤档案是社会的历史记忆，其中蕴含的知识是应用并验证了的知识，具有反映历史的知识性和解决问题的实践性，因而其实际查考作用大于其他非档案文献。③

---

①　吴开平，蔡娜. 网络档案信息资源的收集保存策略[J]. 档案与建设，2007(8)：20-21.

②　贺德方. 数字时代情报学理论与实践——从信息服务走向知识服务[M]. 北京：科学技术文献出版社，2006.

③　刘永. 档案信息服务工程之知识服务[J]. 档案管理，2012(2)：4-9.

四、档案服务策略的变化

中共中央、国务院印发的《国家新型城镇化规划（2014—2020年）》提出："推进智慧城市建设，即统筹城市发展的物质资源、信息资源和智力资源利用，推动物联网、云计算、大数据等新一代信息技术创新应用，实现与城市经济社会发展深度融合。强化信息网络、数据中心等信息基础设施建设，促进跨部门、跨行业、跨地区的政务信息共享和业务协同；强化信息资源社会化开发利用，推广智慧化信息应用和新型信息服务，促进城市规划管理信息化、基础设施智能化、公共服务便捷化、产业发展现代化、社会治理精细化。"可见，智慧城市建设过程中无论对信息资源利用还是新一代信息技术应用，抑或是信息资源共享以及信息服务方式创新等都提出了新的要求。同样，智慧城市背景下档案信息服务在通信技术和信息技术飞速发展、移动互联和社交媒体广泛应用的综合影响下，其服务特征和服务方式也将发生新的变化。

（一）服务特征的变化

智慧城市的信息化程度达到了前所未有的高度，政府管理与决策、社会运作与产业发展、市民的日常工作、学习或生活等各个方面与档案信息的联系将日益紧密。智慧城市背景下的档案信息服务一方面要面对智慧城市高度信息化的发展环境，即要改变传统档案服务的理念和方式，使档案服务过程中的档案信息分析、传播以及利用等过程达到移动化、智慧化的水平；另一方面也要为智慧城市环境下的政府管理、产业发展、科学研究、经济运行与人民生活提供档案信息服务，其服务的范围将更加广泛，服务的内容也将更加多元化、系统化。总而言之，智慧城市的主要特征是基于物联网的动态感知、基于互联网的泛在互联、基于云计算的共享集成和基于大数据的智能应用，这些技术和特征也将影响并推动档案信息服务从简单、固定、零碎、被动转向全面、移动、生态和智慧服务。①

122

---

① 肖应旭. 面向智慧城市的信息服务体系构建与运行模式研究［D］. 吉林：吉林大学，2012.

1. 档案信息服务全面化

全面化包括两层含义：一是档案服务内容的全面，二是档案服务对象的全面。与传统档案信息服务相比，智慧城市背景下的档案信息服务将会面对更加庞大的信息量，档案信息产生的范围更加广泛、采集渠道和途径更加多样、开放程度更加宽泛，要全方位满足用户需求就需要提供全面的档案信息或知识产品。同时，档案信息服务的对象也不再局限于政府部门的工作人员、部分进行科研和编纂工作的专家学者以及少数涉及法律纠纷的档案用户，而是面向城市建设者、政府管理者、企业经营者、交通运输者、个体经营者以及社会团体等在内的全体大众，只要用户有档案信息需求，都需要为其提供信息服务。

2. 档案信息服务移动化

从时间和空间变化的视角，智慧城市建设要求通过以移动技术为代表的物联网、移动互联网、云计算等技术应用实现全面感知、泛在互联、普适计算与融合应用。档案信息服务也应跟上时代发展的步伐，加强技术应用与创新，充分利用短信、WAP、APP 和微信公众平台，便于用户通过智能手机、移动终端等各种移动设备自主接受移动服务。移动服务是档案部门应对移动互联网环境挑战的明智之选，它既打破了信息环境下时间和空间的限制，也满足了用户随时随地获取档案信息的需求；移动服务也是档案部门转变传统服务理念的重要路径，它使档案人员由保守管理思维转向开放服务思维，使档案用户由被动接受服务转向主动获取服务；移动服务也是开发和利用档案信息资源的内在要求，通过对数字档案资源进行组织、整合、挖掘和深化，为用户提供及时、准确、专业的档案信息。[①]

3. 档案信息服务生态化

生态化是指智慧城市背景下的档案信息服务符合生态学特征，尤其是信息生态学特征。信息生态是关于信息、人、信息环境之间相互关系的总和，是一个相互作用的有机整体。信息生态要求以人

---

① 薛辰. 档案馆移动服务及其模式研究［D］. 南京：南京大学，2015：18-19.

为本，强调人的主导因素，而档案信息服务颠覆了传统的以档案馆为中心的模式，转变为以用户为中心。因此，智慧城市背景下的档案信息服务过程是以档案用户为中心，优化配置档案信息资源，高度融入信息环境，既维持档案馆内部信息资源的生态平衡，又促进外部信息需求环境的生态平衡。①

4. 档案信息服务智慧化

智慧化包括档案采集手段智慧化、档案信息加工处理智慧化和档案信息传播利用方式智慧化。面对智慧城市环境下庞大的信息量，档案部门除了按照以往传统的档案收集手段接收档案外，还需要充分使用各种先进的信息采集手段，建立智慧采集平台，对信息环境下有价值的文字、图片、音频、视频、网页等信息进行智慧采集。同时，庞大的信息量也使以往的信息处理和加工方法逐渐被淘汰，取而代之的是伴随着智慧城市建设而发展起来的智能化技术。此外，网络化、智能化的社会环境促进档案利用服务的泛在化和即时性，即无论用户在何时何地有任何档案需求，档案馆都应该即时提供准确的信息服务。

（二）服务方式的变化

在智慧城市建设快速推进的过程中，社会化加速了由管理方式向服务方式的转变。档案馆作为集中保管党和国家重要信息资源的场所，重要目标之一就是利用馆藏资源为社会提供更加公平、有效、快捷的信息服务。在智慧城市背景下，档案部门通过大力建设数字档案馆，充分利用新技术、新思维探索新型档案信息服务方式，最大限度地减少信源与信宿之间信息的不对称，有效实现档案人员与档案用户之间的双向交流与充分互动，切实提高档案信息服务的水平和效果。新型服务方式具体如下：

1. "一站式"集成服务

过去传统档案馆和档案资源在地理空间上是分散的，各类档案

---

① 张东华，姚红叶. 信息生态视阈下数字档案馆信息服务研究[J]. 档案学通讯，2011(5)：56-57.

信息资源间的隔离导致政府难以在决策过程中通过"一站式"的方式快速获取全部的档案资源，也影响民众跨区域利用所需档案资源。这种离散式的服务方式降低了档案服务效率，使档案馆中的信息资源难以得到有效利用，更难以适应智慧城市背景下信息资源整合的发展要求。在当今信息化、网络化的背景下要实现档案信息资源的充分利用，就需要考虑建立两个档案信息服务网络：一是建立一个内部档案信息服务网络，它是内部局域网，一般都是建立在网络互联的基础上，实现档案室之间以及档案室与档案馆之间集成档案信息的流转和共享；二是建立一个外部档案信息服务网络，如在档案网站中设置检索模块，将可以在网络上公开的档案信息进行整合和集成，从而为利用者提供全面的档案信息资源，也就是所谓的"一站式"集成服务。

　　"一站式"集成服务是在数字化、网络化和虚拟环境的技术基础上，将相关档案信息从不同信息源挑选出来，并经过有效组织和整理有机地链接成一个整体，同时借助于网络技术和应用软件的支持，从而使利用者"一步到位"得到整合好的、能满足不同层次和范围的档案利用需求。例如：在上海构建智慧城市的大背景下，上海市委、市政府在全市档案工作会议上着重提出：既要做好档案信息化建设，又要加强本市民生档案工作，将两者共同融入智慧化城市建设大格局中。2011 年 3 月，上海市 18 个国家综合档案馆（1 个市馆、17 个区县馆）实现"馆际联动，跨馆出证"，即上海市民生档案"一站式"服务。该服务是通过"远程协同服务机制"横向联通市、区县综合档案馆 18 个，纵向将查询点延伸到 208 个街道、镇社区事务受理中心，借助政务外网"上海市档案信息远程公共服务平台"，形成以社区事务中心为前台查询、档案馆为后台调档、远程协同出证的服务模式。广大人民群众足不出社区，就可以轻松查档获证，享受"一站式"服务带来的便利。①

　　2. 智慧档案云服务

　　智慧城市建设的一项重点任务就是要推动政务资源协同共享，

125

　　①　杨孟坤. 上海市民生档案服务平台"全市通办"正式开通[J]. 上海档案，2013(1)：2.

打造标准统一、协同共享的基础数据资源库，并通过积极推动"智慧政务云"服务，实现资源共建共享，为政府管理、经济发展、民生需求提供安全、高效、便捷的信息服务。传统档案资源服务过程中存在着实体资源控制难、信息资源共享难、信息系统联通难、档案服务协同难等问题，而云计算提供的三类服务基本模式：基础设施即服务(IaaS)、平台即服务(PaaS)、软件即服务(SaaS)，正是解决这些问题的有效手段。而且，智慧政务云的平台搭建和服务方式也为智慧档案云的构建和服务融合创造了便利条件。

由于云计算服务模式能在多个层次上对数据资源进行按需定制，可突破信息资源的部门所有制，为档案信息资源整合提供有效手段，可减少建设成本和维护成本，真正实现档案资源的远程把控和集中服务等优点，基于云计算的档案信息服务平台是首选，该档案云服务平台架构如图3-4所示。

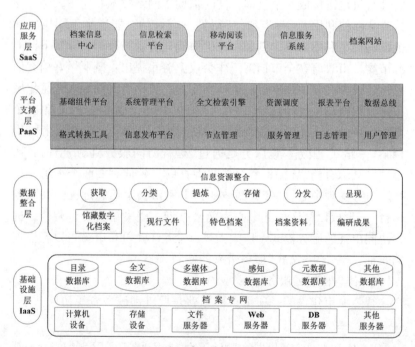

图 3-4 智慧档案云服务架构

该智慧档案云服务架构的重点不仅是各个应用系统层间的互联互通，有效整合档案管理中的基础资源、平台资源和应用资源；而且是从底层基础设施的集中和共享起步，将它们抽象为 IaaS 层的服务能力，然后逐层向上统一规划数据资源、各个业务应用系统需要协同和共享的能力，并分别将基础支撑技术平台抽象为 PaaS 服务能力，将业务处理逻辑抽象为 SaaS 层的服务能力，最终形成服务资源池来满足政府、企业和公众等不同层级用户的使用需要，极大地提高了档案信息资源的使用效率和使用便捷性。

3. 档案信息移动服务

2015 年 8 月，国务院印发的《促进大数据发展行动纲要》提出，加快民生服务普惠化，推动传统公共服务数据与互联网、移动互联网、可穿戴设备等数据的汇聚整合，开发各类便民应用，优化公共资源配置，提升公共服务水平。① 2016 年 9 月，原中央档案馆馆长、国家档案局局长李明华在全国档案馆工作会议上提出，各级档案馆要探索研究采用大数据、云计算、智慧管理、移动互联等新兴信息技术的可行性，加强档案数据资源的挖掘利用和开放共享，从开放、协作、共享的角度思考档案馆的服务模式，积极迎接共建共享时代的来临。② 因此，在智慧城市信息化、网络化、智能化快速发展的背景下，充分利用移动互联技术建设移动档案馆，对融入国家政务信息化工程建设，为公众提供快捷方便的档案信息服务，以及创新档案服务理念和提升现代化管理水平有着重要的现实意义。

建设移动档案馆，可以向公众提供档案查询、档案展览等服务，可以向公众提供其所需的档案目录服务、预约服务、咨询服务等，可以接收公众捐赠档案或提供的线索，可以请公众参与档案鉴定、档案著录等档案管理工作，可以主动归档移动终端产生的有价值信息。同时，移动档案馆也是档案馆宣传档案工作、提高公众档

127

① 国务院. 促进大数据发展的行动纲要［EB/OL］.［2017-09-09］. http://www.gov.cn/zhengce/content/2015-09/05/content_10137.htm
② 李明华. 着力提升服务能力 深化"三个体系"建设 大力推进新形势下档案馆工作［J］. 中国档案，2016(11)：20.

案意识及参与意识的工作平台。公众登录移动档案馆，可以不受时间和空间的限制，方便快捷地反映对档案的需求、获取档案服务、参与档案管理工作和向档案馆提供档案。①

第三节 智慧城市背景下档案信息服务模式转变的动力分析

智慧城市背景下的档案信息服务模式是在信息技术和城市建设快速发展过程中如何高效满足用户需求的全新命题，其模式构建与实施运行是一项复杂的系统工程，既涉及档案服务领域的价值取向与模式转变，也涉及对信息技术的智能应用，还涉及档案内容的深度挖掘与知识供给。由上述分析可知，在智慧城市背景下，作为行政服务机构的传统档案馆向新型数字化公共服务机构转变，档案人员的服务理念向"需求为导向""用户为中心"方向转变，档案用户的需求特点向多元化和个性化方向转变，档案资源的内容和结构向数字化、知识化方向转变，信息技术也在随着数字化、网络化、智能化的发展而发生新的转变，这些要素的变化和相互作用也将推动档案信息服务模式的创新和转变。

"动力"之于机械是指做功的各种作用力，之于人是指行动的力量，之于系统是指系统内部各种因素为实现系统总目标相互作用的推动力。档案信息服务模式转变的动力指的是使档案信息服务各构成要素相互作用并促使其模式创新转变、向前发展的力量。在档案信息服务模式的整个要素关系系统中，服务主体、服务客体和信息技术发挥着关键作用。一方面，档案人员和档案用户作为信息人具有主观能动性，可以认识与改造系统中的其他因子；另一方面，信息技术作为连接档案信息、档案用户和档案人员的桥梁，为人际交互、信息交互和人机交互提供支持。因此，本书将档案信息服务

---

① 黄丽华，宋华，王熹. 移动档案馆建设问题研究[J]. 中国档案，2016(6)：59-61.

模式转变的动力概括为服务主体的效益驱动、服务客体的需求牵引和信息技术的进步推动三个方面，构建出档案信息服务模式转变的动力模型，具体如图 3-5 所示。

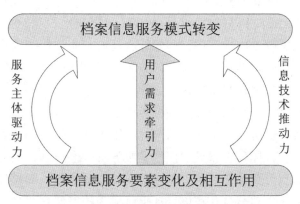

图 3-5 档案信息服务模式转变动力模型

一、服务主体的效益驱动力

追求效益不仅是人类发展生产力的激励因素，也是推动人类改造社会、发展社会的直接动因。同样，服务主体对效益最大化的追求也是推动档案信息服务模式转变的重要驱动力。

所谓效益，是指效果与收益，即有用的结果或者是有益的效果，它不仅是指经济效益，也包括社会效益。经济效益是能够用经济指标衡量的，主要是服务主体在提供档案信息资源和服务功能的过程中所能为服务客体节省或新增的经济收入，重点体现在城市建设、经济发展、科学研究、法律纠纷和医疗服务等方面。社会效益是服务主体通过将有限的档案资源提供给社会公众利用，从而满足其日益增长的信息、文化、知识需求，重点体现在政治、文化、教育、科技、历史研究等领域。

鉴于档案服务工作所能带来的经济效益和社会效益，也反向影响着档案行政机关的行政驱动和档案机构的职能推动。近年来国家

129

和地方各级各类档案行政部门都积极推动档案信息服务工作开展，例如《全国档案事业发展"十三五"规划纲要》中明确提出要"提高档案公共服务能力，拓展档案馆开展普及型教育、专业型利用服务和定制型政府决策参考的能力，为'五位一体'建设提供便捷便利的档案服务，提高档案馆公共服务的认知度和用户满意度"①。同时，在国家政令的推动下，国家综合性或专业型档案馆也不断转变职能，由管理型向服务型转变，积极推动档案信息服务工作，为社会发展和公众利用提供档案服务，例如上海、青岛、杭州等多个地方综合档案馆积极开展民生档案服务工程，打造"一站式"服务平台提供跨馆利用、跨馆出证等服务。尽管各级各类档案机构的职能、目标各有差异，但档案服务所产生的巨大效益对实现其职能和扩大其社会影响力具有重要的驱动作用，而档案机构和档案人员的主动参与和积极行动也将成为档案信息服务模式创新的重要动力。

二、服务客体的需求牵引力

信息需求是人的基本需求，是产生信息动机的原动力，并在外部环境作用下激发出寻求信息的行为。② 档案用户一旦产生信息需求，便会产生档案信息获取行为，拉动档案馆的信息传递，进而激发档案人员的信息生产和加工处理。

随着智慧城市背景下政治、经济、文化和技术等外部环境的发展变化，档案用户的信息需求也在与时俱进、不断变化。当档案用户的信息需求难以得到满足时，他们会通过信息反馈的方式向档案馆或档案服务人员反馈信息诉求和需求变化，从而推动档案人员对档案信息的供给做出调整，以及对档案信息服务内容和服务方式进

---

① 全国档案事业发展"十三五"规划纲要[J]. 中国档案，2016(5)：14-17.

② 党跃武，谭祥金. 信息管理导论[M]. 北京：高等教育出版社，2006：127-128.

行改进；而当档案用户的某一信息需求得到满足以后，往往会促使其不断产生新的需求。如此往复，螺旋上升。因此，档案用户的信息需求将牵引档案信息服务的发展，推动服务主体更新技术应用、提升系统功能、优化服务流程甚至创新服务模式，从而不断地满足用户需求，帮助用户解决问题。

目前，档案用户的类型和需求是多种多样且动态变化的，不同类型的档案用户需求不同，同一类型的档案用户也因知识背景、兴趣偏好及工作内容等因素产生不同需求，每个用户的需求层次和需求强度也不尽相同。然而档案信息服务还存在档案信息数量不足和类型不全、检索方式较为单一、服务系统不够完善、服务理念不够先进、利用效果不够理想等诸多问题。因此，这些日益增长和不断变化的用户需求与档案信息供给不足之间的矛盾将成为推动档案信息服务模式转变的根本动力，也将拉动档案信息服务朝着高质量、高效率的方向发展。

三、信息技术的进步推动力

"需求牵引，技术推动"是科技发展的规律，也是信息服务的重要动力。从档案信息化发展的历程来看，档案载体形态和服务方式的每一次转变和提升，都离不开信息技术的应用和推动。随着计算机、数据库、互联网以及移动通信等技术的发展和广泛应用，档案信息服务也经历了从传统手工检索到计算机辅助检索、目录数据库检索、全文数据库检索，再到区域共享信息服务、互联网远程协同服务等发展阶段。档案信息服务的软硬件设施、服务方式与服务手段、服务资源等都与信息技术密切相关，信息技术既是满足用户需求和实现服务供给的重要手段，也是档案信息服务模式转变的关键推动力。

智慧城市背景下，以物联网、云计算、大数据、移动通信和智能技术为代表的现代信息技术的飞速发展和深入应用，为拓展档案信息服务功能和提高档案信息服务效率提供了强大支持，信息技术的应用逐渐成为改进档案信息服务水平的重要力量。现代信息技术的充分应用与档案服务功能的有机结合，产生并强化了服务主体利用信息技术的动机，同时，又为实现档案信息服务目标提供保障。尤其是物联网、移动互联网和云计算、大数据技术，已在提升档案信息服务能力方面发挥更加重要的作用。例如利用物联网技术将有效解决档案实体与现有的档案信息管理系统之间缺乏沟通桥梁的难题，利用云计算和移动互联网技术能在"云端"提供"一站式"检索服务，利用大数据技术能够深入挖掘离散档案资源之间的关系并更好地开展关联服务。因此，充分利用现代信息技术构建综合、高效、智能的档案信息服务平台，既可以为用户提供个性化、知识化和集成化的信息服务，也可以提升档案部门的管理水平和服务层次，还可以引领档案信息服务的发展方向。①

上述三种动力因素不是相互孤立、单独发挥作用的，而是相互关联、相互影响的。服务主体的效益驱动和服务客体的需求牵引主要体现出"人"的主观能动性，也可概括为"慧"，即聪明应对和处置；信息技术的进步推动则体现出"物"（技术）的客观规律性，也可概括为"智"，即智能升级和应用。而在数字化、网络化和智能化的智慧城市背景下，档案信息服务将越来越个性化、知识化和智能化，这就使得新型档案信息服务模式的构建和发展趋势也将更多地以"技术"的智能应用和"人"的聪明应对为核心，即构建"智慧型"档案信息服务模式，从而最大限度地开发档案资源价值并以更加智慧的方式满足用户需求。

第四节　智慧城市背景下档案信息服务模式转变的理论支撑

没有理论支撑的研究是空洞的研究。对研究的概念进行有效的疏理，对研究的对象进行清晰的定位，能够使研究更具有目标与导

---

① 李宇佳. 学术新媒体信息服务模式与服务质量评价研究［D］. 长春：吉林大学，2017：86-89.

向，也能够使研究内容不偏离研究轨迹，从而起到研究的一脉相承作用。本节结合全书的研究内容，总结档案信息服务所需要的基础理论，以期为一进步研究智慧城市背景下档案信息服务模式转变提供理论支撑。

一、需求层次理论

"需求"（need）原指个人生理上的一种匮乏状态，在社会心理学视域下，"需求"的涵义得以扩展，用以表示一种渴望获得而又匮乏的心理状态。"在现实生活中，人有各种需要"，"任何人如果不同时为自己的某种需要和为这种需要的器官做事，他就什么也不能做"①，因此，可以说，需求作为"内心的意向"，构成了人们活动的原动力和原目的。人的需求纷繁复杂并不断变迁，从不同角度分析将得出不同的需求。

（一）马斯洛需求层次理论

1943 年，美国社会心理学家马斯洛在其著作《人类动机的理论》一书中，首次提出了著名的需求层次理论，回答对于人的积极性以何为基础，根据何种依据，如何充分调动的问题，同时也为人们了解人的性格动力结构提供了较为完整的理论体系。1954 年，马斯洛的《动机与人格》正式发表，他进一步阐述了需求层次理论的观点体系。他认为人的行为是由动机引起的，动机起源于人的需求，而人的需求是以层次的形式出现的。据此，他将人类需求分为五个层次，依次为生理（Physiology）的需要、安全（Security）的需要、社交（Sociality）的需要、尊重（Self-respect）的需要、自我实现（Self-realization）的需要。五个层次的需求构成了一个" '有相对优势关系的等级体系'，只要低一级的需要得不到起码的满足，它就是激发人的行为的动机；而一旦得到满足，它就让位于高一级的需要。需要的层次越高，在个体发展中出现得就越晚，与生存的联系

133

① 马克思恩格斯选集（第 3 卷）[M]．北京：人民出版社，1972：286.

也越间接，越属于精神世界的范畴"①。在上述理论中，马斯洛将前两个层级归类为物质性基础需求，属于较低等级的需求；而后三个层级则是较高等级的需求，归类为精神性高级需求。具体如图3-6所示。

图 3-6　马斯洛需求层次理论②

(二)奥尔德弗 ERG 需要理论

美国耶鲁大学的克雷顿·奥尔德弗(Clayton Alderfer)在马斯洛提出的需要层次理论的基础上，进行了更接近实际经验的研究，提出了一种新的人本主义需要理论。奥尔德弗认为，人们共存在三种核心的需要，即生存(Existence)的需要、相互关系(Relatedness)的需要和成长发展(Growth)的需要。这一理论被称为"ERG"理论。生存的需要，是指与人的基本生存相关的需要，包含了马斯洛理论

---

①　弗兰克·戈布尔. 第三思潮：马斯洛心理学[M]. 吕明，陈红雯，译. 上海：上海译文出版社，1987：39.

②　百度百科. 马斯洛需求层次理论[EB/OL]. [2016-02-08]. https://baike.baidu.com/item/%E9%A9%AC%E6%96%AF%E6%B4%9B%E9%9C%80%E6%B1%82%E5%B1%82%E6%AC%A1%E7%90%86%E8%AE%BA/11036498.

中的前两个层次：生理的需要和安全的需要。相互关系需要，主要是指人的交往、社交等需要，包含了马斯洛需要理论里面的部分尊重的需要，以及情感的需要。成长需要，指的是个人追求发展以及完善自身的需要，相当于马斯洛需要理论中一部分尊重的需要，以及自我实现的需要。与马斯洛的需要层次理论不同的是，奥尔德弗的"ERG"理论表明了：人在同一时间可能有不止一种需要起作用；如果较高层次需要的满足受到抑制的话，那么人们对较低层次的需要的渴望会变得更加强烈。奥尔德弗还提出了三个需求层次之间的相互关系：一是需要满足，指的是同一层次的需要得到一些满足时，会引发对这一层次在质和量上更多的需要；二是需要加强，指的是当同一层次的需要满足得越充分，越会引发更强烈的高层次需要；三是需要受挫，指的是当高层次的需要没有及时或较为充分地得到满足时，会导致低层次需要的膨胀和加强。

智慧城市的建设是一项复杂的系统工程，针对城市的客观需求适配对应的智慧应用是开展这项工程的前提。"人既是智慧城市建设的主导者、推动者，也是建设成果的享受者。智慧城市的建设要以满足人的需求为根本出发点，以实现人的发展为落脚点"；① 更重要的是，个体在社会生活中的各种需求都与自身的生活、发展息息相关，其需求基本都是从简单向复杂递进，从单一向多样演进，正是这些无数个体的普遍性需求推动着整个城市的形成、运行、发展。因此，智慧城市的应用需求本质上是城市居民的服务需求，本身就带有马斯洛需求层次理论的烙印，而其建设目标不仅应满足人的生理需求，也应向满足更高层级的精神需求方向迈进。在需求分析的诸多理论中，马斯洛需求层次理论从人本主义角度论述了需求对人类行为的激励作用，在宏观层面上揭示了人类需求的普遍规律，对于我们认识智慧城市背景下档案信息需求具有方法论意义上的指导价值。具体表现在：

一是从供给导向转为需求导向。长期以来，我国档案服务采取

135

---

① 王娟. 基于城市特征需求的南京智慧城市建设模式分析[J]. 南京工程学院学报(社会科学版)，2014(9)：50.

的是"供给导向"发展模式，往往从自身业务供给角度出发，有什么样的内容就提供什么样的服务，用户常常面临着"提供的服务不需要，需要的服务找不到"的尴尬，① 显然，这是一种非常"不智慧"的服务模式。需求层次理论构建了一个科学的需求分析体系，简化了需求分析的过程，使得信息需求由"隐性"转变为"显性"，为智慧城市背景下档案信息需求分析指明了方向。更为重要的是，根据马斯洛需求层次理论，不同信息需求之间存在先后顺序，只有在前一层次的信息需求得到满足后，才会衍生出后一层次的需求，这就迫使档案工作人员必须对不同类型、不同背景的用户需求进行分析，有针对性地提供档案信息服务。

二是从静态分析转为动态分析。"需求层次理论是一种动态的理论，行为和选择跟随需求层次的变化而变化，不同层次的需求导致了不同的动机和行为。"②作为一种动态的追踪分析模式，基于马斯洛需求层次理论的档案信息需求分析不再执着于某一群体、某一阶段或某一方面的档案信息需求，而是力求把从基本需求层次到高级需求层次的信息需求进行系统的分析，客观地还原档案用户在信息利用过程中的阶段变化。由于城市发展水平和客观实际的限制，智慧城市背景下信息用户的档案需求也千差万别，有些只是关系到自己的衣食住行，满足生存的基本需求；有些开始满足对身体健康、知识获取、社保就业等的安全需求；有些开始满足人与人、人与机构、人与社会等不同主体间的互动和社交需求；有些上升到满足为促进自身成长和自我价值实现提供知识和智力支持的文化自信需求和自我实现需求。③ 需求层次理论对不同层次及同一层次的不同发展阶段的档案信息需求都具有较大的指导意义。

总之，信息服务尤其是关注广大用户的利用需求逐渐成为档案

---

① 周枫. 资源·技术·思维——大数据时代档案馆的三维诠释[J]. 档案学研究，2013(6)：61-64.

② 高飞. 需求层次理论及其对外交决策研究的启示[J]. 国际论坛，2010(1)：51-56.

③ 王伟，杜彦洁，刘甲男，李丽霖. 基于城市发展需求理论的智能电网支撑智慧城市评价指标体系研究[J]. 华东电力，2014(11)：2260-2265.

服务工作的重点。需求层次理论也给智慧城市背景下档案信息服务提供了新的思路：在新的社会背景和技术环境下，一定要遵循需求变化的客观规律，遵循以人为本的理念，为不同类型的信息需求提供与之相应的个性服务。

二、信息传播理论

（一）拉斯韦尔的传播过程模式

1948 年，拉斯韦尔（H. D. Lasswell）在一篇论文中提出了一个传播学研究中最有名的命题："描述传播行为的一个便利方法是回答五个 W 的问题：Who、Says What、In Which Channel、To Whom、With What Effect。"①此后，这句被称为"拉斯韦尔模式"（或称"5W"模式）的名言便被广泛引用。如果将其转换成图像关系，它就成为图 3-7 中的模式。

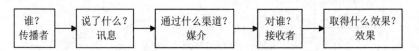

图 3-7　拉斯韦尔模式及其所对应的传播过程基本要素②

拉斯韦尔"5W"模式显示了信息传播的一般原则，不失为对传播活动内在机制及要素之间关系的直观和简洁的描述，在传播学历史上具有重要意义，为人们理解传播过程提供了具体的出发点，后来大众传播学所研究的五大领域："控制研究""内容分析""媒介分析""受众分析"和"效果分析"，都是沿着拉斯韦尔所描述的五个维

137

①　Lasswell H D. The structure and function of communication in society[J].
The Communication of Ideas，1948（37）：215-228.
②　丹尼斯·麦奎尔，斯文·温德尔. 大众传播模式论[M]. 祝建华，武伟，译. 上海：上海译文出版社，1987：13-15.

度展开的。①

　　拉斯韦尔模式显示了传播模式的一个典型特征：强调信息传播的终端或信息传播的动机在于影响受传者的行为反应，把传播者看作主要是一种主导服务过程，而且还假定任何讯息总是有效果的。但在实践过程中，该模式忽略了传播是循环往复的双向流动过程，实际缺少了信息反馈过程并忽略了反馈的作用，这样的传播过程是不完整的。然而，时至今日，拉斯韦尔模式仍是指导我们研究传播过程的一种便利和综合性的方法。档案馆进行各类信息服务的过程，实际也是信息传播的过程，借用拉斯韦尔"5W"模式，即为：Who——各类档案馆（本书定位为数字档案馆）、Says What——所传递的档案信息、In Which Channel——信息媒介和利用平台、To Whom——档案用户、With What Effect——服务效果，如果在档案信息服务模式中将信息反馈作为辅助要素加入其中，则档案信息服务的 5W 传播模式将更加完整。具体如图 3-8 所示。

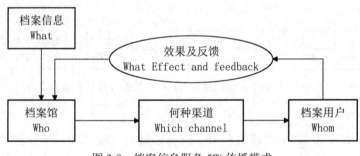

图 3-8　档案信息服务 5W 传播模式

（二）香农—韦弗的信息传播模式

　　1949 年，信息论创始人香农（C. E. Shannon）提出了有关传播的数学模式，该模式主要应用于一个特定的通讯领域，其中涉及一些问题：哪一种传播渠道能够运载最大数量的信号？信息在发射器

---

① 郭庆光. 传播学教程[M]. 北京：中国人民大学出版社，2011：51.

到接收器的途中，有多少被传递的信号将被产生的噪音所破坏？后来，他和韦弗(W. Weaver)合作研究，将此通讯原理运用于人与人之间的传播，从而对以后的传播模式的研究产生了重大影响，这种模式也被称为香农—韦弗模式。① 具体如图3-9所示。

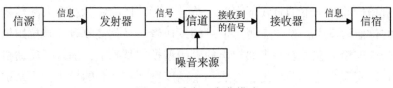

图 3-9　香农—韦弗模式

在这个模式中，传播被描述为一种直线型的单向过程，该模式展示了五种需要完成的正功能(包括信源、发射器、信道、接收器、信宿)和一种负功能(噪音)。在上述过程中的第一步是信源发出一个信息或一组信息供传播；下一步，由发射器将信息转换成信号，这些信号被调整成适合于通向接收器的信道，接收器的功能与发射器的功能相反，它将信号还原成信息；然后，收到的信息抵达信宿；在信息被传递时，可能受到噪音的干扰，而噪音概念的引入，表明传播过程内外的各种因素会影响传播效果。这种模式在档案信息服务领域也具有参考作用，如果从服务技术来看，无论是媒体传播还是网络传播，都涉及信源、信道、噪音和信宿等问题，因此如果设计稳定、高效、抗干扰的数字档案利用媒介或平台就尤为重要；从服务过程来看，同一时刻、同一信道内如果通过多个信号，就有可能相互发生干扰，这就可能导致发出的信号与收到的信号之间产生差别，这种差别可能是噪音干扰产生的差别，也可能是服务者与利用者对于信息的不同理解造成的差别，这就涉及如何增加反馈或互动功能来纠正差别。

①　Johnson F C, Klare G R. General models of communication research: A survey of a decade[J]. Communication, 1961(11): 13-26.

(三)奥斯古德—施拉姆的循环互动模式

1954 年，施拉姆（W. L. Schramm）依据奥斯古德（C. E. Osgood）提出的理论，创制出一种主要针对人际传播形态的理论描述。奥斯古德认为，香农和韦弗有关传播过程的数学模式主要描述机械传播技术下的直线形态，不符合人际传播的实际；在人际传播的传播活动中，参与者既是信息的发送者，又是接收者。施拉姆依据该理论，在香农—韦弗提出的直线型模式基础上，加入了反馈机制以实现交流互动功能，形成一个高度循环和互动的模式，后来被称为"奥斯古德—施拉姆模式"①。奥斯古德—施拉姆的循环互动模式比较符合信息传播过程的实践状态，呈现出信息传播过程的互动性、循环性特征，是传播学的重要理论创新。除此之外，奥斯古德—施拉姆的循环互动模式的重要贡献还在于，其破译了信息在"人际传播"过程中编码（encoding）、释码（interpreting）、译码（decoding）的完整过程，超越了其余研究者的传播外系统研究视野，进入了"人际传播"系统的描述，实现了信息传播研究的系统完整性。具体如图 3-10 所示。

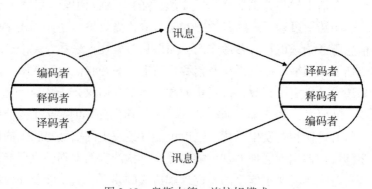

图 3-10　奥斯古德—施拉姆模式

---

① 丹尼斯·麦奎尔，斯文·温德尔. 大众传播模式论[M]. 祝建华，武伟，译. 上海：上海译文出版社，1987：18-19

在该模式中，传播者和接收者在传播过程中一直进行着身份替换过程，即传播者在下一轮的传播过程中成为了接收者；第一轮中的接收者，在下一轮的传播过程中又成为了传播者。这种模式在数字档案信息资源共享和用户众包服务等模式中有参考价值，一方面可以将共享的视野空间拓宽到馆际的共享模式，另一方面可以通过信息用户的互动和反馈来实现档案信息服务范围的扩大化和服务质量的高效化。但该模式也存在一定缺陷，一方面其将传播双方放在完全平等的关系中，与档案信息资源共享服务的现实情况不相符合；另一方面，该模式体现了人际传播特别是面对面传播的特点，而档案信息服务更多是面向大众传播的过程。

(四) 罗森格伦的使用与满足模式

1974 年，罗森格伦(E. Rosengren)基于马斯洛的需求层次理论，以受众的需求和满足为主要研究内容提出了他的使用与满足模式。① 这一模式的最大优点在于从需求方面概括出了较为全面的影响受众使用与满足的因素：人类共同的需求、个人特有的需求及社会结构的影响，并从需求、动机和问题角度进行了阐释。具体模式如图 3-11 所示。

该模式以受众的"需求"为起点，而当受众感到其需求存在问题并觉得存在某些可能的解决方案时，该需求才可能引发相关行动。如该模式所示，需求的体验由社会特征(如发展的水平、政治体制等)和个人特征(如个性、社会地位、生命周期位置)塑造或影响。而对问题和可能解决方案的感知则导致了动机的形成以进行媒体使用或其他类型的行为。② 这种模式在用户型档案信息服务模式中有重要参考作用，档案信息用户也涉及社会特征和个人特征，社

141

---

① Rosengren K E. Uses and gratifications: A paradigm outlined [A]. Blumler J G, Katz E. The Uses of Mass Communications[C]. Newbury Park, CA: Sage, 1974: 269-281.

② 丹尼斯·麦奎尔，斯文·温德尔. 大众传播模式论[M]. 祝建华，武伟，译. 上海：上海译文出版社，1987：118-119.

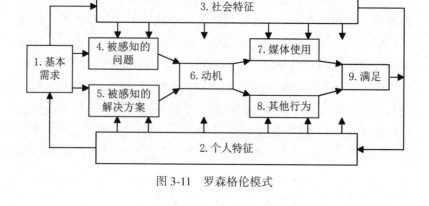

图 3-11　罗森格伦模式

会特征包括所处智慧城市的经济水平、科技水平、文化特征、服务环境等，个人特征包括个性、工作岗位、社会地位、文化水平、信息素养等，而基于这两类特征所引发的对用户档案信息需求的感知和满足，是研究档案信息服务模式组成要素及其相互关系的重要依据。

（五）莫拉纳的信息流动模式

20 世纪 70 年代末以后，以报纸、广播、电视为主的三大媒体引领大众传播进入新的主流传播模式时代，1985 年，莫拉纳（H. Mowlana）对国际传播的各种形式作了一个基本分析，并提出一种普适的国际信息流动模式，其对当今网络环境下的信息传播具有一定的理论借鉴。该模式分为两个维度，一是技术维度（分为硬件和软件两端）；二是传播维度（分为生产和流通两端），具体如图 3-12 所示。

该模式的基本特点是借用我们熟悉的从信源到信宿的传播环节，再现从发送者经由技术化的生产系统和流通系统而最终到达受众的流程。在信息传播过程中涉及"技术维度"的两端：硬件和软件，用于生产的硬件包括摄影场、印刷厂，用于流通的硬件包括发射台、通信卫星接口、家庭接收器等；用于生产的软件包括剧本、节目知识产权、管理制度和专业规范，用于流通的软件包括推广、研究和市场营销等。而在生产和流通两个阶段也涉及来自"媒体外部"和"媒体内部"的因素。

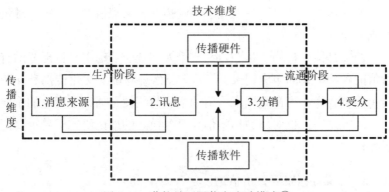

图 3-12　莫拉纳国际信息流动模式①

　　莫拉纳的国际信息流动模式对在智慧城市建设和信息技术环境下研究档案信息服务模式有着重要的理论支撑作用。智慧城市背景下数字档案大量产生,数字档案的管理和利用过程也涉及生产、加工、处理等生产阶段以及发布、推送、利用等流通(传播)阶段;信息技术环境下也涉及数字档案信息利用平台的搭建,其中包括基础设施、网络设备等硬件和数据库系统、数据挖掘、智能检索等软件。另外,档案信息服务活动也是档案信息传播和档案数据流动的过程,以上传播学相关理论也将为新型档案信息服务模式的框架设计和内容分析提供支撑。

三、档案价值理论

　　近年来,传统档案机构职能的拓展、"社会型"档案工作领域的开辟、"智能化"信息技术的应用,使传统档案服务逐渐转向数

---

　　① Hamid Mowlana. Global information and world communication[M]. New Fromiers in International Relations, Sage Publication, 1997: 32.

字档案信息服务，而且服务本体更加基于数字档案资源，服务主体更加对接政府信息化发展，服务客体更加贴近社会民生和公众需求，服务内容更加注重信息集成和知识融合，服务手段更加依赖网络技术和信息技术。所有上述应用的拓展，又都借助于一定的理论基础。

档案是国家机构、社会组织或个人在社会活动中直接形成的有价值的各种形式的历史记录，① 是人类信息利用、文化传播和文明传承的重要媒介。探究档案价值的本质与特性是档案学理论的重要研究内容之一，也对新型档案信息服务模式的理论研究有着重要的支撑作用。

（一）文件档案双重价值论

20 世纪 50 年代，美国档案学家谢伦伯格提出"文件双重价值论"，即成为公共档案的文件具有两种价值：一种是文件对其形成机关的原始价值，也称第一价值，包括行政管理价值、法律价值、财务价值和科研价值；另一种是文件对其他机关和个人利用者的从属价值，又称第二价值，包括证据价值和情报价值。② 我国档案学者在此理论基础上进行了拓展研究，提出档案的双重价值说：档案第一价值是指档案对于其形成者所具有的价值，其价值主体是档案形成者；第二价值是指档案对社会即除档案形成者之外的其他利用者具有的价值，其价值主体是非档案形成者。谢伦伯格主要从文件到档案的鉴定角度提出了"文件双重价值论"，而我国将这一理论应用到档案价值本身，也进一步将其应用领域由档案鉴定延伸到档案利用，并对信息时代加强档案信息开放利用以提高档案的"文化价值"或"社会价值"（即第二价值）有着重要的借鉴作用。

新型档案信息服务模式的构建是为了转变服务理念、创新服务

---

① 中华人民共和国档案行业标准档案工作基本术语［J］. 中国档案，2001（2）：21-22.

② 谢伦伯格. 现代档案——原则与技术［M］. 黄坤芳，等，译. 北京：档案出版社，1983：22.

方式并提升服务质量，但最根本的目的还是最大限度发挥档案的作用，实现档案价值，创造更大效益。档案价值过去更侧重于对其形成者所具有的第一价值；而在新的社会环境和时代背景下，档案对整个社会的第二价值更为重要，尤其在当今电子文件大量产生的数字时代，档案的"情报价值"也将会发挥更加广泛和深远的作用。该理论对信息时代加强档案信息开发利用，以及档案社会化服务、档案信息服务创新、档案信息服务业务协同等方面的理论研究和社会实践都具有重要的参考作用。

(二)档案价值本体论

哲学上关于价值的讨论存在"主体说""客体说"和"关系说"等不同观点，其中"关系说"认为价值是对主客体相互关系的一种描述，它代表着客体的存在、属性和合乎规律的变化与主体的需要、肯定存在相符合或相接近的性质和程度。① 基于此，张斌从主客体关系角度提出档案价值本体论，具体内容包括：第一，档案价值是以社会实践活动为中介的档案客体对主体的意义，是通过档案与人们主体需要的关系得到体现；第二，档案价值是档案客体和主体之间的特定关系，是档案属性与主体需要的统一，其中档案及其属性是档案价值的物质基础，主体及其利用需要是实现档案价值的必要条件；第三，档案价值是档案客体对从事社会实践活动的主体所具有的凭证和参考意义或作用。②

档案价值本体论的观点对研究档案信息服务过程中主体与客体的相互作用关系有着重要的参考价值。尤其在智慧城市背景下，社会政治、经济、文化、科学技术等环境都发生了不同程度的变化，这些变化也深刻影响着社会公众的信息需要，而大范围、多样化的社会公众主体需要又有利于档案潜在价值的充分实现，从而推动档案信息服务模式的转型升级。

145

① 李德顺. 价值论——一种主体性的研究(第2版)[M]. 北京：中国人民大学出版社，2007：66.

② 张斌. 档案价值论[J]. 档案学通讯，2003(3)：43-46.

（三）档案双元价值论

2003 年，覃兆刿在《中国档案事业的传统与现代化》一书中提出"档案双元价值观"，试图对档案价值问题做哲学上的原价值追问，以便对中国古代档案传统和档案事业现代化观念进行分析和阐释，而后续的相关系列研究逐渐深入完善并形成了"档案双元价值论"。该研究认为："档案始终可以作两个层面的理解，一是它作为一种行为方式，人类的初衷在于借助它的结构形式所赋予的功能，称为'工具价值'；一是作为记录或者文献归属的实体，其内容负载的价值，称之为'信息价值'。前者是一种普遍意义的价值，后者是一种个性价值；前者由档案的自然属性赋予，后者由档案的社会属性赋予。"①"档案双元价值论"试图揭示档案的形成规律和价值规律，是档案传统走向现代化的价值内趋，是实现档案事业现代化目标的观念要件。在电子文件大量产生的数字时代，"档案双元价值论"中的"信息价值"将会发挥更加广泛和深远的作用，其对档案社会化服务、档案信息服务创新、档案信息服务业务协同等方面的理论研究和社会实践都具有一定的参考作用。

四、文件运动理论

（一）文件生命周期理论

文件生命周期理论是在 20 世纪文件数量急剧增长的专业背景下提出的。该理论的研究发端于国外档案学者对文件即文件中心的理论解释，后来，该理论的研究范围逐渐扩大到文件的整个运动过程以及对这一过程的全面管理。1940 年，美国档案学者菲利普·布鲁克斯最早提出了"文件生命周期"概念，目的是强调文件运动的一种时间跨度，该表述形式为文件生命周期理论的形成提供了缘

---

①　覃兆刿. 中国档案事业的传统与现代化［M］. 北京：中国档案出版社，2003：8.

由。1950年，英国伦敦大学教授罗吉尔·艾利斯在第一届国际档案大会上提出了文件运动的"三阶段论"，即关于文件的现行阶段、暂时保存和永久保存三个阶段的理论。1974年，曾任英国公共档案馆馆长的马勃斯在其专著《文件中心的组织》中吸收了艾利斯的观点，对文件中心与文件运动阶段的对应关系进一步作了系统论述。1987年，阿根廷档案学者曼努埃尔·巴斯克斯在《文件生命周期研究》一书中深入探讨了文件的价值属性与运动阶段、保管场所和管理方式之间的关系，全面系统地论述了文件生命周期理论。①同年，陈兆祦将文件生命周期概念引入国内，我国档案学者结合中国的实践对这一理论作出进一步深化研究，主要概括为三个方面：第一，认为从现行文件到历史档案是一个完整的生命过程，即文件运动具有整体性的特点；第二，认为文件在全部生命过程中先后表现出不同的作用和价值，使其整个生命周期可以区分为不同的运动阶段，即文件运动具有阶段性的特点；第三，认为文件在每一阶段因其特定的价值形态而与服务对象、保存场所和管理形式之间存在一种内在的对应关系，即文件运动过程中各种因素有着内在联系的特点。②

文件生命周期理论是"指导从文件到档案全过程管理的基本理论，是现代档案学理论的重要理论成果之一，是研究文件从最初形成到最终销毁或永久保存的整个运动过程、研究文件属性与管理者主体行为之间关系的一种理论，是对文件和档案运动过程和规律的客观描述和科学抽象"③。该理论既准确地揭示了文件运动的整体性和内在联系，为文件的全过程管理奠定了理论基础；又准确地揭示了文件运动的阶段变化，为文件的阶段式管理提供了实践原则；还准确地揭示了文件运动过程的前后衔接和各阶段的相互影响，为

147

———————————

① 韩玉梅. 外国现代档案管理教程[M]. 北京：中国人民大学出版社，1995：16-17.

② 何嘉荪，傅荣校. 文件运动规律研究——从新角度审视档案学基础理论[M]. 北京：中国档案出版社，1999：77.

③ 冯惠玲，张辑哲. 档案学概论[M]. 北京：中国人民大学出版社，2001：210.

实现从现行文件到档案的一体化管理，为档案部门或人员对文件进行前端控制提供了理论依据和实践指导。① 但随着计算机和网络技术的飞速发展、办公自动化的普遍应用和电子文件的大量产生，文件生命周期理论在揭示电子文件运动的某些现象方面存在一定的局限性，而文件连续体理论的提出正好弥补了文件生命周期理论的不足，它是"文件生命周期理论在电子文件时代的补充"②。

(二)文件连续体理论

文件连续体思想启蒙于20世纪50年代，澳大利亚档案学者伊恩·迈克莱恩指出：文件管理者才是真正的档案工作者，档案学应该朝着对记录信息特色、文件保管系统和分类过程方面的研究发展。该观点引发了对档案管理与文件管理连续性问题的探索，也创新性地引出了"连续体"这一术语。20世纪80年代，加拿大档案学者杰伊·阿瑟顿详细论述了连续体概念，他把文件的整个运动过程分为生成(接收)、分类、鉴定、保管与利用四个阶段，认为所有阶段都相互关联，文件管理者与档案工作者在不同程度上都必须介入文件的全过程管理。20世纪90年代，为寻求针对电子文件更为适宜的管理理论和方法，澳大利亚档案学者弗兰克·阿普沃德构建了文件连续体模型，并提出了"文件连续体理论"。随后，澳大利亚档案学者苏·麦克米希和英国档案学者萨拉齐·弗林等也均在此理论基础上进行了研究与拓展。2000年，弗兰克·阿普沃德综合之前的研究成果，对连续体模型进行了深层改造，并提出了新的文件连续体模型，将其称为"指导网络时代文件管理实践的理论"。

"文件连续体"在1996年出版的澳大利亚国家档案标准(AS4390：第4.22条)中的定义是："从文件形成(包括形成前文件管理系统的设计)到文件作为档案保存和利用的管理全过程中连贯

---

① 文件生命周期理论[EB/OL]. [2019-08-15]. http://www.dawindow.com/tech/201807/158.html.

② 黄霄羽. 文件生命周期理论在电子文件时代的修正[J]. 档案学研究，2003(1)：8.

一致的管理方式。"①这一定义揭示了文件形成、保存与长久利用应该实行一体化管理的理念。文件连续体理论的主要内容是构建了一个多维坐标体系来描述文件的运动过程，从4个维度、4大主轴、16个焦点来理解文件的整个生命周期，如图3-13所示。文件连续体模型的四个"轴"（文件保存轴、证据轴、事务活动轴、执行主体轴）浓缩了档案学的主要论题，每一个轴又代表了4个相关的"维"（形成、捕获、组织、聚合），这4个"维"以时空概念为基础，充分体现了从文件到档案形成、归档、管理、利用各个要素的联动和互动，探究了文件记录保存的信息对象的整个生命跨度。②

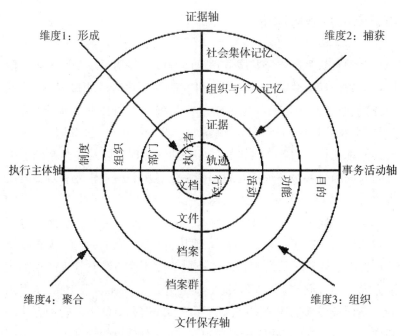

图3-13　弗兰克·阿普沃德的文件连续体模型

———————

①　ISO 15489-1 International Standards for Records Management draft 1997, latest version 2001.

②　潘连根. 文件与档案研究［M］. 合肥：安徽大学出版社，2007：105-109.

文件连续体理论拓宽了文件生命周期理论对文件(尤其是电子文件)和文件保管体系解释的可能范围,它强调全程管理和前端控制,强调从文件形成之初就要对其进行档案化管理,这将有助于了解档案工作者和文件工作者实际工作的各种当前状况以及档案和文件使用的各种背景;① 文件连续体理论提醒我们,在档案实践中要着眼于文件记录保存的信息对象的整个生命跨度,以动态、多元的思维不断挖掘档案信息资源,并确保其真实、可靠、完整和可用,让"死档案"鲜活起来,提升档案资源的管理效率、效用和效能,满足现在以及将来社会多样化的需求。

五、新公共服务理论

有学者认为西方公共服务理论研究大致经历了三个历史发展阶段:首先是社会政策学派与公法研究阶段,该阶段明确提出"公共服务"概念;其次是公共经济学研究阶段,该阶段明确提出"公共产品"概念;然后是新公共管理阶段,该阶段则将"公共服务"视为公共管理的核心内容。② 其中,新公共管理理论以及在此基础上发展起来的新公共服务理论对我国档案信息服务模式转变有着重要的借鉴意义。

从20世纪80年代开始,英国、美国、澳大利亚、新西兰等西方发达国家掀起了一场声势浩大被称为"新公共管理"的政府改革运动,随后,新公共管理运动迅速成为整个西方公共管理改革的主导方向。而"新公共管理"一词最早是由胡德(Hood)于1990年提出的,该词被用来描述公共部门的管理实践向私有的工商管理方法的靠拢和借鉴,即强调以顾客为中心,强调对结果的管理等。从组织的角度来看,新公共管理包含两种组织上的变化:一是它使得公共

---

① 安小米. 文件连续体模式对电子文件最优化管理的启示[J]. 档案学通讯,2002(3): 52-54.

② 唐铁汉,李军鹏. 公共服务的理论演变与发展过程[J]. 新视野,2005(6): 36-38.

部门和私有部门的界线模糊化，二是减少组织内各种规章程序对行政裁量权的种种束缚，特别是通过对各种市场机制的引入，促进了公共部门组织控制的分权化。① 在戴维·奥斯本和特德·盖布勒所著的《改革政府》一书中，新公共管理的理论核心主要概括为：（1）政府把握方向而不是事必躬亲；（2）公共服务的主要客体是需求者，要以需求者的需要为导向；（3）以最后提供了什么服务为考量标准而不管投入了多少；（4）公共事业的管理需要改变政府一家提供的独大局面，社会和私人的力量都可以引入；（5）对于服务的提供要建立完整的绩效考核机制；（6）注重权力的分配；（7）倡导企业化的管理与政府管理相结合。②

"新公共服务"一词由罗伯特·B. 登哈特（Robert B. Denhardt）和珍妮特·V. 登哈特（Janet V. Denhardt）夫妇共同提出，该理论是在对新公共管理理论进行反思、批判和继承的基础上建立的一种新的公共行政理论和范式。新公共服务理论是在民主公民权、社区与公民社会、组织人本主义及后现代主义四个思想来源的基础上建立的一种更加关注民生价值和公共利益，更加适合公民社会发展和公共管理实践需要的新理论。③ 该理论具体包含七个要点：（1）政府角色是服务而非掌舵；（2）公共利益是公共行政目的，而不是副产品；（3）战略性思考，民主化行动；（4）服务对象是公民，而不是顾客；（5）政府承担的责任是多重的，而不是单一的；（6）尊重人的价值，而不只是生产效率；（7）公民价值和公共服务高于企业家精神④。

① 张志斌. 新公共管理与公共行政［J］. 武汉大学学报（哲学社会科学版），2004（1）：104-105.

② ［美］奥斯本，盖布勒. 改革政府——企业精神如何改革公营部门［M］. 上海市政协编译组和东方编译所编译，上海：上海译文出版社，1996：10.

③ Denhardt R B, Denhardt J V. 新公共服务：服务而不是掌舵［J］. 刘俊生，译. 中国公共行政管理，2002（10）：38-44.

④ 江晓曦. 探析登哈特的新公共服务理论［D］. 长沙：湖南师范大学，2010：17-22.

公共文化服务是公共服务的重要组成部分，档案信息服务又是公共文化服务的重要组成。近年来，随着社会的进步和公民文化权利意识的增强，社会对公共文化服务的需求日益迫切；而随着智慧城市的建设和数字时代的到来，政府及公共服务部门的服务理念更趋于"公众化"和"人性化"，社会大众对数字信息需求的程度也在不断提升。为适应并满足这一社会需求，数字档案馆也在积极开展数字档案资源建设和服务、公共档案文化资源建设和服务。无疑，新公共服务理论对新型档案信息服务模式的理论探究也具有一定的启迪和借鉴作用。具体表现在：第一，新公共服务理论提出以公民为服务对象、重视公民权。因此，在提供档案信息服务的过程中，更要强调以人为本的理念，即一切服务的提供不是基于档案馆自身的设想，而是根据服务对象的切实需求来确定服务内容和服务方式。第二，新公共服务理论以追求公共利益为目标。档案馆的目标也是为了更大限度地满足公众需求，所以档案部门有责任积极分析和识别公众的档案需求。第三，新公共服务理论提倡打破传统服务模式，开创新型的服务模式。因此，我国档案信息服务工作也要抓住智慧城市建设契机，适当突破现有管理体制制约，创新档案信息服务模式，实现档案信息服务公共利益的最大化。

六、知识生命周期理论

知识生命周期理论以 Mark W. McElroy(1999)为代表,① 他使用知识生命周期的理论框架(The Knowledge Life Cycle，KLC)研究知识管理的进展，将知识管理的发展分为两个阶段，第一阶段称为"供给方面的知识管理"，知识的供给主要通过知识的传播、共享等其他活动来实现，与"知识共享"相联系的两个方面是：(1)获取、编纂并分享有价值的知识；(2)合适的人在适当的时候获得正确的信息。第二阶段不仅关注知识过程中的"供给方面"，如知识

---

① McElroy M W. The second generation of KM [J]. Knowledge Management，1999(10)：86-88.

共享，而且关注知识过程的"需求方面"，如需求引起的"知识创造"，即在知识分享的基础上推动知识创新。① 知识生命周期的理论本质是知识流自组织和有序化的动态变化过程，其变化过程如图3-14 所示。

图 3-14　知识流自组织和有序化的动态变化过程图

　　档案信息服务的发展主要也分为两个阶段，第一阶段也可称为"供给方面的信息服务"，档案信息的供给主要通过馆藏档案信息的开放、传播、共享等活动来实现；第二阶段也将考虑信息服务甚至是知识服务过程中的"需求方面"，从用户信息或知识需求角度来进行信息开发和知识创造。在智慧城市发展过程中，档案信息服务上升为知识服务是必然趋势，而知识服务过程中档案工作者需要将现有档案信息资源及各种知识信息进行收集、筛选、梳理、整合，并在整合中创造出新的知识资源，使各类档案信息、知识资源快速、精准、有效地满足用户需要，进而有效提高档案资源的知识传播和利用效率。

七、信息生态链理论

　　信息生态理论起源于美国，根据文献考察，美国学者 F. W. Horton 于 1978 年最早提出了信息生态的概念，并指出组织中信息的流动和信息的映射从生态视角来看存在一定的关系，② 后来经过

153

　　①　刘文. 西方知识管理理论的历史演变与发展展望[J]. 华东经济管理，2008(11)：139-144.

　　②　Horton F W. Information ecology [J]. Journal of Systems Management，1978(9)：32-36.

Harris(1989)①、Hasenyager(1996)②、Davenport(1997)等③的后续研究将信息生态相关理论拓展开来。1998 年，李美娣在其信息生态系统结构的研究中，明确提出了"信息子—信息素—信息场—信息链—信息网—信息域—信息圈"的信息生态结构成分理论，并指出信息链通过信息的流动使无数的信息场(也称信息空间，指信息存在及其作用的个别场所)连接起来，从而形成某种方式的链条，成为信息生态系统的信息通道。总体而言，信息生态理论将人、信息及信息环境作为一个整体来看待，并研究三个要素之间的相互影响和相互作用关系。

信息生态链研究源自信息生态和信息链的交叉应用研究，它以信息生态学的理论为基础，并借鉴了价值链理论的分析方法，是对信息生态系统中信息的加工、传递和利用行为进行的专门性研究。韩刚、覃正在参考信息生态学和价值链的相关研究成果基础上，构建了信息生态链的理论框架。具体如图 3-15 所示。

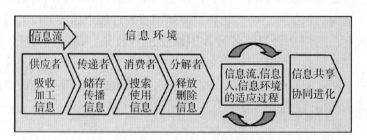

图 3-15　信息生态链模型④

①　Harris K. Information ecology[J]. International Journal of Information Management，1989(4)：289-290.

②　Hasenyager B W. Managing the information ecology：A collaborative approach to information technology management[M]. Westport：QuorumBooks，1996.

③　Thomas H Davenport，Lauranee Prusak. Information ecology-mastering the information and knowledge environment[M]. NY：Oxford University Press，1997：6-26.

④　韩刚，覃正. 信息生态链——一个理论框架[J]. 情报理论与实践，2007(1)：18-21.

该模型将信息生态链看作存在于特定的信息生态中的由信息、信息人和信息环境等多种要素构成的信息共享系统。其有三个基本特征：一是空间结构特征，即信息生态链具有地域性，它一定在某一具体地点客观存在；并且信息生态链由信息供应者、信息传递者、信息消费者和信息分解者四类信息主体构成，这些主体在不同的时间或地点可能出现角色的转换。二是时序变动特征，即信息生态链是信息流动和共享的平台，信息主体、信息流与信息环境之间存在动态的相互适应过程；并且持续的动态适应过程形成信息生态的平衡，最终导致信息生态链构成要素与系统环境要素的共同进化。三是管理特征，即信息生态链管理目标是实现信息共享和信息收益最大化；其管理的关键点不在于对信息和信息主体本身的管理，而在于对信息流、行为、关系和过程的管理。① 在信息生态链中，信息供应者、传递者、分解者、消费者作为主体，主导着信息资源的流转过程；信息作为客体，在各节点之间流动，以链式结构将各主体相连接，组成一个完整的信息生态循环。② 信息生态链理论既关注信息主体、信息和信息环境三个主要组成要素及其共生共变关系，更强调信息流动所带动的信息共享和形成的信息生态平衡。

　　智慧城市背景下的数字档案馆实质上也是一个信息生态系统，也是由档案主体(档案形成者、档案传递者和档案使用者)、档案信息、信息环境三大部分组成，三个部分相互影响、相互关联，构成一个不可分割的整体。在新的社会环境和技术条件下，档案主体之间的关系更加紧密，网络环境的普及又为档案主体与档案信息之间的交流创造了条件，而档案信息的快速流动又促进了三个要素的共生共进和价值实现。由此可见，信息生态链理论将为档案管理和利用服务提供一个全新的视角，它所研究的关于信息生态系统中组

155

　　① 韩刚，覃正. 信息生态链——一个理论框架[J]. 情报理论与实践，2007(1)：18-21.
　　② 李卿箐. 公共档案馆信息生态链运行模式研究[D]. 太原：山西大学，2017：9.

成要素、要素间作用关系、信息流转规律以及系统构建与优化等问题，能为新型档案信息服务模式研究提供宏观理论和逻辑指导：既可以增强"以人为本"的服务理念，加强档案主体、档案信息、信息环境三要素之间的互动合作，实现协同进化；也有利于对档案信息服务过程中的信息流动方式优化选择提供参考，从而保证档案信息服务活动的高效运行。①

　　总而言之，在智慧城市背景下，政府信息更加公开、信息技术广泛应用、信息交流日益频繁、用户需求逐渐增强等外部环境的变化，都将促使档案人员的服务意识和能力、档案用户的利用意识和水平、档案资源的形式和内容、档案服务的方式和手段发生相应的转变。在上述理论的支撑和指导下，档案服务工作将在智慧城市生态环境下得以快速发展，从当前的重视以馆藏档案资源数字化为核心、以用户利用需求为牵引的流程化服务模式，转向档案资源动态感知、档案用户个性服务以及智能技术充分应用相结合的立体化服务模式，实现档案信息服务从"数字"走向"智慧"的创新转变。

第五节　"智慧型"档案信息服务模式的理论构建

　　本章前文已论证，档案信息服务模式是在服务策略的影响下，由服务主体、服务客体和服务内容三个要素构成的服务活动，三者相互渗透、缺一不可。档案信息服务模式的相互作用源于三个主要素的作用程度，以及各要素之间的作用顺序，在服务策略的影响下，这些主要素表现出不同的作用强度，进而构成信息服务模式的动力，并最终确定信息服务模式的角度和方向。同时基于本章上述论述，智慧城市背景下新一代信息技术的广泛应用，城市管理方式和信息服务理念的进一步提升，以及社会大众的信息利用意识和信

---

　　①　孙振. 战略性新兴产业信息服务模式研究——以信息生态理论为视角[D]. 南京：南京农业大学，2014：25-28

息利用能力的大大增强，这些技术因素和外部环境的变化都将影响到档案信息服务要素的改变和相互作用关系，进而衍生出更加便捷、高效、智慧的服务模式。因此，本章拟以档案信息服务模式组成要素间的相互作用关系为基础，并从信息技术的核心应用和信息人的主观能动角度建立"智慧型"档案信息服务模式。

一、构建"智慧型"档案信息服务模式的理论基点

（一）权变理论支撑档案服务活动迈向智慧化

"变化"是人类社会活动中恒定不变的原则。当组织和人所处的生态环境发生变化时，其能力和结构也必然随之而变，组织结构、领导行为、决策方法、执行计划和实施方法等都是组织内随着内部和外部环境的变化而调整的重要因素，这是权变管理理论诠释的现象。权变管理理论强调，组织内各项管理活动应与组织所处的、具体的生态环境相匹配，组织应针对一定的环境条件寻求最合适的实现组织目标的管理方式，组织的体系结构、业务模式和运作机制应随着生存环境、工作性质、员工素质和愿景目标等因素的变化而调整。

系统观是权变管理理论研究的出发点，它将组织视作一个与其环境不断相互作用而进化发展的开放系统，认为组织内的系统是复杂的和动态的，组织结构不是固定不变的，而应根据组织内、外环境的变化而不断调整。21世纪以来，随着信息技术的深入推广和互联网的广泛应用，促进了数字档案资源的大量产生和网络系统中电子文件的大量形成，也带来了电子档案的缺位管理和档案信息的滞后服务，于是国内外档案界开始调整思路、转变角色、优化组织和变革政策，以应对档案管理和服务的外部环境变化，这正是权变理论支撑下的档案服务思维模式和行动计划。美国国家档案与文件署（NARA）针对网络环境及社交媒体背景下档案用户信息需求的个性化和利用方式的多元化等现实情况，专门成立了一个信息服务办公室（Office of Information Service），并及时推出美国国家档案馆的

157

档案检索系统——"Archives Research Catalog（ARC）"；英国国家档案馆以门户网站（http://www.nationalarchives.gov.uk/）为平台，"国家档案馆全球搜索""国家档案馆的数字化项目""国家档案馆的学习网站"三个项目，以丰富的数字资源满足公众需要，成为英国受欢迎的五大政府网站之一；加拿大图书馆档案馆（LAC）专门创建了"服务顾问委员会"（Service Advisory Board），并按用户类型采用"顾客聚焦型"服务理念。实施组织变革和部门调整等措施，就是为应对新技术环境带来的挑战而即时做出的组织调整和战略部署。2009 年，我国跨部委的电子文件管理部际联席会议制度形成，电子文件管理部际联席会议办公室设立，它从实体档案馆的安全监控、计算机辅助档案管理信息系统的应用到数字档案馆的实践探索，从个体数字档案馆到区域性数字档案馆运作模式变化的理论研究，从 IT 集约化服务型数字档案馆到云数字档案馆、云电子文件服务中心的基础体系架构和实现机理的探索，从数字档案馆到智慧档案馆的构想与设计，这些前瞻性的研究和开拓性的实践，为智慧城市背景下档案资源的整体聚合、科学保管和高效利用奠定了良好的基础。① 有理由相信，档案事业将在智慧城市生态环境下得以快速发展，从当前的重视以馆藏档案资源数字化为核心、以用户利用需求为牵引的流程化服务模式，转向档案资源动态感知、档案用户个性服务以及智能技术充分应用相结合的立体化服务模式，实现档案信息服务从"数字"走向"智慧"的全面嬗变。

（二）信息服务模式衍生机制支撑档案服务智慧转型

信息服务模式的衍变和创新与信息服务活动的内部要素和外部环境紧密相关，信息服务活动的内部要素（服务主体、服务客体、服务内容、服务策略）之间存在着相互作用的内部动力和作用因子，是信息服务模式衍变的主要原因；信息服务活动的外部环境（信息技术应用、资源共享程度、政府相关政策、经济发展水平、

---

① 薛四新，杨艳，袁继军. 智慧档案馆概想［J］，中国档案，2015（7）：56.

社会发展形势、公民文化程度等)与信息服务也存在相互作用和外部推动关系，有利于诞生新的信息服务模式。这种以信息服务各要素为基础的衍变关系和以发展条件等外围因素为基础的催生动力所构成的信息服务模式衍生机制，不仅影响信息服务活动的整个过程和相应的服务方式，而且能够促使信息服务模式产生具有动态自适应特点的衍变结果。

信息服务模式的衍生机制要说明的是信息服务内部要素的关系变化及相关外部因素的作用推动而引起的变化情况和过程。这种变化的情况和过程根据信息服务活动内外部要素和环境影响，需遵循有序性、多样性、可转变三个基本原则。从内部要素作用关系角度看，有序性原则是指由主导要素决定的每一类服务形式中，主导要素之间可能形成一种有序的关系链，前者作用于后者，后者接受前者的作用而产生相应的动作，不同的顺序也可能产生不同的档案信息服务活动，主要素之间的顺序就是相互作用的关系。如"用户——服务内容"，就表示用户直接作用于信息服务内容，档案网页的内容浏览就属于这类服务。从外部环境影响关系角度看，多样性原则是指信息服务与各种相关因素之间的不同关系将导致多种多样的服务模式产生，其结果是信息服务在适应环境并发挥作用的同时，自身也将获得发展，其他领域的一些技术方法被应用到信息服务领域中来。比如档案信息服务与网络技术、档案信息服务与社会治理、档案信息服务与服务外包、档案信息服务与记忆工程等。从内外要素环境相互关系角度看，可转变性原则是指不同的档案信息服务活动在某一时期可能会有一个或多个外部因素在起作用，而在内部要素之间也需要通过相互转换来平衡它们之间的关系。如当某种档案信息服务活动不符合当前网络环境时，可以重点强调某个主导要素，同时调整服务策略，就可能会改变服务要素的主辅关系以及信息服务活动的先后顺序。①

档案信息服务活动在智慧城市深入推进、政府信息更加公开、

159

---

① 陈应东. 空间信息服务模式的研究与实践[D]. 郑州：解放军信息工程大学，2008：21-22.

信息技术广泛应用、文化交流日益频繁、用户需求逐渐增强的外部环境下，加之档案人员服务意识和能力的提高、档案用户利用意识和水平的增强、档案资源形式和内容的改变、档案服务方式和手段的完善，档案信息服务模式将朝着技术与信息融合度更高，四个要素之间的集成度更高，个性化服务、交互式服务、便捷服务等服务性能更高，智能化水平更高的方向发展。①

二、"智慧型"档案信息服务模式的框架设计

　　"智慧型"档案信息服务模式是以智能档案信息服务系统为中心，全程融入并支撑档案信息服务活动的全过程，档案人员围绕用户信息需求和信息活动来组织、集成、挖掘、处理档案信息资源，针对不同需求的用户群体提供智能的、主动的、个性化的信息服务，支持用户灵活自主地获取信息、互动交流和解决问题的一种服务模式。"智慧型"档案信息服务模式是一种新型档案信息服务模式，它适应了数字化、网络化、智能化时代下档案信息服务的发展趋势，更加侧重智能技术在档案信息服务中的深入应用，也同样强调信息人在档案信息服务中的主观能动作用，对于未来档案信息服务工作的开展有着更为优越的适用性。具体架构如图 3-16 所示。

　　由图 3-16 可知，"智慧型"档案信息服务模式是通过现代信息技术构建的智能档案信息服务系统将信息服务模式的组成要素联系在一起，实现档案人员、档案资源和档案用户的全面感知、泛在互联和实时交流，从而以一种更加主动和智慧的方式来提升服务水平。在服务过程中，档案用户通过服务系统将利用需求和问题传达给档案人员，甚至档案人员通过服务系统动态感知用户需求，然后根据用户需求对档案资源进行整合、加工处理，形成对档案用户更有利用价值和更高层次的服务产品，并通过智慧化的服务策略与方式通过服务系统将集成化的档案信息提供给档案用户，最终实现用

---

①　陈建龙. 信息服务模式研究[J]. 北京大学学报(哲学社会科学版)，2003，40(3)：23-26.

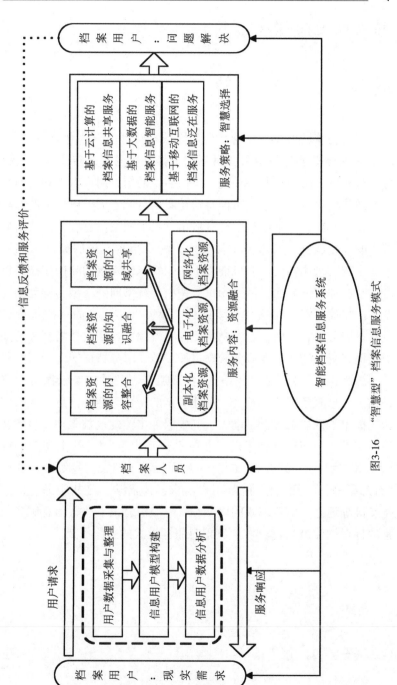

图3-16 "智慧型"档案信息服务模式

户的需求满足和问题解决。

第六节 小 结

　　针对智慧城市这一新的社会环境探索新型档案信息服务模式，本章首先分析了智慧城市背景下档案信息服务模式转变的现实条件：智能融合的信息服务环境、灵活多样的信息用户需求和高速发展的现代信息技术，这些方面将对档案信息服务活动产生新的影响和变化。其次，详细阐述了智慧城市背景下档案信息服务模式组成要素的变化状况：在服务主体方面，涉及档案人员服务理念向开放、主动、量化转变，服务能力上加强知识结构重构和操作技能提升；在服务客体方面，涉及用户类型由传统型向网络型、移动型转变，用户信息需求由实体向多媒体、单一向多元、简单向综合转变；在服务内容方面，主要由实体档案资源向数字化档案资源和知识化档案资源转变；在服务策略方面，涉及服务特征转向全面、移动、智慧，服务方式向"一站式"集成服务、智慧档案云服务、移动档案信息服务等方面转变。上述要素的变化对档案信息服务模式转变提出了挑战也提供了动力，其中服务主体的效益驱动、服务客体的需求牵引和信息技术的进步推动体现出了"人"的主观能动性（慧）和"物"的客观规律性（智），从而推动了档案信息服务模式向"智慧型"转变。最后，借鉴用户需求、传播学、公共服务、信息生态链等理论，结合模式的内涵和智慧城市背景下档案信息服务要素的特点设计出"智慧型"档案信息服务模式的总体框架。

第四章 "智慧型"档案信息服务模式的内容分析

　　"智慧型"档案信息服务模式是新时期档案信息服务方式、方法、理念、途径的新尝试，它的构建与完善是一个动态化的过程，随着智慧城市背景下数字化、网络化、智能化程度的提升，用户群体、资源形态、技术策略等发生着深刻的变化，档案用户不再局限于传统意义上的管理人员、研究人员和技术人员，而是拓展到社会公众(尤其是大量网络用户)为主要服务对象；服务资源和内容不仅局限于传统纸质、实体档案，而是更多以数字化、知识化的信息资源为主；服务策略和方式上摆脱了过去的单向性、强制性、低层次，逐步走向多元化、自主性和深层次。由上章图 3-16 可知，"智慧型"档案信息服务模式将会针对用户类型、需求特点、利用习惯等用户特征，加强对数字档案资源的内部信息集成和区域资源共享，并充分利用数据挖掘、语义分析、自动推送等技术辅助调整档案服务策略，以更加泛在化、个性化、移动化的服务方式满足档案用户的信息需求。以下部分将对"智慧型"档案信息服务模式的服务过程和具体内容进行详细阐述。

第一节　档案用户的动态感知

　　用户在信息服务过程中除了受到自身需求驱动外，也会受到一些外在因素的影响，因此，全面、准确、实时地感知与掌握用户需求至关重要。在智慧城市背景下，无纸化、数字化、移动化已经成为用户利用信息的重要特征，而用户在使用数字工具检索或利用信息过程中都会留下记录，将这些记录串联起来，就可以推测判断出一个人的思想动态和行为习惯。用户行为反映用户需求，"通过对用户在数字化环境下的行动轨迹、点击历史、浏览记录、信息反馈等直接真实的展示用户的性格、偏好、意愿等相关数据进行分析后，有利于帮助信息服务机构感知用户需求、感知未来发展趋势等，也便于信息服务机构对信息筛选、信息处理和信息服务等做出更科学的决策"①。

同样，智慧城市背景下档案用户的相关服务需求已经开始显现或诉诸日常行为中，档案部门能否动态感知、精准把握用户需求也将影响到服务质量和服务效果。根据服务用户数据和网络利用数据，对档案用户身份记录、借阅记录等结构化数据及存储行为、搜索方式、行为轨迹乃至 SNS 上的言行记录等半结构化、非结构化数据进行多维、交叉分析(包括文本情感分析)；把各种数据进行融合，建立预测模型，能够有效预测用户信息行为，发掘用户访问规律及隐性诉求；将这些规律与档案服务策略相结合，发现当前档案信息服务过程中可能存在的问题，为进一步修正或重新制定档案信息服务策略提供依据，从而改善和提高服务方案，提升档案服务能力。事实上，档案部门已有初步尝试，NARA 通过分析用户对馆藏目录的点击率，选取点击率高的档案进行数字化，进而开展深层次的信息服务，取得了很好的效果。②

一、档案用户类型及需求特点

一般来讲，各类信息资源在通过用户的智力激活，将之用于

---

① 张兴旺，李晨晖，麦范金. 变革中的大数据知识服务：面向大数据的移动推荐服务新模式[J]. 图书与情报，2013(4)：74.

② 周枫. 基于大数据的数字档案馆信息服务研究[D]. 上海：上海大学，2014：47-48.

生产、管理、研究、生活等实践过程中，才能充分发挥它真正的价值。而作为用户的个人或群体通常也具有三方面特征：一是拥有信息需求，即需要接受信息以解决问题；二是具备使用信息的能力，即有能力接收、处理和利用信息；三是具有接受信息服务的行为，即事实上接收和利用信息。① 因此，档案用户可以概括为具有信息需求和具备一定信息素质，并在社会实践活动中利用档案信息来满足需求的一切个人或团体。档案用户是档案资源的利用主体，是档案价值的体现者和创造者，也是档案信息服务过程中最活跃的因素，因而了解用户需求是提高档案信息服务水平的重要途径。

档案用户分析是档案信息服务活动中的重要前提，档案资源的收集、整理、存储、开发等一系列活动的重要目的之一即为了利用。档案资源建设可以有统一的规范和标准，档案信息检索可以有一致的输出结果，可档案信息却可以有无数个不尽相同的利用者。每个用户的心理、素质、专业、行为特征都不同，一个用户在不同时间对档案信息内容与深度的要求也不同，如何利用现有的馆藏资源并借助档案用户利用信息的行为数据分析来调整服务策略，从而更好地满足用户千变万化的档案需求便是我们面临的重要挑战。研究档案用户的需求心理和行为等特征，有效地了解档案用户信息需求，可以更好地开发和组织档案信息资源，提高档案人员的服务效率和水平，提高档案资源的社会效益。②

（一）档案用户类型分析

用户分类是用户需求分析的基础，将用户按照不同的需求或行为特征进行分类有利于针对不同类型用户进行档案信息的组织和服务。

按用户职业因素和利用特征，通常把档案用户划分为研究人

165

---

① 孟广均. 信息资源管理导论［M］. 北京：科学出版社，2003：161.
② 网络环境下档案信息用户特性研究［EB/OL］.［2017-08-15］. http://blog.sina.com.cn/s/blog_599ea7890100pgg9.html.

员、管理人员、工程技术人员和普通人员等。研究人员要求提供的档案材料比较新、比较深、比较专、比较多，更倾向于原始性、理论性强的档案原件；管理人员所需要的档案涉及范围广，更倾向于政策性、综合性、高质量的数据图表、专题资料和总结材料等档案材料；工程技术人员对档案信息需求具有阶段性，更倾向于专业性、精确性和可用性高的工程规划、技术图纸等档案材料；① 普通人员对档案的需求较为分散和复杂，涉及利用者身份上的多元性、利用者地域上的广泛性、利用需求上的多样性、利用时间上的实时性、利用内容上的利益相关性。

按照用户是否有信息行动，可以将档案用户分为档案现实用户（也称档案信息用户）和档案潜在用户，档案现实用户是指有档案需求愿望并确实进行信息利用行为的用户；档案潜在用户是有档案需求愿望但未付诸行动的用户。② 档案现实用户有了信息活动，在网络日志或 Cookies 里有迹可寻，研究这类用户，可以了解用户的需求特点及行为特征。因此，本书重点从档案信息用户角度出发，利用档案用户数据采集方法和挖掘工具，全方位分析档案用户的利用特征和需求特点，以便采取更好的信息服务策略来满足用户需求。

（二）档案信息用户需求特点分析

信息需求是用户行为的出发点和主要动力。传统环境下，档案信息用户的需求特点具有一定的共性特点：一是对利用信息的求全需求，即档案用户为了工作需要或研究需要或解决问题需要，希望尽可能查找到与利用需求相关的全部资料。二是对利用时效的求快需求，即档案用户总是希望在最短的时间内查找到最有效、最准确的档案信息。三是对利用途径的求便需求，即档案用户希望所要查找档案的服务机构可以方便到达，希望利用手续简单便捷，尤其希

---

① 李培清，李新明. 档案用户的分类及各类用户的档案需求特点[J]. 文献工作研究，1989(3)：21.

② 戴曦. 信息用户研究[J]. 四川图书馆学报，2000(6)：41-45.

望能够通过网络方便快捷地获取档案信息。四是对检索和咨询的求助需求，即档案用户在信息不对称的情况下进行档案检索和利用档案信息时，希望能够在档案人员及其提供检索工具的帮助下利用档案。① 这些共性的需求特点长期影响着档案服务部门在档案检索工具、档案咨询方式、档案获取手段、档案服务体系等方面的不断改进和完善。

而网络社会和智慧城市的发展使得档案信息用户的需求发生了新的变化：

第一，档案信息用户类型更趋多样化和网络化。一方面档案信息用户不再是专家、学者和政府、企事业单位管理人员以及工程技术人员等公职人员占绝对比重，普通公众在档案信息用户中的比例越来越大，这些档案用户人群已经扩展到普通市民、农民、技术人员、学生等更加广泛的范围；另一方面档案信息用户不再是实地到馆利用档案的人群占绝对比重，更多档案用户是利用网站和网络工具获取档案信息，网络用户将逐渐成为档案信息用户的主体。

第二，档案信息用户更加重视档案信息的质量而不是数量。因为网络环境下信息超载、信息污染等问题给用户准确、高效地获取信息带来了较大障碍，容易获得的信息往往价值不高甚至有些虚假信息还会造成更大的损失，因此真实、准确的档案信息将成为用户获取高质量信息的重要选择；并且，档案用户在通过网络直接获取大量所需的档案信息后，他们也更加注重信息质量，希望准确、有效地获取解决问题所需的关键信息。②

第三，档案用户信息需求的与时俱进。伴随着移动互联网技术的发展，人类社会迎来了 4G/5G 时代，档案用户的信息需求也随之发生了变化。一方面，用户信息获取方式数字化，据中国新闻出版研究院公布的《第十五次全国国民阅读调查报告》显示，2017 年我国成年国民数字化阅读方式（网络在线阅读、手机阅读、电子阅

---

① 石磊. 论档案利用服务需求[J]. 档案学通讯，2005(5)：75-77.

② 王婷婷. 网络环境下的档案馆用户服务模式研究[D]. 南昌：南昌大学，2012：14.

读器阅读、光盘阅读、Pad阅读等)的接触率为73.0%,其中手机阅读接触率为71.0%。① 可见,数字化阅读方式正逐渐超越传统纸质阅读率,而网络数字档案资源的利用率也有超越纸质档案资源的趋向。另一方面,信息获取终端移动化,据中国互联网络信息中心发布的第40次《中国互联网络发展状况统计报告》显示,我国网民中使用手机上网的比例已达到96.3%,② 用户逐渐倾向于使用手机、平板、笔记本电脑、手持阅读器等移动终端设备来满足其"碎片化"的信息需求。再一方面,用户信息需求由资源化向知识化转变,在生活节奏显著提高的网络时代,档案信息的利用者已没有耐心扎进档案堆里寻找信息,他们也不再满足于获得大量零散的信息资源,而要求获得整合后有序的知识资源。

总而言之,档案用户需求是档案部门开展信息服务的根本动力所在,新的技术环境和时代背景也改变着档案信息用户的需求特点,而这些新的用户需求变化又要求档案部门完善和创新档案服务模式。

二、档案用户数据采集

本书所称的档案用户数据,是指档案用户在利用档案过程中所形成的反映档案利用主体、利用行为以及客体特征的数据,主要包括针对档案用户自身属性的数据、档案利用行为的数据、所利用档案具有属性的数据等。要实现通过关注档案用户数据促进档案信息服务的提升,就要对档案用户数据进行动态采集、分析判断和资源集聚。

档案用户数据采集是通过一定的方式和途径获取与档案用户特征、偏好、行为等相关数据信息的过程,可采用传统人工和现代技

---

① 第十五次全国国民阅读调查报告公布[EB/OL].[2018-04-21].http://book.sina.com.cn/news/whxw/2018-04-18/doc-ifzihnep4386289.shtml.

② 第40次中国互联网络发展状况统计报告(全文)[EB/OL].[2017-10-27].http://www.cac.gov.cn/2017-08/04/c_1121427728.htm.

术等方式实现。传统人工获取档案用户信息的方法包括信息登记法、调查问卷法和访谈法等，其中信息登记法为档案人员分析档案用户需求提供了一个重要的信息收集渠道，通过档案利用登记表可以有效获取档案用户的基本信息和利用信息，基础信息包括姓名、性别、单位、职业、联系方式等，利用信息包括所查询档案的题目、利用档案的目的等；调查问卷法有利于针对某一类档案用户群体或某一种档案类型，通过有针对性的问卷条目了解此类档案用户群体的共性需求特点或此类档案对应用户利用的内容、频次和范围等；访谈法有利于动态把握用户的需求特点，了解用户利用档案过程中的各种信息反馈，也能为个性化档案信息服务提供相关数据支撑。传统人工获取档案用户数据的方式简单、直接，但它需要用户的积极参与、耐心配合与真实信息反馈，而且通常情况下获取的数据不够及时、完整和准确，难以得到足够可用的数据。

现代技术采集方式主要利用自动采集技术在不影响用户正常活动的情况下，自动从客户端获取的 Cookies 和从服务器获取的 Log Files 中抓取数据，这些数据涉及用户的性别、年龄、类型、工作性质、兴趣爱好、浏览习惯等基本特征，也涉及点击频率、用户会话、停留时间、浏览页面、下载或打印内容等行为特征。另外，随着互联网和物联网的发展，利用移动技术、RFID 技术、人工智能技术等还可以动态感知和获取档案用户的行为数据，包括用户使用档案管理系统的信息，如登录次数、停留时间、信息收藏、文献浏览下载等；用户使用各种空间、资源、设备的信息，如用户进出档案馆以及各阅览室、使用设施设备、借阅各种档案文献等情况。

目前，档案用户数据的采集大部分是通过手工登记、问卷调查、系统注册以及从计算机、移动设备和档案网站的点击、浏览、检索等过程中获取的。随着传感和智能技术越来越深入应用到档案利用的过程中，档案人员与档案用户、档案人员与档案、档案用户与档案之间的关联会更加密切，对档案用户数据的感知也将越来越丰富和深入，逐步实现通过全时空、多渠道的人机物三元交互数据采集，极大丰富和完善档案用户数据采集，为档案用户模型和档案用户数据库的建立提供充分必要的数据源。①

三、档案用户模型构建

用户模型是用来捕捉用户需求及其兴趣点，记录、管理用户兴趣并描述用户潜在需求的模型，它是一种面向算法的、具有特定数据结构的形式化用户描述。② 档案用户模型的构建主要包括以下几个方面：

(一)建立用户信息库

用户信息库是对用户的基本信息、信息需求和信息行为等数据进行采集、整理、组织，使其数字化、有序化，以易于存取的形式存放在数据库中，它是用户模型建立的基本数据源。用户信息库主要数据源包括三个方面：一是用户基本信息(姓名、性别、年龄、教育状况、职业、兴趣爱好、联系方式等)，可通过统计和分析用户的登记信息、注册信息、调查记录、浏览记录、参考咨询存档及以往接受服务情况等方式采集的反映用户基本特征的数据；二是用户行为信息(利用方式、利用习惯、使用偏好等)，可通过对用户浏览网页的行为、档案网站日志、Cookies 的分析等收集到用户兴趣数据和使用偏好数据；三是用户评价信息(服务评价、满意度、依赖度等)，可通过网站栏目设置或系统功能设置所获取的用户对档案内容、检索系统和服务方式的评价或反馈数据。

(二)用户模型的表示

用户模型需要使用数学的方法进行表示和描述，使其具有表示用户真实信息和可计算的能力。在信息服务领域常用的用户模型表

---

① 陈廉芳. 大数据环境下图书馆用户小数据的采集、分析与应用[J].
国家图书馆学刊，2016(3)：71-72.
② 周洁凤，张为华. 2000 年以来图书馆用户信息需求研究综述[J]. 情报杂志，2006(8)：117-119.

示方法有：用户 Bookmark 表示法、关键词列表表示法、基于收藏夹表示法、基于向量空间模型表示法、基于本体的表示法、基于用户—项目评价矩阵表示法、基于神经网络的表示法等。其中，基于向量空间模型的用户模型表示方法能充分利用特征项及权重来真实地描述用户兴趣信息，它有利于实现"智能档案信息服务系统"个性化推荐档案信息时的匹配和计算，能极大地提高用户模型的可计算性。①

(三)用户模型的更新

由于用户的信息需求并不是一成不变的，因此，用户模型还应随着用户信息需求的变化进行更新。用户模型的更新可以采取一种反馈的更新机制来实现，这种用户反馈机制包括显性反馈和隐性反馈，显性反馈是用户直接提交和更改自己的基本信息，如用户的即时反馈和交互；隐性反馈是通过挖掘用户的行为和交互来评估和推测用户信息需求。②

举例来说，档案人员想要做好档案编研选题，不仅要对用户利用档案数据，包括档案调卷数量、档案利用次数、复制档案数量、制发档案证明数量等进行信息登记和积累，而且还需要对用户访问记录，包括网页采用的关键字、下载记录、检索词、用户利用网页时间和频度等信息进行采集和挖掘，然后利用分类功能及数据分析，建立档案编研选题的用户模型。该用户模型的建立和完善，一方面可以按需确定不同类型的编研选题，提供个性化的服务；另一方面也可以根据档案用户需求特点，预测其未来趋向，结合社会热点选定档案编研题目，从而使档案编研部门推出用户满意的编研成果。

171

①　郭顺利. 基于情境感知的移动图书馆用户模型研究［D］. 曲阜：曲阜师范大学，2015：11-13.

②　郭顺利，李秀霞. 基于情境感知的移动图书馆用户信息需求模型构建［J］. 情报理论与实践，2014，37(8)：67.

四、档案用户数据分析

要分析档案用户数据，首先要分析获取这些数据的来源。档案用户数据的来源有些直接由用户本人提供，有的通过调查获取，有的直接从网络上抓取而来，用户提供的数据能够较为准确地反映用户的需求，网上抓取的 Cookies 和 Log Files 等数据信息则需要一定的技术和方法分析才能发现规律。通过档案用户提供的年龄、性别、职业、文化程度、查档内容等信息，可以分析出不同年龄段、不同文化程度、不同行业、不同职业的档案用户所不同的需求特点和利用习惯。通过分析 Cookies、Log Files 中涉及用户访问时间、浏览网页、时间戳、点击流等数据，可以从中了解档案用户的兴趣范围和兴趣点，从而掌握档案网站的热点和个人用户的需求倾向。①

档案用户数据分析是为了能有针对性地面向不同类型用户提供个性化档案信息服务。比如，档案用户使用电脑、手机等智能终端通过互联网、移动互联网或者档案馆馆内检索系统检索利用自己想要的档案，在这一过程中，"智能档案服务系统"中的用户感知工具就对用户的基本信息(如用户名、检索时间、地点等)进行收集，同时用数据处理技术对用户检索的档案进行信息分类和聚类，以得到结构化的用户利用数据，此时，系统会通过数据挖掘和数据相关性分析技术对结构化的用户利用数据与档案服务系统中的语义词库、同义词库、近义词库、档案分类表和知识库等进行连接匹配，再用信息聚类的方法得出推荐相关档案所需的检索词，进而将这些检索词用目录检索工具、全文检索工具或元数据检索工具在档案信息资源库中进行检索，筛选出可推荐给用户的相关档案资源，最后对这些档案资源加以聚合后推送给用户。此外，该系统也会分析处

---

① 秦素娥. 基于用户的信息资源组织研究 [D]. 湘潭：湘潭大学，2007：12-18.

理不同用户之间相关的检索习惯，为用户推送更精准化的档案。①

第二节　服务内容的深度融合

一、档案信息资源的高效整合

信息资源整合是将某一范围内原本离散、多元、异构、分布的信息资源通过逻辑或物理方式组织为一个整体，使之有序化、集成化。同理，档案资源的内容整合可以理解为：把分散的、多元的、异构的档案信息资源集中起来，把无序的档案资源变为有序，把关联的档案信息集成起来，使之方便用户查找或使档案信息更好地服务于用户。② 根据信息整合层次，档案信息资源整合主要包括档案实体资源整合、档案数据资源整合和档案信息内容整合。

（一）档案实体资源整合

档案实体主要是指存储档案信息的各类载体，是档案客观而具体的存在形式，基于实体整合档案资源即是指依据"一站式"服务需求，将分散保管在不同部门的档案实体有序地归集保存于一个主导机构，并由该机构全面负责其各项业务管理工作的一种整合形式。此方式的目标是打破空间界限，改变原有"条块分割"的档案管理体系，通过将不同类型档案实体融合于一个完整的存储和保管系统，实现档案资源在地理位置、所属机构和管理权限上的归一性，并保持原有各部分档案实体之间的有序性和连续性。因此，从实质上讲，档案实体资源整合是通过改变原有档案管理体制实现对

173

---

① 刘迁. 智慧城市视域下智慧档案馆建设研究［D］. 苏州：苏州大学，2016：57-58.

② 苏新宁，章成志，卫平. 论信息资源整合［J］. 现代图书情报技术，2005(9)：54-61.

现有档案资源体系的再组织、再加工和再创造，是一种更为彻底的
档案资源整合方式。

在智慧城市背景下，档案实体资源整合能够为社会大众集中统
一利用民生档案和"一站式"便民服务奠定基础。例如：上海市闵
行区档案局(馆)探讨了为便于公众利用进行档案实体整合的方案，
该区区委、区政府两办联合下发《关于全区重要档案实行集中保管
体制的意见》，将原来不进馆的规划、城建、房产、诉讼、税务、
工商等民生档案纳入进馆范围。至 2011 年年底，接收征地养老、
知青子女回沪审批、婚姻登记、公证、卫生专业管理、干部调配、
拆除违章建筑、行政复议等民生档案 13092 卷，909 件进馆保存，
整合土地房产、城建、诉讼、财税、工商等民生档案 130 万卷进档
案馆保管中心代保管。① 这种方式既有利于档案资源由封闭到开
放，满足群众和社会的需求；也有利于档案资源由分散转为集约化
管理，降低成本；还有利于服务功能由单一到多元，提供更为优质
服务。

(二)档案数据资源整合

档案数据资源整合是对各种办公系统、业务系统和门户网站上
形成的档案资源，以及数字化加工后的档案资源，通过一定的技术
手段，在逻辑上或物理上进行有机地集中，提供统一的表示和操
作，以实现各种异构档案数据资源的互联与共享。② 档案数据资源
整合是档案资源建设的重要内容，也是实现档案资源集成共享的关
键基础。分布在各种数据库中的档案数据资源是数字档案信息的基
本构成，也是档案信息服务的基本要素。对结构化的档案数据资源
集中是档案资源整合的基本内容，即档案数据资源整合是将来自多
个数据库中的档案数据组合为一个单一档案数据库，以减少成本、

---

① 施惠刚. 创新档案保管模式 加快民生档案实体整合[J]. 上海档案，
2012(4)：13.

② 马文峰，杜小勇. 基于数据的资源整合[J]. 情报资料工作，2007
(1)：41-45.

提高档案资源利用率，更好地满足信息用户的需求。

在通常情况下，档案数据资源的整合除了重点针对异构数据库资源的数据之外，还应注意以下几种数据：一是档案管理系统中用户利用度高的数据。由于无法从数据录入系统的数据库中直接得到许多综合度较高的数据，于是就必须进行专门的数据抽取，即根据档案管理系统的数据对信息用户的需求进行静态与动态的分析，抽取用户利用率较高的档案数据信息。二是网络传递的数据。通过选择可跨平台的架构组件，特别是服务器软件，使用 HTML、XML 等开放式标准，采用跨平台技术，按照普遍适用的应用程序框架进行开发，使档案资源数据整合具备控制的能力。三是非规范的数据。用户可以通过普及运算设备，方便地连接到整合数据，实现统一的方式运行硬件和操作系统平台。

通过将异构、分散的档案数据资源进行归类、整合、集成、共享，能够为用户提供全面、完整的档案信息资源，消除档案系统中的"信息孤岛"问题，并且融合异构、分布式的档案数据资源，使用户基于统一检索平台对所有档案信息进行查询，保证了用户多元化、个性化的需求，并可以服务于不同层次的用户。

(三)档案信息内容整合

档案信息内容整合是指通过信息资源整合机制或标准，对不同类型、不同来源、不同载体的档案资源进行集成、描述和链接，对蕴含在数据或信息集合中的内容关联进行深入的揭示与整合，从而使相对独立的档案信息内容形成内在的联系，以真正实现档案信息资源的全方位整合和"一站式"利用服务。如果说数据整合是对结构化的数字档案资源进行整合的话，那么信息内容整合则是对非结构化的数字档案资源进行整合，其本质就是通过一定的技术手段，将数字档案资源"基本属性间的多种复杂关系进行衔接与整合，使分散的、异构的文献及其关系形成一个有机关联的整体"①。档案

175

①　马文峰，杜小勇. 基于数据的资源整合[J]. 情报资料工作，2007(1)：41-45.

信息内容整合是在数据整合基础上的进一步深化，是档案信息资源整合的必然结果。

由于数据整合解决了异构数据库中档案资源的合并问题，实现了多种异构档案数据库资源的互联互通和统一检索。但信息内容之间的多重关联却没有得到很好的揭示，而档案内容之间的联系又是用户利用档案资源的依据和主要内容。因此，如何在智能档案服务系统中，既提供"一站式"检索界面，又提供多种内容关联的档案资源，使档案用户能够"一步到位"获取所需信息，则成为数字档案资源整合的主要内容。数字档案资源整合应充分体现信息资源的组织机制，其内容具体包括数据资源的组织、信息内容揭示以及统一标识系统等。具体表现为以分类法、主题词表等信息组织体系科学地组织各种数据资源，并通过元数据对数据资源的内容、位置、关系进行揭示与描述，并以 URI/DOI 作为数字信息资源对象的标识基准进行有效链接，使数据信息内容的多重关系在唯一标识的基础上实现异构系统中的定位和链接，从而使信息内容的整合最终得以实现。①

二、档案知识库的构建

智慧城市背景下，档案工作职能发生着重大转变。冯惠玲教授曾指出随着档案工作重心的改变，档案人员要将职能重心从实体管理向信息管理和知识管理转变，要向档案用户提供高质量的信息和知识服务转变。② 当今社会，档案资源数量迅速增加且新的电子档案不断产生，大量离散且孤立的档案信息资源难以满足社会大众日益增长的信息需求和知识需求，档案资源的巨大价值难以得到发

---

① 肖希明. 数字信息资源建设与服务研究[M]. 武汉：武汉大学出版社，2006：343-345.

② 冯惠玲. 拓展职能——"夹缝时代"档案职业的生存之策[C]. 21 世纪的社会记忆——中国首届档案学博士论坛论文集. 北京：中国人民大学出版社，2001：109.

挥。将海量的档案信息资源重新组织为档案知识资源，构建信息丰富的档案知识库，使杂乱的档案信息有序化，有序的档案信息知识化，也是提升档案服务质量、促进服务社会发展的重要解决方式。

从广义上讲，档案馆本身就是一个知识库，它保存着人类丰富的历史知识和实践知识，并通过对这些知识的加工处理提供全面的知识服务。① 从狭义上讲，档案知识库是一种智能化的档案知识系统，它以丰富的馆藏档案资源为基础，从档案全文信息中提取出具有知识价值的内容，并对档案知识进行识别、获取、组织、存储、分析和共享的知识处理系统。② 档案知识库不是对档案信息、内容、数据的简单罗列和集合，而是利用知识组织和知识分析的方法挖掘档案中的知识价值，并揭示这些孤立知识间的相关关系，从而构建一个具有层次关联结构的知识体系。影响档案知识库构建的主要因素涉及档案知识发现、档案知识组织和档案知识存储，具体步骤则包括定位目标知识库、抽取档案知识单元、关联档案知识单元、组织档案知识单元、存储档案知识单元形成档案知识库，具体如图4-1所示：

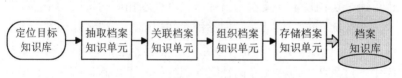

图4-1　档案知识库构建思路

①定位目标知识库是指确定要构建的档案知识库所属的知识体系。例如青岛市档案馆要建立历史档案知识库，首先即要确定其属于历史档案知识体系。

②抽取档案知识单元，分类与标引档案知识点。档案知识点的

---

①　段志飞. 谈档案馆知识库的构建[J]. 办公室业务，2013(1)：28.

②　李建忠. 试论档案信息资源的知识组织与服务模式[J]. 档案管理，2013(1)：49-50.

分类及标引是在分析档案知识点内容属性(特征)及相关外表属性的基础上,按照定义好的类别将其分门别类,并用特定语言表达分析出的属性或特征。① 档案知识点的分类及标引针对的是用户所需的直接档案信息、知识,是对档案信息资源中知识点的发掘和形式上的组织,如可以从数字档案、档案全文数据库、档案目录数据库等档案客体提取用户所需的档案知识,经分类标引后直接服务于用户。对档案知识点进行分类与标引首先要对档案知识点(数据)进行采集,并进一步分析与检测其是否可用、重复及是否完整等。然后要对采集到的档案信息资源进行数据清洗,要选择合适的策略,筛选无用数据,合并同类信息,补充完善缺失信息,最终形成用户所需的待分类与标引的知识点集合。② 经过分类与标引,档案知识点已经具备一定的主题与属性特征,这一层次的档案知识分别涵盖各种事件、基本概念、情景、方法、用户知识需求等知识点,可以满足用户低知识层面的需求,解决用户的一些较单一、低知识密度问题。要实现对档案资源中知识单元的抽取,一要有成熟的元数据标准作为辅助和支撑,二要符合档案内容特征的主题和分类标识。具体实现可通过神经网络、时间序列分析等方法抽取其内在特征,也可通过切词技术、文本术语抽取技术抽取相应的特征词条。③

③关联档案知识单元,聚类档案知识资源。档案知识点的关联组织"是将档案知识及其相互联系等关系信息也有效地存储于数据库中。这就使得原本无序的档案知识变得易于控制且有序,让原本孤立的数据呈现出有机的联系"④。例如用户在查阅档案信息时,遇到不了解的人物、事件等时就需要查阅相关文献,通过档案知识

① 马费成,宋恩梅. 信息管理学基础[M]. 武汉:武汉大学出版社,2011:192-193.

② 杨力,姚乐也. 数字档案馆知识组织层次体系探讨[J]. 档案学通讯,2009(5):58-60.

③ 张斌,郝琦,魏扣. 面向决策的档案知识库构建研究[J]. 图书情报工作,2016(3):119.

④ 苏新宁. 面向知识服务的知识组织理论与方法[M]. 北京:科学出版社,2014:3.

关联，就可以将数据库中的相应人物与事件等知识点与之关联，为用户提供更高效的服务。而档案知识资源的聚类则"是根据一定的规则将信息或知识按类聚集起来，分别给予相同的类别标记，并将类号赋予相关信息，存储于数据库中的过程、技术和方法"[①]。通过档案知识点的关联和聚类，形成知识密度较高且横向关联的档案知识单元，如档案文摘、索引、题录等形式的档案知识产品，实现档案知识点的优化组合，档案知识密度大为提升，可以解决用户较复杂的问题，满足用户较高层次的档案知识需求。档案知识单元的关联是整个知识库构建过程的关键，一般采用主题模型进行主题分析，并在此基础上进行相应的分类处理（包括聚类和分类）[②]，对档案知识中的概念词汇进行比较、分析、归纳，按照知识自身的客观联系进行关联。

④挖掘推理档案知识单元，组织档案知识单元。通过对档案知识单元进行挖掘、推理、语义关联等方式，可以进一步增强档案知识单元的知识密度，满足用户更高层次的档案知识服务需求。不同档案知识单元之间要形成一个完整的知识网络体系，还需要进行语义组织和关联，实现无序知识的有序化和档案知识的密集化。档案知识单元的语义组织"是将信息及信息间的语义关系存储起来，构成具有语义关系的数据库。在检索和分析时，通过建立的语义关系，进行语义推理实现知识服务"[③]。档案知识单元的语义组织与关联将数据库中档案知识的原有记录、字段的关系上升到知识间的语义关系，保证了档案知识间的关联与再生及隐性知识的呈现。这种语义关系非常丰富，例如档案中事件与事件间的语义关系、人与人之间的亲属关系及隶属关系、不同主题间的语义关系等。通过档案知识单元的挖掘、推理、语义关联，改变了原有档案知识单元间

179

---

① 苏新宁. 面向知识服务的知识组织理论与方法[M]. 北京：科学出版社，2014：3-29.

② 胡庆林，叶念渝，朱明富. 数据挖掘中聚类算法的综述[J]. 计算机与数字工程，2007，35（2）：17-19.

③ 苏新宁. 面向知识服务的知识组织理论与方法[M]. 北京：科学出版社，2014：29.

的显性联系，产生了新的逻辑关联与知识链接，形成档案综述、档案百科全书、档案年鉴、档案主题库等更高知识密度的档案知识资源，真正实现档案资源有序化，有序档案资源知识化，最终实现档案知识资源服务化。①

⑤存储档案知识单元。档案知识单元的存储是整个知识库建立的重要保障环节，其实质是在 XML、RDF 等语言基础上将档案知识形式化的过程。

⑥分析各层档案知识，再生档案新知识。借助档案知识单元、知识关联、档案利用资源等，通过挖掘、推理、演绎、归纳等方法形成新的档案知识。这一过程需要融合用户的需求及知识组织的背景，对用户需求及档案知识资源进行不同层次的细分、关联、挖掘与推理，运用统计分析、机器学习、神经网络等方法，分析出新颖、有效、潜在有用的规律等新知识。比如对用户查档新规律的归纳进而为用户提供智能化推荐服务，这里归纳出的新规律就是再生的档案知识。通过知识分析、推理、挖掘等再生的新知识在形式、内容等方面可能存在一定的问题，需要对其进行检查修正，结合档案用户实际使用状况及反馈情况适当调整新知识，按照标准的规则修正再生的档案新知识，然后直接放入档案知识库中服务于用户。②

总之，档案知识库的构建目的就在于提供有序、关联的档案知识，它是对档案中所蕴含的知识进行最大化知识发现的过程；通过构建档案知识库为用户提供知识服务不仅有助于深化对档案信息资源的开发与利用，实现档案利用由被动向主动转变，而且是档案部门实现自身转型、融入智慧城市知识服务的必然选择和趋势。③

---

① 毛天宇. 知识组织视野下档案知识库的构建思路探析[J]. 档案管理，2015(4)：4-6.

② 毛天宇. 知识组织视野下档案知识库的构建思路探析[J]. 档案管理，2015(4)：5.

③ 张斌，郝琦，魏扣. 基于档案知识库的档案知识服务研究[J]. 档案学通讯，2016(3)：57.

三、数字档案资源的区域共享

在智慧城市背景下，随着系统互联互通、信息交互共享在技术上的突破发展，以城市或城市群为基准构建区域化数字档案资源共享平台，将有效解决档案资源信息共享利用的难题，充分实现档案信息系统集成和区域共享利用。

要实现数字档案资源的区域共享，提升档案资源的整合能力和利用效率，首先要建立并完善数字档案资源区域共享机制，即以"纵向贯通和横向融合"的思路进行特定区域内现有数字档案资源的整体开发和综合利用；同时，以满足应用为前提，以制度化建设为手段，以分工协作为途径，以标准化为保障，全面促进档案资源的有效整合、合理开发、科学管理、综合利用。其次，要构建数字档案资源管理体系，包括建立数字档案资源采集标准和范围，制定数字档案资源共享目录和统一标准，明确数字档案资源共享方式和要求，建立数字档案资源共享查询和利用模式，形成数字档案资源共享的评估监督与安全保障机制等。最后，要建设数字档案资源区域共享平台，即对分散异构的档案资源系统进行合理整合，实现部门网络和业务系统的互联互通，并在新的统一档案资源交换与共享平台上开发新应用，实现档案资源的最大共享和便捷利用。

以上海市民生档案区域共享、远程协同服务机制为例，上海市档案局(馆)于2012年利用先进的信息化技术建立了"就地查询，跨馆出证，馆社联动，全市通办"的民生档案信息三级联网的服务网络平台及其应用系统。该系统依托政务网络，建立了横向连接全市18家综合档案馆，纵向联通全市200多家街道、乡镇社区事务受理服务中心，并逐步向各行业涉民办事部门便民服务窗口延伸的立体式档案远程服务技术平台，形成了市、区县、街镇社区三级部门间民生档案远程服务合力。该项目以档案服务民生为导向，积极融入智慧城市建设，加强与涉民部门密切合作，通过多方联动、资源整合、流程再造和技术创新等手段，构建了上海市区域范围内的民生档案远程便民利用体制、机制和技术平台，有效实现了群众不出社区即可就近远程查询全市任意一个国家综合档案馆所保存并可提供利用的民生档案信息，还可按需当场免费获取有效证明。该项目在服务功能上，拓展了档案查询门类和出证范围，未来查询门类将从目前的 5 类民生档案拓展到全市所有国家综合档案馆馆藏中群众迫切需要且依法依规可以为其提供利用的档案，民生档案远程服务受理点将从社区事务受理服务中心向更多专业涉民办事部门便民服务窗口延伸，最大限度地方便广大群众查询利用；在服务技术上，不断完善了民生档案远程服务网络平台及其应用系统，在稳妥解决信息安全问题的基础上，努力通过手机预约和短信通知等方式，使档案远程服务更加快捷和安全；在服务方式上，既确保利用安全、保护公民隐私，又优化服务流程，为群众提供更加便捷、更为优质的服务；在服务能力上，逐步建立了一支既熟悉档案远程服务业务又相对稳定的前台接待服务人员队伍，进一步提高了民生档案受理服务人员的服务能力和服务水平。

总之，档案信息服务作为智慧城市公共服务中的重要组成部分，必须充分利用现代信息技术实现某一区域范围内档案馆之间、档案馆室之间、档案馆室与社区之间、档案馆与公共服务部门之间的互联互通，并构建一体化的档案信息共享平台，真正实现跨部门、跨区域、跨系统的档案信息资源共享。

第三节　服务方式的智慧选择

一、基于云计算的档案信息共享服务

云计算是一种利用分布式计算和虚拟资源管理等技术，通过网络统一组织和灵活调用，将分散的软硬件资源、存储数据资源、应用软件和服务资源进行集中共享，并通过动态配置和可度量的方式，向各种终端用户提供按需服务。智慧城市背景下，智慧政府强调跨部门、跨层级、跨领域、跨门类的信息资源整合，加强公共信息资源共享云平台建设，这将有利于各地数字档案馆将民生类档案资源部署于"云端"，也为城市中各级档案馆（室）之间以及档案馆与国土、医疗、卫生、环保、教育等相关部门之间实现互联互通、共享资源创造条件，从而通过公共服务云平台实现"一站式"查档服务。①

美国国家标准技术研究院（NIST）从用户服务角度出发，将云服务划分为基础设施即服务（IaaS）、平台即服务（PaaS）和软件即服务（SaaS），而这三种服务方式也将影响数字档案信息的存储方式和服务形式。具体体现在以下三个方面：

（一）数据资源共享服务

随着信息社会和互联网技术的快速发展，数字档案资源也呈指数级速度增长，用户的档案信息需求也变得更加宽泛、更加多样，也不再满足于单一的馆藏档案资源；而且，随着数字资源的流动范围越来越广、速度越来越快，档案部门仅仅以单个馆藏资源为用户提供信息服务也已力不从心，因此需要通过馆际协作、跨室联动等方式，以共享数据库、云数据中心等手段实现档案数据资源的共享服务。具体来说，一方面，各档案馆可以将自己的开放档案资源尤其是民生档案资源置于云端，利用云计算技术对各类馆藏资源进行有效的组织、整合，并与相应的计算资源和存储资源集中形成一个虚拟的资源池，以服务方式按需提供给档案用户；另一方面，加强区域内的馆室联动，通过构建区域内档案共享云平台，将分布在不同地方或是同一信息系统中自治和异构的多处局部数据源中的信息进行有效的集成，实现馆室系统间的互联互通和各类数据资源的信息共享，并利用档案共享云平台实现档案数据的内容关联、事件关联、时序逻辑关联和因果关联，使档案用户可以按其所需来获取档案信息服务。

---

① 方昀，郭伟. 云计算技术对档案信息化的影响和启示[J]. 档案学研究，2010（4）：70-73.

(二)开放平台共享服务

在档案资源深度整合的基础上，就要实现跨单位业务流程的综合服务和支持多种终端的利用服务平台，而档案云服务平台具备整合、优化、开放、共享等特点，能够满足用户多样化和个性化的需求。档案云服务平台可以搭建在智慧城市已有的应用支撑平台上，以实现开发环境、运行环境、云环境管理、智能云终端统一的要求，为档案资源共享提供统一的中间件服务、消息服务、整合服务等多种基础服务，并实现对硬件资源、虚拟化资源、中间件资源的统一管理和有效利用。该平台还可以实现馆际、馆室间资源的交流整合和传递共享，并能根据用户的需求特点、行为习惯和背景类型等，进行相应匹配及服务功能整合和动态调整，来满足各类档案用户的服务要求。最终，云计算将档案信息服务方式转化为一种平台化的服务，用户可以通过该平台找到相应的档案服务人员和所需信息，档案服务人员也可以通过该平台发现并了解用户的信息需求。

(三)"一站式"入口服务

"一站式"入口服务一方面是指通过云计算技术将档案服务功能整合在 Web 站点入口上，用户通过自己的基础设施(如个人电脑、智能手机、移动终端等)即可便捷使用；另一方面也指各档案馆利用云计算技术通过整合服务终端，将档案信息服务功能与各级政府网站、政务信息公共平台对接，实现区域范围内用户的"一站式"入口服务。通过这个服务入口或界面，用户可以实现档案资源的并发检索，一次性获取自己需要的一系列相关档案信息。① 比如：在国家档案局开展的"中国档案云"项目中，拟建设以云计算技术为依托，打造覆盖全国公共档案信息资源、互联互通、统一运营的"中国档案云"，为广大利用者打造一个统一的、"一站式"的

---

① 罗炎鑫. 以云计算为依托的数字档案馆服务模式[J]. 福建电脑，2014(8)：35-37.

档案信息资源共享和服务平台，为社会提供档案信息服务。①

二、基于大数据的档案信息智能服务

从数据角度而言，由数字城市演化为智慧城市，它不仅反映了数据资源的大量产生，也反映了数据资源的互联互通，更反映了数据资源的有效关联和深度挖掘。档案资源作为智慧城市建设的重要支撑，不仅承载着知识，本身也蕴含着人类的智慧。智慧城市背景下大数据技术的快速发展，使人们的思维方式从"因果关系"走向"相关关系"，使抽样分析方法走向全样本分析方法，使信息处理技术转向人工智能技术，使被动、宽泛、滞后的人工服务转向主动、精准、高效的智能服务。针对上述变化，档案人员也要不断改变信息服务的理念和方式，通过技术的智能化实现档案工作的数字化和自动化，并促使档案信息服务朝着个性服务、深度服务、精准服务和智能服务等方面发展。

（一）细粒度的个性化服务

在网上购物时，我们经常会遇到"猜你喜欢""为你推荐""为你精选"等提示，令人倍感惊奇。实际上，这些信息是网站在对大量用户的网上"行为轨迹"进行挖掘分析的基础上，捕捉总结用户的行为习惯，并针对性地利用每一次浏览机会进行的推荐策略，实际上也是个性化服务的一种。个性化服务是大数据的价值魅力所在，其客观上也要求档案信息服务加强对个体的关注。②

传统档案馆的主要服务内容是档案实体，并通过案卷目录、卷内文件目录等信息管理工具描述档案信息，属粗粒度服务；在数字档案馆发展的初级阶段，其服务内容逐渐发展为数字化档案副本和

---

①　佘建新，李静，季雪岗. 互联网时代下档案馆间联盟机制与实践探索[J]. 档案学通讯，2016(1)：64-65.

②　陈芦燕. 大数据时代的档案信息服务研究[J]. 兰台世界，2014(3)：29-30.

电子档案，将档案页面及少量档案全文信息作为利用服务单位，进入中粒度服务阶段；未来数字档案馆发展的高级阶段（智慧档案馆）则将档案内容信息及其他关联信息作为重点服务对象，并从中深度挖掘高价值信息，达到细粒度服务层级。① 同时，个性化服务将更加注重用户的"需求导向"，通过建立用户模型，并利用大数据技术对用户数据和相关档案数据进行分析，进一步丰富档案信息资源内容和形式，开发更加专业化和特殊化的档案产品，形成多样化和人性化的利用平台，更好地实现精准服务。

（二）深度的决策支持服务

管理学大师西蒙曾指出，管理就是决策。然而，长期以来在我们的城市建设与管理过程中，各种"拍脑袋"决策屡见不鲜，这在很大程度上也导致城市病的出现。在智慧城市的建设与管理过程中，从源头上根治城市病至关重要。《孙子兵法》曰："多算胜，少算不胜"，因而在决策的过程中，占有数据的多寡及数据的分析挖掘直接决定着决策的效率和质量，而大数据时代的到来，也在全方位地改变着传统的决策系统。作为文化信息服务机构，档案部门的工作就是让沉睡的档案醒过来，让醒过来的档案站起来，让站起来的档案走出去。② 因此，在创新档案信息服务模式的过程中，基于大数据的档案信息智能服务在决策支持方面的发展方向在于：一是事前预测，通过对海量档案资源进行分析，提前对决策的各个因素进行模拟，从而增强决策活动的预见性与准确性。二是事中感知，即通过海量数据模拟事件进展，复现细节和脉络，从而更好地做出决策。三是事后反馈，即通过实时监测发展进程，结合馆藏数据实时反馈与调整。

（三）精准的资源推送服务

数据密集型范式下，"可获取信息量的爆炸性增长与用户选择

---

① 杨来青. 智慧档案馆是信息化发展的必然产物[J]. 中国档案，2014(6)：64-66.

② 李云波. 档案馆，不妨再活跃点[J]. 中国档案，2012(7)：1.

信息能力的局限性之间的矛盾、同时共现的信息量的极度丰富和用户感兴趣信息局限性之间的矛盾"①变得异常尖锐，这就使得精准感知用户需求，并将有效组织的信息和服务主动推送给用户，确保用户及时、准确地获取资源与服务变得至关重要。当前，移动互联网和大数据的发展为数字档案馆资源推送服务提供了很好的条件，通过 WIFI、4G、5G、GPS 等准确定位对象的位置信息，动态地提供定制化的推送服务，而随着今后增强现实技术（AR）的发展，围绕资源推送开展虚拟游览、实景体验、真人咨询，档案信息服务将迎来更大的发展空间。

当前，数字档案馆多是从自身业务供给的角度出发，在相关领域做了一些推送，常面临着"提供的服务不需要"的尴尬，也造成了资源的极大浪费。如果通过构建用户兴趣模型与推荐对象模型并进行对比分析，数字档案馆将更加精确地实现用户需求与服务供给的有效衔接，实施精准推送服务。此外，根据用户行为热点分析，档案馆能提前预测用户需求，进而通过数据推送来引导用户需求行为，从而大大改善服务效果。

目前，基于大数据的推送服务主要分为两类：基于用户（user-based）和基于项目（item-based）。② 基于用户的推送服务是以用户相似度为基础进行分析的，例如，通过分析数字档案馆系统中用户利用记录，寻找有相似利用行为的用户，进而预测当前用户的利用需求并提供有针对性的推送服务。基于项目的推送服务是以项目相似度为基础进行分析，在档案利用中经常出现一些规律性现象，以城建档案为例，在项目勘察、设计、施工等阶段，经常会来查阅和利用以前相关档案，这时数字档案馆即可通过分析服务需求的变化规律，进而主动向用户推送所需信息与服务。总之，数字档案馆中存在着丰富的数据，如检索历史、档案资源、用户数据等，这些数

---

① 张兴旺，李晨晖，麦范金. 变革中的大数据知识服务：面向大数据的移动推荐服务新模式[J]. 图书与情报，2013(4)：74.

② 张瑶. 基于大数据的高校图书馆推荐系统仿真研究[J]. 计算机工程与设计，2013(7)：2534-2541.

据使数字档案馆在微观上能更加理解用户需求，实现精准推送，宏观上可以预测未来发展趋势和服务热点。

（四）全方位的智能服务

未来档案信息服务面临的主要问题已不是档案信息资源的匮乏与用户日益增长的需求之间的矛盾，而是档案信息资源的泛滥、无序以及存取障碍与用户选择和获取之间的矛盾，① 智能感知、自然语言处理、智能检索、专家系统等人工智能技术则能主动发现用户需求，并通过信息开发、信息推送和动态交互等方式实现全过程、全方位的智能服务。

智慧城市背景下大数据、人工智能等技术的快速发展，将使档案信息资源中所蕴含的智慧以一种更加智能的方式最大限度地普及给用户和社会。智能化档案信息服务包括档案资源组织的智能化、档案服务方式的智能化和档案服务内容的智能化。档案资源组织的智能化主要是指通过信息技术和人工智能深度挖掘用户在档案利用和信息服务过程中的潜在需求数据，实时透彻感知和预测用户需求，根据用户兴趣、行为和习惯需求，动态建立按主题或专题为分类体系的数据库或导航系统，并对相关档案资源进行自动采集、更新和加工处理以形成智能化的档案资源组织体系。档案服务方式的智能化主要体现在能够根据用户的需求特点自动选择最佳的服务方式，而不是提供所有可以提供的服务方式供用户自行选择。② 档案服务内容的智能化则是运用大数据技术，对档案资源内容进行语义分析和智能处理，并应用专家系统实现档案中隐性信息、数据和知识的挖掘、转化和展现，最大限度地满足用户的信息需求乃至知识需求。③ 例如，用户想了解民国时期上海的金融状况，一般用户会

① 杨智勇，周枫. 试析智慧档案馆的兴起与未来发展[J]. 档案学通讯，2015（4）：45-50.

② 向冬梅. 高校图书馆智能化信息服务探索[J]. 现代职业教育，2016（8）：80-81.

③ 杨来青，李大鹏. 智慧档案馆功能及体系结构[J]. 中国档案，2015（7）：59-61.

在谷歌、百度或其他数据库中搜索，还要花费大量时间一一鉴别，从杂乱无章的结果中找出有用的资料；但在档案馆的智慧服务平台中，推理、机器学习等智能技术将准确判断用户意图，帮助用户过滤掉不相关的内容，为用户筛选出最为相关且有用的资料，让其获得最佳检索效果。

三、基于移动互联网的档案信息泛在服务

随着智慧城市的不断发展，越来越多的感知设备（如射频识别设备、传感器设备及智能终端等）被接入互联网中，并且持续不断地通过网络进行通信和信息交换，从而推动了各种物联网数据信息的互联互通和高度共享。物联网及移动通信技术的发展，使得档案信息的服务范围、服务内容、服务对象、服务空间和服务手段等都发生了巨大改变，档案馆可以利用互联网、物联网、无线宽带网和移动通信设备为用户提供一个泛在的档案信息服务环境，以用户为中心的档案信息泛在服务正在成为一种趋势。

基于移动互联网的档案信息泛在服务是一种快捷的、动态的、交互式的信息传递与知识传播方式，它以智能手机、平板电脑、智能穿戴等移动终端为传播媒介，持续不断地通过移动网络为用户提供实时便捷的档案信息服务。具体体现在以下三个方面：

（一）更高层次的互联互通

泛在就是无所不在，即在物联网和移动互联网技术支持下，档案用户可以在任何地点、以任何方式进行信息的发现与获取，实现档案信息的传递、存储、认知、决策、使用等。传统的档案信息服务由于受到档案馆实际物理空间的限制，难以满足跨时空的档案信息获取。而智慧城市背景下移动互联网的无所不在，使得档案信息服务有效突破了物理空间限制，无论是在家里、办公室、会议室等固定场所，还是在公交车、地铁、飞机等移动场所，只要有网络的地方都可以提供服务，无处不在的信息服务成为可能；同时，使用方便、覆盖大众的移动终端的普及应用，使得档案人员能将档案资

189

源借助网站、社交媒体、手机 APP 等途径向社会公众提供利用，不仅包含文字、图表、照片、音频、视频等各种形态和载体的档案信息，而且提供各种搜索途径和获取方法，无所不能的信息服务也成为可能。

(二)更广覆盖的数据资源

智慧城市背景下，在物联网、云计算和移动通信技术的推动下，数字档案资源逐步从数字化向数据化转变，数据化的档案信息将成为档案服务的重要内容。档案数字化在一定程度上解决了传统档案利用及共享的问题，但要盘活档案馆保存的海量档案信息，则必须借助技术，从简单的可读功能转到可以进行深层次的分析和处理，挖掘出其中蕴藏的重要信息价值和宝贵知识财富，为用户所利用。因此，通过对各类感知设备和智能化系统的运用，可以对档案数据资源进行分析、识别、加工、整合，使数据与数据之间通过内在的属性和联系"联"在一起，并依据不同的分类和层次做出相应的处理，从而使档案信息资源更加丰富和多元化，实现更大范围的信息服务。

(三)更高质量的人本服务

随着信息技术及多媒体技术的发展，档案用户对信息服务的需求趋向于个性化、智能化、便捷化和全面化；对信息的需求也更加泛在化和可视化，不再是单一的数据，而是档案信息资源的综合处理结果或多样化展示。比如采用移动通信技术，在平板电脑、智能手机上构建移动档案馆，全面提供移动阅览服务、移动搜索服务、移动自助服务和移动导航服务等，为远程用户获取档案信息提供方便；再如采用数字技术和虚拟技术对馆藏档案资源以声音、图像、文本等形式进行数字化展览，并以在线展厅或手机 APP 的方式实现移动浏览或实时互动，为用户提供场景式服务和多媒体视觉体验。因此，基于移动互联网的档案信息泛在服务是借助物联网和移动通信技术，重新构建档案资源、服务对象与提供者三者之间的关系，在动态感知与泛在互联前提下，实现档案信息资源的最大化开放存取和共享利用，提高档案信息服务的专业化水平，切实根据档案用户的实时状态及需求，灵活、准确、便捷地提供动态化和个性化的信息服务。①

　　总之，对于掌握大量国家和社会重要价值信息的档案馆而言，"如果我们这些信息工作者能够引导利用者从泛滥的具体的信息过渡到知识，甚至于智慧，我们在新时代中的工作、地位就会得到保证，我们就将会对社会及子孙后代作出宝贵的贡献"②。智慧城市背景下，档案馆的核心竞争力已不再是其所占有资源的数量，而是基于海量资源服务的信息化、知识化程度，因此信息服务竞争加剧及用户需求提升推动着档案服务工作从常规分析向广度、深度分析转变，利用语义分析、人工智能、机器学习、知识图谱等技术从档案资源中挖掘和分析其潜在价值，从而推动档案信息服务由资源密集型、劳动密集型向知识服务、智慧服务转变。

第四节　　小　　　结

　　本章在上一章节设计的"智慧型"档案信息服务模式总体框架基础上，重点对其中的模式内容构成进行了详细分解。首先，服务模式的起始点是对档案用户的动态感知，即在分析档案用户类型及需求特点的基础上，对用户数据进行采集，并通过档案用户模型的构建和对档案用户数据的分析，为充分把握用户需求和更有针对性地提供服务奠定基础。其次，要为用户提供高质量、有效性的档案信息，就要对档案信息资源进行高效整合和深度融合，其中涉及档案资源的数据和内容整合、档案知识库的组织建设和档案资源的区

---

　　①　陈中. 浅析泛在信息环境下智慧档案馆资源与服务的融合[J]. 档案时空，2017（4）：25-26.

　　②　特里·库克. 电子文件与纸质文件观念：后保管及后现代主义社会里信息与档案管理中面临的一场革命[J]. 刘越男，译. 山西档案，1997（2）：9.

域共享。再次，要为用户提供高效便捷的利用服务，还要充分应用现代信息技术进行服务方式的改进，主要通过应用云计算技术实现档案信息共享服务、应用大数据技术实现档案信息智能服务、应用移动互联网技术实现档案信息泛在服务。

总的来说，"智慧型"档案信息服务模式是档案人员运用现代信息技术和智能技术，动态感知和预测分析用户需求，并围绕用户需求有针对性地对档案资源进行挖掘、组织、加工与开发，然后通过智能档案信息服务系统或利用平台将档案信息或知识产品传递给用户使用的服务过程。

第五章 "智慧型"档案信息服务模式的技术实现

由上一章内容可知，"智慧型"档案信息服务模式中对用户需求的动态感知和预测分析、对档案资源的挖掘处理和组织加工、对服务方式的创新探索和智慧选择，都需要现代信息技术和智能技术的应用和支持，也都需要通过智能档案信息服务系统将档案信息或知识加工品提供给用户利用。因此，借助智慧城市建设中物联网、云计算、移动互联网、大数据等信息技术的应用经验和设计理念，构建高效、快捷、便利的智能档案信息服务系统和利用平台，为档案用户提供多元化、个性化、智能化的信息服务，也将成为"智慧型"档案信息服务模式实现的重要技术支撑。

第一节 概念设计

系统"System"一词来源于古希腊文"Systεmα"，是由部分构成整体的意思。一般系统论创始人贝塔朗菲认为："系统是由许多相互并联、约制的各个支部分组成的具有特定功能的有机整体，并且具有时间维度的动态性以及空间、时间、功能上的有序性。"①本书

① 贝塔朗菲. 一般系统论基础发展和应用[M]. 北京：清华大学出版社，1987：240.

的档案信息服务系统是指在研究档案信息服务活动的各组成要素及其相互关系的基础上，将各要素按照其自身的特点集合起来形成的一个有机整体。具体系统设计主要借鉴 Voss 提出的所谓"前工后坊"设计理念，即前台（Front Stage）作为服务系统与用户的互动部分，后台（Back Stage）作为服务系统的支持部分，具体如图 5-1 所示①。

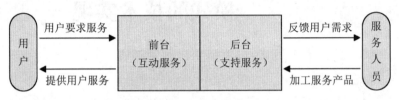

图 5-1　服务系统的前台后台概念示意图

由图 5-1 可知，智能档案信息服务系统分为后台（档案服务管理与加工）和前台（档案服务传递与互动）两个部分，通过后台和前台的相互作用、相互协同，使档案信息服务的需求和供给达到平衡，发挥档案信息服务的最大效用。②

根据 Voss 的概念，本书结合"智慧型"档案信息服务模式的特点，将智能档案信息服务系统的设计概念定位为：以档案信息资源库作为后台支撑基础，并通过建立档案信息智能处理系统，对用户信息、业务信息和档案资源进行管理，为档案信息开发利用提供支持；同时建立针对用户的需求感知系统，并通过搭建档案"云服务"平台，为用户提供高效、便捷的档案信息服务。③ 智能档案信息服务系统结构如图 5-2 所示。

① Christopher Voss. Operations management in service industries and the public sector[M]. Midsomer Norton, Somerset: Bookcraft(Bath)Ltd, 1978.

② 崔雪. 公共档案馆档案信息服务系统研究[D]. 太原：山西大学，2013：9.

③ 张敏霞. 图书馆知识服务系统的设计[J]. 图书馆学刊，2008(3)：128-131.

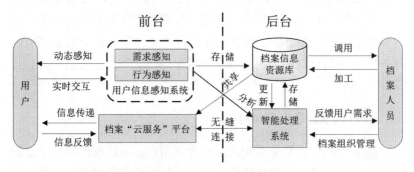

图 5-2　智能档案信息服务系统结构示意图

从用户使用智能档案信息服务系统获得所需档案信息资源的角度出发，该服务系统的具体流程可概括为以下几个步骤：

（一）档案信息资源描述

档案用户通过前台的档案"云服务"平台发出请求，智能档案信息服务系统以数据库和网页形式提供服务，档案用户能够实现"无处不在"的访问。同时，智能档案信息服务系统通过用户信息感知器对档案用户需求、档案利用行为及检索利用设备等信息进行综合处置，然后使用描述语言对用户需求进行档案信息资源描述。

（二）档案信息资源匹配

智能档案信息服务系统针对档案信息资源描述，通过资源发现和智能检索等方法对后台档案信息资源库中的档案信息进行数据比对、数据检索、语义分析、聚类分类等操作，从而寻找和加工匹配的档案信息资源。智能档案信息服务系统动态部署虚拟硬件提供存储和计算能力，在部署的同时针对多功能负载进行优化，同时负责数据安全性和完整性。

（三）档案信息资源调度

档案信息资源库的档案数据信息都是经过规范化处理的，后台

195

的智能处理系统可以将找到的匹配档案信息内容进行信息资源预置。信息资源预置通常用来实现对信息资源的保证存取或对多个信息资源的并发存取，它的作用类似于一个记录器，记录目前所有的用户需要的信息资源，确保用户所需的信息资源全部被安排执行应用。

（四）档案信息资源利用

智能档案信息服务系统通过查询与用户需求匹配的档案信息资源，进行状态估计，即使用信息资源当前的状态信息和历史数据库为任务调度提供信息，并通过档案"云服务"平台为用户提供所需的档案信息，并将用户利用反馈信息通过智能处理系统加工处理后存入后台档案用户信息数据库。

第二节 系统后台

智能档案信息服务系统的后台部分主要由档案信息资源库、智能处理系统构成，物联网、云计算、大数据等现代信息技术提供技术支持。

一、档案信息资源库

档案信息资源库包含用户信息数据库、档案目录数据库、档案全文数据库、多媒体数据库、管理过程数据库、元数据库六个部分，其构成如图5-3所示。

（一）用户信息数据库

用户信息数据库主要包括用户基本信息、用户行为信息和用户评价信息。用户基本信息是通过统计和分析用户的登记信息、注册信息、调查记录、浏览记录、参考咨询存档及以往接受服务情况等方式采集的反映用户基本特征的数据，用户行为信息是通过对用户

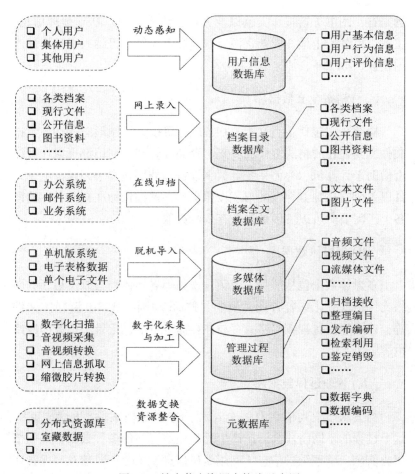

图 5-3　档案信息资源库构成示意图

浏览网页的行为、档案网站日志、Cookie 进行分析所收集到的用户兴趣数据和使用偏好数据，用户评价信息是通过网站栏目设置或系统功能设置所获取的用户对档案内容、检索系统和服务方式的评价或反馈数据。

（二）档案目录数据库

档案目录资源数据包含文书、科技、会计、照片、音视频、专题等档案目录，此外还包括现行文件、开放目录等目录数据，从长

197

远来看，图书、情报、文献以及人口、法人单位、基础地理信息、工商、税务、土地、农业资源等基础数据库等也可纳入目录资源库的建设。

(三)档案全文数据库

档案全文包括各类文本、扫描图像等以二进制形态存在的数据文件，其存在的格式多样，收集、存储、管理、利用都可以在网络上借助于计算机、存储系统等数字设备和数字技术来完成。电子文件以单个文件独立存在的形式按照文件存储结构标准存放在存储设备上，需要时可以方便地进行存入或读取。

(四)多媒体数据库

多媒体数据包括照片、音频、视频等多媒体档案以及最新的网络文件格式，比如各种图片资料、Flash 动画、MP3、流媒体文件等，以图片、音视频等格式存放在存储设备上，记录了档案的原始内容。

(五)管理过程数据库

档案从产生到消亡有一个过程，这就是档案的"生命周期"。这个过程的不同阶段会对应产生反映档案存在的多种数据，如归档接收信息、整理维护信息、利用编研信息、鉴定销毁信息、保管迁移信息等，将这些信息保存起来就形成了管理过程资源库。管理过程资源库反映了档案的整个生命周期，支撑着电子档案的真实性、完整性、有效性等特性，是具有参考价值的重要信息。

(六)元数据库

元数据是反映档案的内容、结构、背景的信息。通过元数据，应用程序可以知道在信息资源库中存在哪些数据以及数据之间的关系，应用程序在正确访问、操作处理和显示数据时需要参考和读取元数据信息。元数据库的建立可根据《文书类电子文件元数据方案》(DA/T46—2009)、《照片类电子档案元数据方案》(DA/T54—

2014）、《录音录像类电子档案元数据方案》（DA／T63—2017）等标准规范进行详细描述和标引著录，通过对电子文件或电子档案的内容、结构、背景等信息进行自动生成和适当人工处理。①

二、智能处理系统

智能处理系统是指系统能够对用户信息、业务信息和档案信息进行智能处理，通过信息分析、过程控制、数据挖掘、业务协同、资源共享等处理手段，为高质量档案信息的安全存储和共享利用提供支持。智能处理系统功能包括用户感知数据的智能分析、档案业务过程的全程控制、档案内容信息的智能处置，这些功能将使智能档案信息服务系统具有档案用户需求感知化、档案信息资源数据化、档案资源开发知识化、档案业务管控全程化等新特点，使档案信息服务水平提升到新的层级。具体智能处理系统构成如图5-4所示。

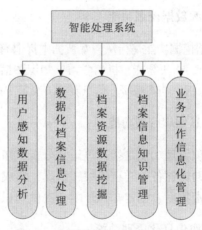

图5-4 智能处理系统构成示意图

---

① 金波. 论数字档案信息资源建设[J]. 档案学通讯，2013(5)：45-49.

(一)用户感知数据分析功能

用户感知数据分析是指对系统感知的用户信息数据、行为数据和终端数据进行挖掘分析，以实现用户分类、兴趣挖掘和业务关联分析。用户分类是对比分析用户信息数据和行为数据，应用分类、聚类等方法实现用户群的划分；兴趣挖掘是根据用户行为数据和终端感知数据，挖掘用户深层需求，实现个性化、场景化、泛在化的信息服务；业务关联分析是对用户咨询数据、利用数据、反馈数据等进行关联规则分析，发掘用户需求规律及隐性诉求，为优化档案信息服务方式提供支持。①

(二)数据化档案信息处理功能

数据化档案信息处理是指对档案数据库、OCR 数据等进行数据化处理的功能。主要用于接收各类专业档案数据库并进行一体化管理、通过 OCR 技术生产并管理数据化的文本文件资源等，实现细粒度的档案信息控制。

(三)档案资源数据挖掘功能

档案资源数据挖掘功能是指从档案数据中提取有价值的信息或数据，利用语义分析、人工智能、机器学习、知识图谱等技术分析其关联价值，为用户分析、档案编研、信息服务、决策支持奠定基础。

(四)档案信息知识管理功能

档案信息知识管理功能是指通过语义分析、知识组织，萃取档案内容信息，辅助构建各种类型档案知识库，形成档案知识服务体系，以提高知识密集度、创建知识环境、提供知识服务。

(五)业务工作信息化管理功能

业务工作信息化管理功能是指采用信息技术对档案业务实行全

---

① 柳益君，何胜，熊太纯，等. 大数据挖掘视角下的图书馆智慧服务——模型、技术和服务[J]. 现代情报，2017，37(11)：81-86.

程化管理，主要用于业务工作信息采集、业务流程控制、业务模型构建、工作效能评价、业务风险预警等。①

第三节　系统前台

智能档案信息服务系统的前台（即信息服务传递与互动平台）以感知系统和利用系统的形式来体现。从整个系统设计来说，这包含信息数据的输入和输出两种功能。

一、用户信息感知系统

智慧城市背景下最突出的特点是通过物联网、云计算、智能设备等，动态识别、立体感知城市环境、状态、位置等信息的全方位变化，并利用互联网建立广泛的感知系统，对感知数据进行融合、分析和处理，实现人、物、系统、数据库之间的互联互通和智能联动，有效提升数据资源建设和信息服务水平。用户信息感知系统建设过程中也将呈现出这样的智慧特征和技术能力，图5-5勾画出用户信息感知系统的分布结构。

①数据感知器（Data Sensor）是系统内部感应系统通过智能化数据中心对用户信息数据和终端利用数据进行动态获取和处理，并实现相关数据库之间的同步、传递、集成与迁移。用户信息数据感知包括对用户的性别、年龄、职业、行为特征等数据进行感知和获取；终端利用数据包括位置、时间、场景、设备等数据进行感知和获取。

②行为感知器（Actor Sensor）是人与系统之间自动沟通和相互匹配的中间件，系统通过对用户的利用行为进行捕获、存储和分析处理，使系统具有分析、判断、分类和预测等功能。用户行为数据包括显性行为和隐性行为，显性行为包括借阅、下载、咨询、反馈

201

---

① 杨来青，李大鹏. 智慧档案馆功能及体系结构[J]. 中国档案，2015（7）：59-61.

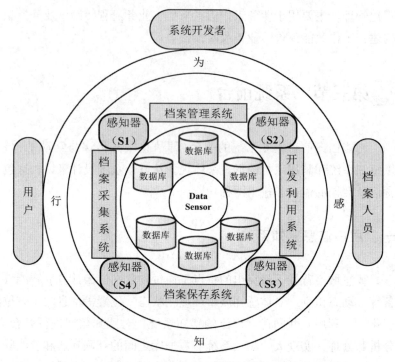

图 5-5 用户信息感知系统结构示意图

等；隐性行为包括浏览、点击、收藏等。

③系统感知器（S 感知器）是系统和系统之间实现智能交互和业务协同的感知系统，是基于工作流、Web 服务、策略配置等技术和方法，实现档案收集、管理、利用等不同系统之间的业务协同和流程优化。

用户信息感知系统是在对物联网、互联网和数据自动处理技术进行全面应用的基础上，将信息技术方法和用户信息行为实现动态的感知和充分的融合，使档案业务和服务系统从平面走向立体，从被动地使用走向主动地感知，实现用户需求和信息服务的自动化、智能化和协同化。①

---

① 杨艳，薛四新，徐华，等. 智慧档案馆技术系统特征分析[J]. 档案学通讯，2014(4)：66-69.

二、档案"云服务"平台

构建档案"云服务"平台，主要采用的是集群技术、虚拟化技术、分布式数据库技术来进行档案数据和信息资源的调度与分配，将基础设施资源、业务管理资源和各种数据库资源整合到统一的云服务平台上，以统一的操作界面，面向用户提供其所需的档案信息服务。① 具体结构如图5-6所示。

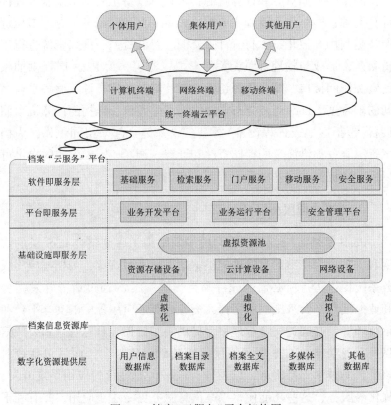

图5-6 档案"云服务"平台架构图

---

① 王红."云图书馆"平台的架构与实现[J]. 情报理论与实践，2010（10）：108-112.

(一)基础设施即服务层(IaaS)

基础设施即服务层(IaaS)是档案"云服务"平台中最底层的结构,它决定了档案信息服务的范围与能力。IaaS 从硬件资源角度出发,将存储、计算、网络等基础设施作为服务资源来提供,包括资源存储设备、云计算设备、网络设备管理、虚拟资源池等。其中,资源存储设备是通过分布式网络将大量廉价、异构的计算机和存储设备(包括本地或远程设备)集合起来协同工作,为档案资源服务提供海量的存储资源和计算资源;云计算设备主要为上层服务提供计算资源;网络设备管理主要解决大量并发访问服务问题;虚拟资源池是利用虚拟化技术将云计算资源、存储资源、网络资源进行逻辑映射,形成与物理资源无关的虚拟资源层,为 PaaS 层提供抽象的资源访问接口,简化资源访问方式,降低数字资源云服务平台之间的耦合度。IaaS 通过分布式网络将大量廉价、异构的计算机存储设备(包括本地或远程设备)等基础设施集合起来协同工作,为档案资源服务提供海量的存储资源和计算资源。① IaaS 服务的提供可以极大地提高档案基础设施资源的利用效率。

(二)平台即服务层(PaaS)

PaaS 是档案"云服务"平台的中间结构,通过整合 IaaS 层的数据和服务,为档案信息管理提供基础设施平台资源,为档案应用服务系统提供运行所必需的软件平台资源。PaaS 通过业务开发平台和业务运行平台来提供数字档案资源云服务应用程序的支撑平台和运行环境,并通过安全管理平台提供实时监控、日志管理和公共信息发布等功能。PaaS 服务不仅提供基础设施平台,而且包括针对该平台的技术支持服务,以及针对该平台而进行的应用系统开发、优化等服务,这些功能使得档案信息服务更专注于应用,并有利于保障各种档案应用系统长时间稳定的运行,从而进一步提升平台服

---

① 陈臣,马晓亭. 云计算环境下数字图书馆云服务平台与云服务模式研究[J]. 情报资料工作,2012(4):42-45.

务的稳定性和经济性。

（三）软件即服务层（SaaS）

SaaS 是档案"云服务"平台的顶层结构，该服务层直接针对用户提供各种形式的信息服务。SaaS 直接对应数据整合处理、业务应用和公共服务，并通过基础服务功能实现档案资源的数据交换、资源整合、信息关联和内容管理等服务，检索服务功能实现目录检索、分类检索、全文检索和个性化定制等服务，门户服务功能实现档案陈展、信息发布、访问控制等服务，移动服务功能实现远程用户获取档案信息的实时、快捷、形式多样等"微服务"，安全服务功能实现用户利用的授权、认证、权限控制等服务。SaaS 服务按照最优化和通用化原则，坚持以用户为中心，通过各种档案应用服务方式满足用户需求，不仅使终端用户可以通过档案信息门户网站对档案资源进行使用，也可以直接通过网络或者接口使用档案应用服务，这种服务方式有效地减少了档案部门间的重复开发，节省软件的维护和升级费用，也进一步提升了档案服务的效率和质量。①

档案"云服务"平台架构不仅是各个应用系统层间的互联互通，有效整合档案管理中的基础资源、平台资源和应用资源，而且是从底层基础设施的集中和共享起步，然后逐层向上统一规划数据资源、提升业务应用系统协同共享能力，并形成服务资源池来满足不同层级用户的使用需要，极大地提高了档案资源的共享程度和服务能力。

第四节 技术支持

构建智能档案信息服务系统需要应用新一代信息技术，主要涉

---

① 牛力，韩小汀. 云计算环境下的档案信息资源整合与服务模式研究[J]. 档案学研究，2013(5)：26-29.

及物联网、云计算、大数据、移动互联网等关键技术，通过物联网技术感知并采集信息、云计算技术处理并存储信息、大数据技术挖掘并分析信息、移动互联网技术传输并提供信息，最大限度地推动智能档案信息服务系统的功能实现和模式创新。

一、物联网技术

物联网技术是通过射频识别（RFID）、红外感应器、全球定位系统、激光扫描器等信息传感设备，按约定的协议，将任何物品与互联网相连接，进行信息交换和通讯，以实现智能化识别、定位、追踪、监控和管理的一种网络技术。① 物联网技术最大的特点是具有"感、联、知、控"等功能，这些功能在智能档案信息服务系统中实现对档案信息、用户信息、档案设备信息、外部环境信息等进行智能化感知、识别、定位、跟踪监控和管理利用等方面有着重要作用。

从物联网的技术架构（如图 5-7 所示）上看，其主要由感知层、传输层和应用层组成。其中，感知层主要实现识别物体、采集信息，具体包括 RFID 标签、读写器、摄像头、GPS、传感器等。传输层主要负责信息的传递，具体由各种移动网络、因特网、信息中心和云计算平台等组成。应用层主要进行信息分析和处理，实现智能化的管理、应用和服务，具体可分为监控型、查询型、控制型和扫描型等。物联网主要通过应用层与档案管理和利用需求相结合，实现物联网的智能应用，它解决的是信息处理和人机交互的问题。②

从物联网的技术原理看，首先要对档案属性进行标识，主要包括实体档案的位置、格式、数量、内容等信息，对这些信息进行标

---

① 物联网技术［EB/OL］.［2013-08-21］. http://baike.baidu.com/view/2818115.html.

② 刘迁. 智慧城市视域下智慧档案馆建设研究［D］. 苏州：苏州大学，2016：33-34.

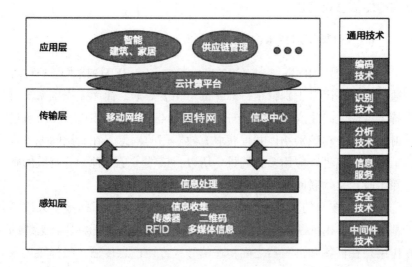

图 5-7 物联网技术架构图

识是实现物物相连的第一步。其次，需要数字档案馆通过 RFID、二维码、GPS、摄像头等设备完成对档案属性的读取，并将这些属性信息转换成适合网络传输的数据格式。最后，再将上述信息传输到信息处理中心，由处理中心完成物体通信的相关计算。对实体档案属性标识、读取、转码，后再传输至智能档案信息服务系统进行相应计算处理，例如当档案的位置发生异动后，物联网开始起作用，将相关信息传至系统，系统可以根据之前的功能设计做出相应的应对，确保档案的安全。

物联网可分为前端技术和后端技术，前端技术用于物体的标记和识别，后端技术用于标记识别后数据的传输和利用。在数字档案馆建设中，前端技术应用于标识档案的位置、格式、数量、内容等信息，加工档案属性，运用识别设备读取已标识信息，转化成便于网络传输的数据格式，如 RFID 技术。后端技术可应用于将加工后的数据信息传输到信息处理中心，对档案属性进行标识、读取、转码，再传输到数字档案馆的管理系统，进而运用物联网和用户的接口，主动提供档案信息资源，满足用户个性化需求，如传感网技术和智能信息处理技术。

(一)射频识别技术(RFID)

射频识别(Radio Frequency Identification,RFID)技术是一种可通过无线电讯号识别特定目标并读写相关数据,而无需识别系统与特定目标之间建立机械或光学接触的通信技术。① RFID可以通过射频信号自动识别物体并且获取有效实用的信息,在此期间无须人工干预,且可以应用多种场景。所以,该技术是一种十分有效的感知手段,是物联网感知层的决定性技术支撑。

RFID技术的基本工作原理是:首先分配好电子标签、天线等基础设备,不同的电子标签有唯一编码,标志着目标物体、天线的作用是在标签和读写器之间传递信号,方便信息传输。当标签进入磁场后,接收解读器发出的射频信号,凭借感应电流所获得的能量发送出存储在芯片中的产品信息(无源标签或被动标签),或者由标签主动发送某一频率的信号(Active Tag,有源标签或主动标签),解读器读取信息并解码后,送至中央信息系统进行有关数据处理。RFID的工作原理如图5-8所示。

图5-8　RFID工作原理图

一套完整的RFID系统,是由读写器、电子标签以及应用软件系统三个部分所组成。电子标签一般安装在物体上来对这些目标对象进行标识,主要由耦合元件和其他芯片组成,每个电子标签都拥有独一无二的电子编码,其内部芯片由具有模数记忆能力,其天线

①　百度百科. 射频识别技术[EB/OL]. [2017-11-18]. https://baike.baidu.com/item/%E5%B0%84%E9%A2%91%E8%AF%86%E5%88%AB%E6%8A%80%E6%9C%AF/9524139? fr=aladdin.

依据应用环境和频率设计而成。读写器通过天线以无线的方式与电子标签交换信息，主要由中央处理单元、模数控制模块、无线电发送和接收模块和读写天线组成。计算机应用系统通常被用做后台控制系统，以无线或者有线方式连接电子标签读写器来获得电子标签的内部数据信息，能够提选和处理获取到的数据信息，然后进行后台控制。①

在档案信息利用服务领域，可以为档案实体植入 RFID 标签，记录该档案的存放地点、档号、档案名称、归档时间、利用状态等相关信息，并通过 RFID 的传感功能对外界的温度、湿度、位置进行有效的识别，同时利用 RFID 的跟踪、监控和管理功能将档案、设备、库房、建筑、档案工作者、用户之间建立网状联系，使档案工作者或用户可以感知档案的实体状态和内容信息，为档案信息的实时管理和智能服务创造有利条件。

(二)传感网技术

传感网是指各种信息传感设备与互联网结合在一起所形成的大型网络，它是为了让各类物品能够被感知和控制，形成一个完善的信息服务体系。传感网综合了传感器技术、嵌入式计算技术、协同感知技术以及分布式信息处理等多种技术，通过多个集成化微型传感器协同工作对每一对象的具体信息进行感知，通过嵌入式技术对所获取的信息进行处理和加工，然后通过有线或者无线通信网络把加工后的信息传送到用户终端，给终端用户对数据进行操作和管理，实现智能化识别和泛在计算。②

传感网技术是物联网涉及的各项技术中最为关键的一项。它主要由传感器、通讯网络和信息处理系统三部分构成，具有实时数据采集、监督、控制等功能。应用该技术，使我们通过网络实时监控

209

---

①　康东，石喜勤，李勇鹏，等. FRID 核心技术与典型应用开发案例[M]. 北京：人民邮电出版社，2008.

②　宗平. 物联网概论[M]. 北京：电子工业出版社，2012.

各种环境、设施及内部运行机理等成为可能。① 传感网技术在社会应用方面，涉及公共安全、环境科学、交通管理、灾害预测、医疗卫生、制造业、城市信息化建设等领域。

(三)智能信息处理技术

智能信息处理技术是物联网架构中的核心技术之一，其主要目的是实现人工智能信息的分支处理要求，物联网知识的表达与情景感知等技术均以智能信息处理技术为基础保障。智能信息处理技术的目标是将 RFID、传感器和执行器信息收集起来，通过数据挖掘等手段从这些原始信息中提取有用信息，为创新性服务提供技术支持。

从信息流程来看，智能信息处理分为信息获取、表达、量化、提取和推理等阶段，这个过程主要涉及语义互操作、传感器协同感知和情景感知技术等。语义互操作指在不同的系统之间可以自由地进行信息交互，不存在语义上的障碍。传感器协同感知指多个相同或者不同的传感器之间协同工作，共同完成某事件的探测或者感知任务。情景感知技术是利用人机交互或传感器提供给计算设备关于人和设备环境的情景信息，让计算设备给出相应的反应。②

总而言之，物联网是新一代信息网络技术的高度集成和综合运用，是智慧城市建设的重要技术支持和推动力量，对于提升社会管理和公共服务的效率和水平具有重要意义。在智慧城市建设背景下，应用物联网技术将档案实体、档案内容、档案管理信息与互联网相连，实现档案工作人员与档案、档案与用户、档案与馆舍、档案与设备、工作人员与用户、用户与用户，无所不在、无时不在地沟通与感知。在泛在的感知与互联环境下，不论是数字化的还是传统的纸质档案，文字的还是多媒体的资源，编研成品还是检索结

---

① 徐喆，张军虎. 物联网中的无线传感网技术及其应用技术瓶颈分析[J]. 物联网技术，2011(10)：80.

② 陈红松. 云计算与物联网信息融合[M]. 北京：电子工业出版社，2012：238-239.

果，传统的查档借阅还是档案服务咨询，任何信息都能迅速获取和及时处理。用户可以通过移动终端、互联网及社交媒体等信息媒介来满足检索、咨询、信息获取等档案利用需求，且不受时空限制。与此同时，通过智能信息处理技术对档案馆运行、档案利用等大量动态数据、关联数据和网络数据的整合分析，又可以及时发现有价值的最新信息，预测用户需求，更深层次地推动档案服务的智慧化。①

二、云计算技术

云计算是一种通过网络以按需、自助的方式向客户提供硬件和软件等服务的新型信息技术服务模式，是信息技术进步的最新成果和基础设施建设的未来方向，其特有的弹性、可扩展性、按需服务、虚拟化和共享环境等技术特征为信息服务机构应对动态复杂环境、实现价值提供了一种更节约、更灵活、更可控的未来信息化解决方案。② 从服务层次，档案云服务平台主要包括"基础设施即服务（Infrastructure as a Service，IaaS）""平台即服务（Platform as aservice，PaaS）"和"软件即服务（Software as aservice，SaaS）"三个主要层次的服务。从技术条件上来看，档案云平台是由虚拟化技术和高速网络技术来支撑，云数据中心的资源主要靠分布式数据存储技术和海量数据管理技术来存储和调用。云计算的技术核心在于利用服务的形式完成所有互联网资源与使用者的交互。③

（一）虚拟化技术

虚拟化技术是云计算实现的关键技术，是指计算元件在虚拟的

---

① 陈静，韩海涛，田伟.大数据时代智慧档案馆构建探析［J］.北京档案，2015（1）：27.

② 刘淼.云计算技术的价值创造及作用机理研究［D］.杭州：浙江大学，2014：3.

③ 陈艺丹.基于云计算的数字档案馆建设研究［D］.南宁：广西民族大学，2015：14.

基础上而不是真实的基础上运行，通过软件的方法重新定义划分信息技术(IT)资源，实现 IT 资源的动态分配、灵活调度和跨域共享，从而提高 IT 资源的利用率和运行效率，使 IT 资源真正成为计算基础设施，可以满足各种应用的灵活多变的需求。① 虚拟化技术主要分为计算虚拟化、存储虚拟化及网络虚拟化等功能，用于支撑档案利用服务系统的运行。

计算虚拟化技术是通过在数据中心的物理服务器上安装配置虚拟化软件，生成多个虚拟服务器，而每个服务器可根据应用需求生成多个虚拟机，从而大大提高资源利用率，降低系统复杂度，增强系统和应用的可用性，提高系统的灵活性和快速响应。② 存储虚拟化技术是指将多个不同类型、独立存在的物理存储体，通过软件、硬件技术，集成转化为一个逻辑上的虚拟的存储单元，实现无须中断应用即可改变存储系统和数据迁移，并能按照用户服务需求进行资源分配。③ 网络虚拟化技术是能将相关物理网络资源进行抽象、逻辑划分和组合，并在此基础上实现调度和管理的一系列技术统称，它能够实现对主流网络设备的 VLAN 虚拟化支持和集成，同时还提供可选的分布式网络交换功能，实现网络的容量优化。

(二)数据存储技术

为保证数据的高可用、高可靠性和高效率读取，云计算的数据一般采用分布式存储技术，将大量的数据进行汇总并储存到集群服务器中。这种存储技术往往会对数据进行备份储存，利用先进的数据加密技术配合冗余存储能够确保数据的可靠性、安全性。目前比

---

① JONESM T. Cloud computing with Linux cloud computing platforms and applications [EB/OL]. [2010-12-15]. http：//www. ibm. com /developerworks/library/l-cloud-computing/.

② 武志学. 云计算虚拟化技术的发展与趋势[J]. 计算机应用，2017，37(4)：916.

③ 百度百科. 虚拟存储[EB/OL]. [2017-11-18]. https://baike. baidu. com/item/%E8%99%9A%E6%8B%9F%E5%AD%98%E5%82%A8/111269? fr=aladdin

较流行的分布式存储技术为分布式块存储、分布式文件系统存储、分布式对象存储和分布式表存储。其中应用最广泛的是 Hadoop 团队开发的对于 GFS 开源实现的 Hadoop 分布式文件系统(HDFS)。

　　HDFS 是一种高度容错的分布式文件系统，它能够提供高吞吐量的数据访问，能够在廉价设备上实现应用，适合应用在大数据集的存储上。HDFS 可以实现文件系统中的数据流式读取，能够实现平台间系统的迁移和大数据集的便捷应用。HDFS 采用 Master/Slave 结构；NameNode 维护集群内的元数据，对外提供创建、打开、删除和重命名文件或目录的功能；DataNode 存储数据，并负责处理数据的读写请求。DataNode 定期向 NameNode 上报心跳，NameNode 通过响应心跳来控制 DataNode。① 具体如图 5-9 所示。

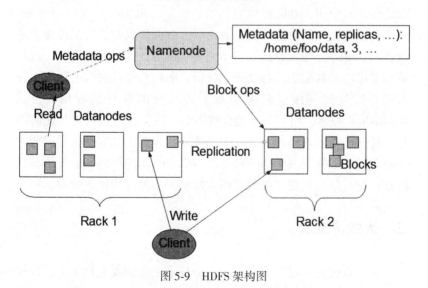

图 5-9　HDFS 架构图

---

① 唐京伟. 基于云计算的分布式存储技术[J]. 中国传媒科技，2013 (8)：108-109.

（三）数据管理技术

云计算系统要实现对大数据集进行处理、分析并向用户提供高效的服务，就需要利用数据管理技术对其进行高效地管理。云计算的特点是对海量的数据存储、读取后进行分析和处理，数据的读操作频率远大于数据的更新频率，云中的数据管理是一种读优化的数据管理模式。因此，云计算系统的数据管理往往采用数据库领域中列存储的数据管理模式，即将表按列划分后存储。① 目前，云计算的数据管理技术主要有 Google 的 GFS 技术、BigTable 技术、MapReduce 技术和亚马逊的 Dynamo 技术。

云计算数据管理分为数据组织与管理、数据集成与管理、分布式并行处理和数据分析四个层级，最终是要实现对非确定性数据的管理与集成，为用户提供高效的查询、利用等服务。其中，数据组织与管理层级通常采用类似 GFS 技术对大型的、分布式的海量数据进行访问应用，既能提供容错功能，又可以为用户提供高可靠、高并发和高性能的数据并行存取访问；数据集成与管理层级通常采用 BigTable 等分布式数据库技术对非确定性、分布异构性、海量、动态变化的大数据集进行处理、分析，向用户提供高效的服务；分布式并行处理层级通常采用基于云计算的并行编程模式，如 MapReduce 技术，将任务自动分成多个子任务，通过映射和化简两步实现任务在大规模计算节点中的调度与分配；数据分析层级通常采用不同的数据挖掘引擎的布局及多引擎的调度策略，通过语义分析技术进行数据挖掘，提取有用的数据为各种应用提供使用。②

三、大数据技术

从大数据处理过程来看，大数据技术主要涉及数据采集、数据

---

① 陈全，邓倩妮. 云计算及其关键技术［J］. 计算机应用，2009（9）：2564.

② 刘正伟，文中领，等. 云计算和云数据管理技术［J］. 计算机研究与发展，2012（1）：27.

预处理、数据存储、数据挖掘与数据展示五个阶段，即利用硬件采集或软件采集工具从数据源采集数据，用语议分析、流媒体格式化等进行数据清洗和预处理，然后使用 SOL、Hadoop 等数据库技术将这些数据进行集成和存储，再用统计技术、关联分析、神经网络、聚类分析、决策树法等技术对其进行分析挖掘，并将最终的结果以可视化的方式或虚拟现实体验的方式展现给用户。

大数据技术架构如图 5-10 所示。

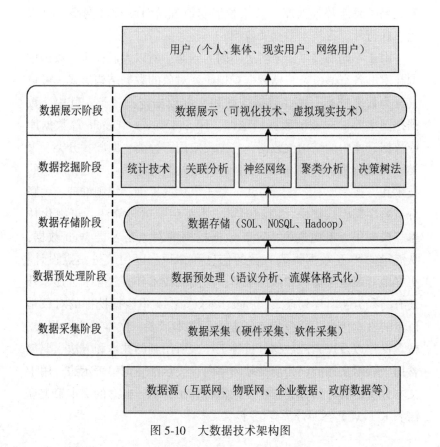

图 5-10　大数据技术架构图

大数据技术是提升档案服务部门自身洞察力和服务效果的关键技术。从档案信息服务角度，数据挖掘和数据展示是挖掘分析档案和用户特征、个性化提供档案信息服务的重要技术。

(一) 数据挖掘

数据挖掘是通过对海量数据的深入分析，发现并提取其中隐藏的有价值的信息、知识、模式和趋势，从而为信息分析、管理决策、知识服务、趋势判断、风险控制等多个方面提供应用。数据挖掘借助了多年来数理统计技术和人工智能以及知识工程等领域的研究成果，是涉及数据库、人工智能、数理统计、神经网络、可视化、并行计算等技术的交叉应用。①

由于不同的技术用于解决不同的问题，所以人们在研究数据挖掘技术上各有侧重，根据数据挖掘研究对象的数据结构形式，可将其分为数据挖掘、Web 数据挖掘和文本数据挖掘三类。其中，数据挖掘主要面向数值数据的挖掘，即 SQLServer、Oracle 等数据库或数据仓库中的结构化数据，它主要应用于预测、回归、分类、聚类、关联分析、探索性数据分析、异常检测等方面，与之相对应的技术和方法主要有：统计方法、基于事例的推理、规则推理、关联分析和序列模式算法、神经网络、决策树、遗传算法、可视化技术、模糊集、粗糙集等；Web 数据挖掘的对象是各类 Web 数据，从海量的 Web 数据提取有益的信息和知识，以便改进站点设计、更好地开展电子商务和信息服务，所用的技术和方法除了上述以外还有路径分析、序列模式、Page Rank 等；文本数据挖掘的对象是巨量的文本信息，它包括特征提取、文本摘要、文本分类与聚类、概念操作以及探索性数据分析等工作，所用到的技术和方法主要包含用于表示文档的词频反文献频率向量表示法、词串表示法，用于文本分类的贝叶斯分类算法、词集合算法，基于概念的文本聚类算法和 K-最近邻参照分类算法等。②

---

① 贺琦. 遗传算法在数据抢掘中的应用[D]. 上海：上海师范大学, 2005：11.

② 郑向阳. 数据挖掘技术及其在城建档案信息服务中的应用[J]. 档案学通讯, 2005(3)：78.

数据挖掘的技术和算法在档案信息服务过程中应用也越来越广泛，具体应用见表5-1。

表 5-1　数据挖掘技术、算法及其在档案信息服务中的应用①

技术	算法	应用
分类与回归	线性回归、逻辑回归、岭回归、保序回归 贝叶斯分类 BP、RBF 神经网络 支持向量机（SVM）	用户分类；档案、音视频等知识资源分类；时间、位置等环境情境；年龄、性别、行业、工作内容等用户情境兴趣预测
聚类	K-Means 聚类 LDA 主题模型	文本关键词聚类分析，主题知识热点挖掘；建立专题知识库，提供知识服务
深度学习	深度信念网络（DBN） 卷积神经网络（CNN）	知识图谱深度学习；用户和资源的内容特征挖掘
关联规则	FPGrowth 关联规则	业务数据关联分析；关系洞察及趋势分析
概念描述	决策树法 遗传算法	用户兴趣模型；个性化评价
推荐	协同过滤推荐 交替最小二乘 ALS 推荐	知识推荐，包括基于用户的推荐和基于资源的推荐

217

① 柳益君，何胜，熊太纯，等. 大数据挖掘视角下的图书馆智慧服务——模型、技术和服务[J]. 现代情报，2017，37(11)：81-86.

(二)数据展示

档案信息服务的一个重要出口即为展示，传统服务更侧重于实体展览和展示，而在智慧城市背景下，网络展览和多媒体展示等数据展示方式将成为重要展现形式。数据展示在档案信息服务系统的构建过程中主要涉及数据可视化技术和虚拟现实技术的应用。

数据可视化(Data Visualization)技术是利用计算机图形学和图像处理技术，将数据转换成图形或图像在屏幕上显示出来，并进行交互处理的理论、方法和技术。① 智慧城市背景下，一些数据可视化的技术工具，如复杂网络、知识图谱、全媒体展示等在档案馆历史再现、知识发现、时空展现等领域得到了探索性应用，逐渐实现了检索结果的可视化、展示结果的多维化。档案检索结果的可视化是针对用户检索主题以盒状图、分布图、信息立方体、空间树、关联图、趋势图以及知识图谱等形式，将检索结果以图形的方式展现，从不同角度反映档案间的逻辑关系。② 档案展示结果的多维化是基于可视化技术的知识提取，即将用户的检索结果所对应的档案影像和相应的文本内容，以文字、图片、声音、影视等多种方式同时展示在同一屏幕中，让用户对全媒体展示结果有更直观的感受和更深入的理解。

虚拟现实(Virtual Reality)技术是集成计算机仿生、三维图像等核心技术，生成逼真的视、听、触觉等一体化的虚拟环境，使用户产生身临其境的感受和体验。③ 该技术在许多领域中起着十分重要的作用，能够实现人与自然之间的和谐交互，扩大人对数据信息空间的感知通道，提高对跨越时空事物和复杂动态事件的感知能力，实现资源共享。VR技术在档案服务中主要有两种应用形式：一

---

① 赵斌. 数据可视化在上海图书馆数据展示服务中的应用[J]. 图书馆杂志，2015(2)：23-29.

② 黄松祥. 大力发展可视化技术 加快推动档案信息化[N]. 中国档案报，2012-02-03(2).

③ 胡小强. 虚拟现实技术[M]. 北京：北京邮电大学出版社，2005：2-3.

种是平面式虚拟现实，即通过计算机终端或手机终端，利用电脑、手机屏幕或是投影的方式创造虚拟环境，实现档案用户漫游该虚拟环境且彼此间可自由交互、共享信息。例如：利用虚拟现实技术将档案数据进行三维化加工，实现检索结果以三维形式的可视化呈现；或是通过虚拟现实技术对实体档案馆进行真实的模拟，营造虚拟三维空间并提供漫游服务，起到导览服务的作用。① 另一种则是当事人沉浸在虚拟环境中，一般通过佩戴头盔显示设备、数据手套或其他可穿戴设备等，通过声控、手势识别、动作捕捉、机械外骨骼输入、操纵杆和相关连接设备等将用户的各种感官同时带入到虚拟环境中，起到虚实结合的丰富感官体验作用。② 例如：一项名为"威尼斯时光机"的数字人文项目，将威尼斯国家档案馆中1000多年的档案资源转录为动态数字形式，并通过虚拟现实技术动态再现了威尼斯作为过去欧洲文化与商业历史中心的演化过程，既是档案价值的全方位挖掘和开发，也是档案利用服务的全媒体展示。

四、移动互联网技术

移动互联网技术是将移动终端设备与网络协议进行有效融合，与无线网络中各个设备进行连接，进而将数据信息和网络信息在各种媒体设备间进行传输和共享而形成的一种网络技术。③ 移动互联网技术主要涉及移动通信技术和无线网络技术。

（一）移动通信技术

移动通信是指通信双方或至少一方处在移动状态下进行信息交

---

① 陶水龙. 大数据视野下档案信息化建设的新思考[J]. 档案学研究，2017（3）：93-99.

② 王文韬，谢阳群，李力. 虚拟现实技术在图书馆中的应用前景分析[J]. 图书馆，2016(5)：10-14.

③ 李嘉嘉. 移动互联网技术发展现状及趋势[J]. 通讯世界，2017(3)：32-33.

换、实现通信。移动通信技术的发展经历了五个阶段,第一代移动通信技术(1G)是以模拟技术为基础的蜂窝无线电话系统,这种系统的信道复用率高;第二代移动通信技术(2G)采用时分多址(TDMA)的数字调制方式,由模拟技术转向数字技术,提高了系统容量,改善了系统性能;第三代移动通信技术(3G)采用支持高速数据传输的蜂窝移动通信技术,传输声音和数据的速度大幅提升,能够实现高速数据传输和宽带多媒体服务;① 第四代移动通信技术(4G)是采用超链接和特定无线网络技术、动态自适应网络技术、智能频谱动态分配技术以及软件无线电技术等,能够实现由无线语音服务向无线多媒体服务转变;② 第五代移动通信技术(5G)是综合应用新型多天线传输技术、高频段传输关键技术、密集网络关键技术和新型网络架构,不仅传输速率大幅提高,而且能够实现人与人、人与物、物与物之间的高速连接③。

(二)无线网络技术

近年来,无线网络技术已经应用到智慧城市建设过程中的方方面面,它给人们带来了方便快捷的生活娱乐体验和信息获取、知识分享等便捷服务。无线网络技术主要包括 WiFi、蓝牙、ZigBee 等技术。WiFi(Wireless Fidelity)技术是基于 IEEE 所制定的 802.11 系列标准,是可以将个人电脑、手持设备等终端互相连接或帮助用户访问互联网的无线网络通信技术,它能够实现随时上网的需求,也能提供较高的宽带接入。蓝牙(Buletooth)技术使用 IEEE802.15 协议,是一种短距离的无线通信技术,它利用射频(RF)技术建立点到点和点到多点连接,承载语音和数据传输业务,主要应用于计算

---

① 智慧城市的关键技术应用[EB/OL].[2017-11-25]. https://max.book118.com/html/2015/0706/20553390.shtm.

② 芦效峰,景培荣.智慧城市的支撑技术——通信技术[J].智能建筑与城市信息,2012(7):94.

③ 郑凤.移动互联网技术架构及其发展[M].北京:人民邮电出版社,2015:20-49.

机、移动终端、智能穿戴等设备的无线联网。① ZigBee 技术的基础
是 IEEE 802.15.4，是一种短距离、低数据速率、低功耗、低成本
的无线网络技术，主要用于智能楼宇监控、医疗数据采集和智能网
络系统等领域。②

第五节　实现流程

　　档案信息服务工作的实现首先要遵循档案管理工作的基本原
则，运用科学的方法收集和管理档案，从而实现档案信息资源的高
效利用。按照档案管理工作的基本流程，针对智慧城市背景下用户
的需求特点，结合上述智能档案信息服务系统的结构设计，本书设
计了相应的智能档案信息服务系统实现流程，具体如图 5-11 所示。

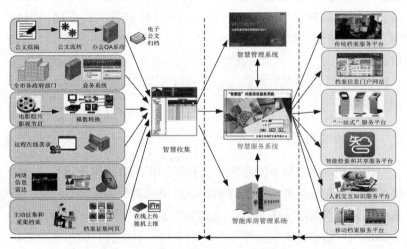

图 5-11　智能档案信息服务系统实现流程图

---

　　①　Michael Miller. 蓝牙技术［M］. 李纯，周开波，等，译. 北京：电子
工业出版社，2002.
　　②　秦志光. 智慧城市中的移动互联网技术［M］. 北京：人民邮电出版
社，2015：123-127.

图 5-11 的实现流程涵盖了档案管理过程中的智慧收集、智能管理和智慧服务等主要业务环节，而智慧收集和智能管理是智慧服务的实现基础和重要支撑。其中，智慧收集环节涉及对馆藏档案数字化、对电子公文的接收、对网络资源的采集等，收集的渠道包括电子公文归档、数字化加工、模数转换、在线著录、网络智能采集、在线上传和脱机上报等方式。智能管理环节涉及信息管理和库房管理，具体包括：格式转换、信息加工、专题数据库开发、档案信息资源的整合和集成、档案出入库、自动排架等，同时按照电子档案的管理要求，对各类数字档案信息进行生命周期的全程管理。

智慧服务是该实现流程的重点，它主要通过设计档案信息服务系统，前端对接电子文件接收中心、虚拟档案管理系统、数字化加工系统、档案资源采集系统等，实现与档案收集、整理环节的连接；中端对接档案管理系统和库房管理系统，实现与安全保存和系统管理环节的连接；末端通过各个网域(局域网、政务网、因特网)对接各种档案利用平台，包括：传统档案信息服务平台、档案信息门户网站、"一站式"服务平台、人机交互知识服务平台和移动档案馆，实现档案资源的信息发布以及为不同用户提供各种档案信息服务。

(一)传统档案信息服务平台

传统档案信息服务平台主要是档案馆提供服务的基础平台，主要实现档案阅览、外借、陈列和展览以及档案咨询等服务功能。随着信息化水平的深入推进，传统档案信息服务平台也在不断升级，为满足用户信息需求创造更多的便利条件。如推行自助档案服务功能，即利用信息技术打造开放档案的信息服务平台，将某些工作项目和服务内容分类放置于服务平台中，让用户在指定的范围内灵活阅览、复制、查询档案资料。再如，完善档案参考咨询服务功能，即对档案服务人员进行专业化培训，使其能在熟练把握馆藏档案资源的内容和特点基础上，提供与用户咨询问题相关的档案信息、档案文献或检索方法等服务，提高参考咨询服务效率，提升档案信息服务效果。①

以上海市档案信息服务平台为例(如图 5-12 所示)，在档案信息公共服务平台中，除了基本的档案检索、档案展览外，还建立了信息导航、参考咨询等服务。建立的信息导航主要帮助一般用户浏览、了解档案信息资源建设开发情况或是指导检索的常用方法，有时为了满足某些用户专题信息需求，还会建立专业、主题档案信息导航，重点报道和深入揭示与某类主题相关的核心信息。参考咨询服务是便于利用者随时、随地通过网络获取高效可靠的咨询服务，档案咨询人员通过多种检索途径获取文本、声音、图像等档案信息，经过组织加工集成后通过网络提供给用户利用。

图 5-12　上海市档案信息公共服务平台

223

(二)档案信息门户网站

档案信息门户网站是档案馆面向信息社会、网络用户的服务窗

---

①　崔雪. 公共档案馆档案信息服务系统研究[D]. 太原：山西大学，2013：26-28.

口，具有重要的宣传功能、形象的展示功能、及时的交互功能和便捷的服务利用功能。档案信息门户网站是指集成了多样化内容和多种服务方式的 Internet 网站，按其利用服务功能可分为：档案展览、检索服务、网上查档、咨询服务及开放利用等。档案展览是档案信息服务社会的有效方式之一，它对于扩大档案宣传、普及档案知识、培养潜在利用者、增强社会档案意识、促进经济和社会发展等方面都具有重要作用。检索服务是通过档案网站的检索系统和检索途径，向用户提供基于馆藏的各种形式、各种层次的档案信息，检索服务的质量取决于后台数据库的建设质量和检索技术的应用水平。网上查档是扩展网上在线利用档案功能的重要途径，它包括网上预约查档和网上在线查档等服务，便于用户实现网上在线咨询、查档申请、身份认证、下载打印等功能。咨询服务是通过专家咨询、系统自动回复、人工在线咨询等方式，与用户互动交流，解决其在档案检索、利用及其他业务上的问题。开放利用主要涉及档案信息公开、政府文件公开、政务公开等内容，用户可在线浏览，也可通过 RSS 定制。① 此外，随着信息技术的飞速发展和用户需求的多元化，档案信息门户网站还不断创新服务方式，如增加信息推送、数字参考咨询、定制服务等个性化服务方式，让各类用户的利用需求得到更好的满足。

以上海市档案信息网为例（如图 5-13 所示），它是上海地区档案信息服务的专业网站，也是上海市政府门户网站的重要组成部分。其在 1999 年正式上线时，栏目设有机构概况、领导简介、服务之窗、馆藏指南、珍品集萃、档案查询、史料园地、史话沙龙等，主要介绍上海市档案局（馆）以及内设机构的基本职能、档案行政管理的政务项目、查档手续、全宗指南、开放目录、档案展览、馆藏史料、沪上掌故等，其中的档案查询服务功能支持利用者网上查询开放档案目录。而在 2012 年新改版的上海档案信息网中，它采用了新颖的设计思路，着重增加了档案与上海的城市文化元

---

① 锅艳玲. 国内外档案网站信息服务比较及启示[J]. 档案管理，2011
（4）：73-75.

素，更加关注智慧城市背景下的用户需求，重点突出了珍贵档案展示、档案史料研究、网上展览、"一站式"查询、上海记忆、档案影像、档案博客等用户关注的城市记忆和利用服务内容，增强了门户网站的专业性和服务性功能。

图 5-13 上海档案信息网主页界面

(三)"一站式"服务平台

"一站式"服务平台是在信息化和网络化的环境下，有效集成多种档案资源、技术手段和服务功能，满足用户多样化、个性化信息需求，实现档案和服务高度集成的应用平台。"一站式"服务平台可以提供智能检索、热点推荐、分类浏览、参考咨询等多种服务功能，能有效提高档案信息的利用率和用户满意度。"一站式"服务的流程如图 5-14 所示。

"一站式"服务平台，可以实现以下目标：①建立"一站式"检索门户，档案用户所需信息都可以在该门户上查到；②建设个性化

225

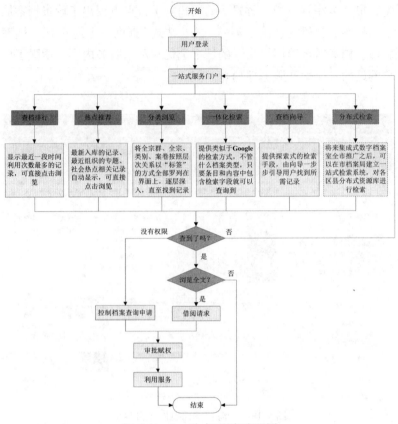

图 5-14 "一站式"服务流程图

检索门户，根据不同用户角色设计不同检索界面，并将其最关心的信息"推送"到页面上，方便用户操作；③采用"探索式"层层深入的设计理念，配以友好的检索向导，一步步引导用户得到所需的信息；④提供一体化检索工具，实现跨门类、跨格式、跨数据库的全文模糊检索；⑤引入"推荐""排名""标签""订阅"等网络检索手段，提升整个系统的先进性、实用性和易用性；⑥"一站式"服务平台将对跨区域、跨部门、跨系统中的分布式档案资源进行联网检索；⑦对于用户的调阅全文服务请求，相关部门负责人可以进行审批，经过审批同意并赋权之后可以提供利用。

(四)智能检索和共享服务平台

档案智能检索和共享服务平台是以档案信息资源的挖掘分析和集成共享为目标，运用关联、分类、聚类等技术设计数据挖掘工具，实现档案资源的智能检索和智能聚合。其中，档案智能检索平台是一个功能强大、查询全面、检索快速、输出准确的检索系统，该平台与传统的档案检索平台最大的不同便是要求更高的智能化服务，用户以更短的输入内容和更少的鼠标点击次数，便能查找到可能是自己所需的那份档案；同时，档案共享服务平台通过将相对分散的不同系统、不同类型的档案数据集成起来，在进行资源整合、规范整理和深入挖掘的基础上，通过统一平台入口实现档案资源的高效共享和便捷服务。

以青岛市档案智能检索和共享服务平台为例(如图 5-15 所示)，它是青岛市智慧档案馆的重要服务平台之一，一方面通过对档案信息资源的深入挖掘，实现对档案信息资源的智能检索，提高了档案检索的查全率和查准率；另一方面基于信息集成技术，支持对检索结果的知识图谱展示以及档案信息的自动聚类，为利用者提供了便捷、高效的档案利用服务。该平台在档案智能检索方面，由结构化数据挖掘组件、文本数据挖掘组件、多维建模组件和全文检索组件构成，具有较为实用的数据挖掘和信息服务功能。其中，结构化数据挖掘组件采用分类预测、回归预测、聚类分析、关联分析等主流的数据挖掘技术，以满足不同类型的结构化数据挖掘需求；文本数据挖掘组件由非结构化数据提取模块、语义信息处理模块、基于向量空间模型的文本特征抽取模块等构成，可以满足档案文本信息的数据挖掘功能；多维建模组件采用面向主题的多维数据分析技术，可以从多个角度审视数据，完成多主题、多视角、多层次、多指标及即时、准确的在线数据分析，并支持对关键业务指标的快速比对和预警，最终提供直观、有效的档案服务信息；全文检索组件应用先进的海量中文智能计算技术，如中文智能分词技术、中文概念抽取技术、全文检索技术、自动摘要技术等，从文档的外部特征和内容中抽取信息，以精确的中文智能分词为基础，解决了传统数字档

227

案馆档案信息开发主要采用机械的关键字检索的简单方法，为利用者提供精确的检索结果。①

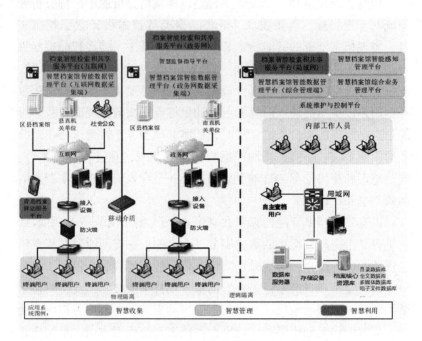

图 5-15 青岛市智慧档案馆网络架构图

智能检索和共享服务平台的建设需要大量的专门词库来支撑系统的运行，系统需建立内置的基础词库、同义词库、敏感词库、主题词库、分类词库、虚拟人名、地名库等词库，支持系统深层次的挖掘和关联检索；同时，为不断提高档案智能检索和共享服务平台的智能化水平，需要对语义分析的模型和功能进行不断扩展，比如实现情感分析、相似话题聚类、典型意见抽取、过滤噪音歧义等类型的语义分析功能，最终实现档案信息的集成共享和智慧服务。

————————

① 杨来青. 大数据背景下档案信息资源挖掘策略与方法研究[J]. 中国档案，2018(8)：60-61.

（五）人机交互知识服务平台。

档案知识服务是对传统档案信息服务的深化和拓展，是新时期创新和推动档案信息服务适应用户个性化需求的重要方式。① 人机交互知识服务平台是档案馆实现知识服务的重要措施，它具有档案信息集成、知识组织及交流互动等特点，能最大限度地实现档案信息系统的资源共享，为用户提供面向主题和问题解决的知识服务。

人机交互知识服务平台是一个知识管理和知识服务平台，是连接档案人员和档案用户的桥梁。通过知识服务平台，档案人员根据用户需求进行档案资源集成、知识采集和知识组织，根据用户模型和领域本体的匹配过滤，向用户推送个性化的档案知识；同时，各系统要素之间的联系、交互均通过该服务平台完成。具体流程如图5-16 所示。②

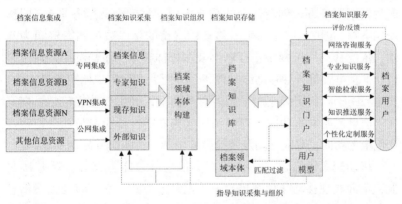

图5-16　人机交互档案知识服务模型图

由图 5-16 可知，档案知识服务平台最终是通过档案知识门户

---

① 杨力，姚乐野. 基于知识管理的数字档案馆服务体系构建[J]. 档案学通讯，2010（1）：58-60.

② 毕建新，郑建明. 用户目标驱动的档案知识服务模型研究[J]. 浙江档案，2014（8）：17-19.

为用户提供网络咨询、专业知识、智能检索、知识推送和个性化定制等服务。档案知识门户是一种支持档案知识集成、组织、存储、传递与服务的网络门户，它将知识管理与知识服务有机结合，对内构成知识管理系统，辅助档案业务处理，搭建内部知识交流平台，保障档案工作高效运转；对外发挥知识服务系统的作用，依托各类档案信息资源，通过语义分析、知识组织、知识发现等方法，萃取档案内容信息，辅助构建档案知识库，为用户创建知识环境且提供档案知识服务，并帮助用户在解决问题的同时提高知识获取与知识创新能力。①

(六)移动档案服务平台

智慧城市背景下，新媒体和移动通信技术正在深刻改变着信息传播方式，微信、APP 等移动通信平台应用越来越广泛，用户通过手机、平板电脑等移动终端利用信息也越来越普遍，移动服务正成为档案服务方式创新转变的重要方向，移动档案服务平台(即移动档案馆)也随之应运而生。移动档案馆的是以数字档案资源为基础，依托移动通信网络、互联网及多媒体技术，使档案用户通过手机、平板电脑等各种移动终端设备，方便灵活地实现档案信息查询、交流、阅览和利用的应用平台。移动档案馆的主要功能包括：档案文化信息传播发布功能、查档利用服务功能、公众参与社会记忆及众包服务功能、双向互动及便捷服务功能，具体如图5-17 所示。②

移动档案馆是建立在公共档案信息服务能力充分发展基础之上、全面实现移动化档案信息服务的理想方式，它在转变档案信息服务方式、拓展档案信息服务路径及范围、提升档案信息资源价值等方面具有超越传统档案信息服务的优越性，③ 是未来档案信息服

---

① 王萍，赵丹阳. 档案知识门户的构建——我国档案信息化服务突破方向[J]. 图书情报工作，2009(12)：129-132.

② 黄丽华，宋华，王熹. 移动档案馆建设问题研究[J]. 中国档案，2016(6)：59-61.

③ 赵屹，汪艳. 新媒体环境下的档案信息服务[M]. 上海：世界图书出版公司，2015：205-206.

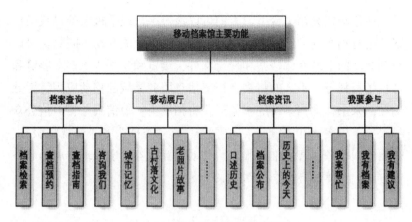

图 5-17 移动档案馆主要功能图

务的重要发展方向。移动档案馆的服务方式主要包括短信服务、WAP 服务、移动应用服务三种类型。短信服务方式（Short Message Service，SMS）是通过手机主要以文字形式向用户传递信息的一种方式，是移动化档案信息服务最基本的服务方式，主要提供短信通知、短信推送、咨询服务、信息发布等形式，例如贵州省档案馆于2006 年即开通手机短信查档业务。WAP（Wireless Application Protocol，无线应用协议）服务方式是在移动终端实现互联网和高级数据业务的引入和互操作，实质是为移动用户提供浏览网页等网络服务，① 主要提供信息发布、移动查档、查档预约、在线咨询、资源下载、档案征集等服务，例如东莞市档案局于 2010 年在原有网站版"东莞市政府信息公开查阅中心"系统的基础上开发了查阅中心手机 WAP 版。移动应用服务方式（Application，APP）是为智能手机、平板电脑等移动设备设计并运行的移动应用程序，主要提供虚拟展厅、个性定制、档案上传、智能检索、智能咨询、业务辅助等服务，例如 NARA 于 2011 年即顺应移动应用潮流开发了查阅和阅读档案信息的 Mobile APP。

231

----

① 赵屹，汪艳. 档案利用服务的移动化形式与泛在化趋势［J］. 档案与建设，2015(10)：4-7.

在移动档案馆平台上，人们可以通过手机或平板电脑在线与档案馆进行档案查询、业务咨询、公众参与等交流互动，同时也可以查询互联网上的开放档案和现行文件，浏览和参观线上档案展览和音视频资料等。不久的将来，档案信息服务领域的移动应用将无处不在，未来移动档案馆的服务形式将拓展为：短信服务、微信公众号服务、档案 APP 服务、定位服务、移动查档服务、音视频服务、智能检索服务、智能推荐服务、移动交互服务、虚拟现实展示服务等方面，具体服务集合如图 5-18 所示。

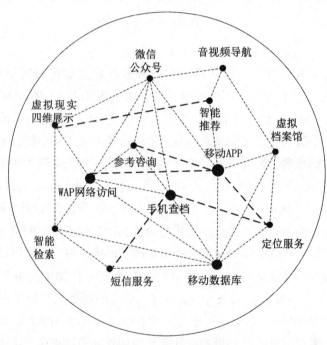

图 5-18　移动档案馆服务集合

第六节　小　　结

本章在第三章设计的"智慧型"档案信息服务模式总体框架基

础上，重点对服务系统和利用平台的技术实现进行了详细阐述，因为该服务模式内容的完成还需要建立相应的服务系统和利用平台将档案信息或知识产品传递给用户。本章将智能档案信息服务系统分为后台(档案服务管理与加工)和前台(档案服务传递与互动)两部分，后台部分主要由档案信息资源库、智能处理系统构成，前台部分则以用户信息感知系统和档案"云服务"平台形式来体现，整个系统由物联网、云计算、大数据、移动互联网等现代信息技术提供支持。智能档案信息服务系统功能的发挥，还需要实现档案资源的信息发布以及为不同用户提供档案信息服务的利用平台，具体包括：传统档案信息服务平台、档案信息门户网站、"一站式"服务平台、人机交互知识服务平台和移动档案馆。

总的来说，"智慧型"档案信息服务模式也是通过物联网、云计算、大数据、移动互联网等现代信息技术构建一个智能档案服务系统，实现档案馆、档案资源、档案用户的全面感知、泛在互联和实时交流，并通过对接各种档案利用平台，进而提供更加自动化、便捷化和智能化档案服务的过程。

第六章 "智慧型"档案信息服务
模式的运行保障

　　为了有效推进"智慧型"档案信息服务模式的切实实施，就需要建立一整套与之相适应的运行保障机制。正如全国档案事业发展"十三五"规划纲要中所提出的："加强规划协调管理，完善规划实施和评估机制，构建激励创新的体制机制，创新档案管理理念和服务模式，解决关系档案事业发展全局和档案基础业务建设环节的重大理论和关键技术问题。"①

　　"机制"（Mechanism）一词原指机器的构造和工作原理，后来逐渐应用于社会科学领域，用来研究、分析各种事物的结构、相互关系和内外影响。② 理解机制这个概念，最主要的是要把握两点：一是事物各个部分的存在是机制存在的前提，因为事物有各个部分的存在，就有一个如何协调各个部分之间的关系问题；二是协调各个部分之间的关系一定是一种具体的运行方式。机制的构建是一项复杂的系统工程，各项体制和制度的改革与完善不是孤立的，也不能简单地以"1＋1＝2"来解决，不同层次、不同侧面必须互相呼应、相互补充，这样整合起来才能发挥作用。

---

　　① 全国档案事业发展"十三五"规划纲要［J］. 中国档案，2016（5）：14-17.

　　② 张序，张霞. 机制：一个亟待厘清的概念［J］. 理论与改革，2005（2）：13-15.

　　"智慧型"档案信息服务模式的运行保障机制，是档案信息服务活动内部诸要素之间的互动和作用关系，从而发挥其功能的运行规则；是保障档案信息服务质量和效果的重要因素；是档案信息服务模式不断追求创新的内在机能和运转方式。该模式的顺利实现是其运行机制、保障机制以及协同机制共同作用的结果，具体如图6-1所示。

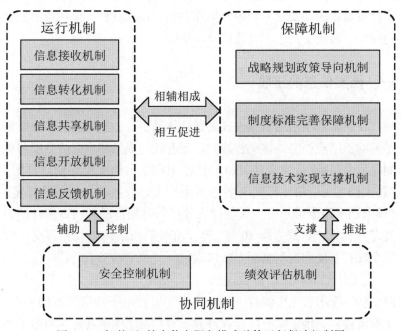

图6-1 "智慧型"档案信息服务模式总体运行保障机制图

　　档案信息的自由流动和共享利用是"智慧型"档案信息服务模式的核心所在，所以其运行机制主要包括：信息接收、信息转化、信息共享、信息开放和信息反馈等。"智慧型"档案信息服务模式的保障主要依赖于外部环境的支持，尤其是政府部门在政策规划方面的支持和档案行政部门在规章制度和技术标准方面的支持，从而为档案信息服务模式的创新发展提供良好的政策导向、制度保障和技术支撑。而协同机制则包括安全控制机制和绩效评估机制。

第一节　运行机制

运行机制是事物内部运行调节的规律与方式，是提高档案信息服务模式创新发展的基础，也是满足信息时代用户多样化、个性化需求的重要保证。"智慧型"档案信息服务模式的运行机制是与档案信息自由流动及共享利用密切相关的一系列过程，包括档案信息的接收、转化、共享、开放以及反馈等。

一、档案信息的接收

在新型档案信息服务模式的保障体系中，档案信息的接收归档是基础，纸质档案的移交和接收已经有较为成熟和规范的制度和机制保障，包括《机关文件材料归档范围和文书档案保管期限规定》（国家档案局令第 8 号）、《各级各类档案馆收集档案范围的规定》（国家档案局令第 9 号）、《企业文件材料归档范围和档案保管期限规定》（国家档案局令第 10 号）等，而电子档案的接收和移交也需要在现有制度和机制基础上予以完善。

《电子档案移交与接收办法》已经对电子档案移交的范围、时间、基本要求、主要流程、移交方式，以及电子档案接收的平台、主要流程、交接手续、保存管理要求等作出了明确规定，对电子档案信息的接收进馆有着重要的指导意义和保障价值。但在实践操作和系统实现过程中还存在一些问题有待解决，具体表现在：

（一）电子档案移交数据构成要求

电子档案数据构成包括内容数据构成和技术构成。一方面内容数据构成存在较大差异，目前还没有形成统一的相关要求，需要各行业根据自身特点研究制定；另一方面技术构成与信息技术密切相关，不同类型数据的格式、结构与原系统或设备的依赖性或关联性很强，也缺乏相应的标准规范予以参考和保障。

(二)电子档案的质量和技术要求

一是电子档案在移交与接收过程中,交接双方都要对电子档案的真实性、完整性、可用性、安全性进行四性测试,《电子档案移交与接收办法》(档发〔2012〕7号)尽管已有说明和规定,但较为宽泛和难以操作,因此需要对四性的具体指标进行细化,并研制系统实现自动检测。二是国家档案局已经发布了文书类电子档案的元数据标准,对于科技、专业、邮件、网页、社交媒体类电子档案元数据标准还有待细化和研究制定。三是规范电子档案存储格式是确保电子档案长期有效的关键措施,具体可根据《电子文件归档和电子档案管理规范》(GB/T 18894—2016)要求的电子文件格式,提出进馆电子档案的规范格式,并明确从非规范格式向规范格式"迁移"的质量要求和责任人。四是明确电子档案移交载体的管理要求和载体信息的组织规范。载体安全是信息安全的基础,载体组织是信息有序的前提。为此,必须从进馆移交载体的选择、载体的标识、载体转移的安全控制、载体信息的整理要求等方面给予制度化的明确。

(三)电子档案移交接口的技术规范

电子档案的移交与接收方式无论是在线还是离线,都需要数据的对接。由于当前数字化、信息化的标准、规范还不够完善,各种办公系统、业务系统产生的电子档案在系统类型、数据类型和设备类型等方面还差异较大,如何保证这些电子档案移交进馆后仍保持原貌、保证准确完整,是接收系统在设计开发时必须要重点解决的难题。①

二、档案信息的转化

随着社会信息化水平的提高,数字技术和大数据技术将使档案信息的价值挖掘和开发得更为广泛和深入,使得实体档案转化为数

237

————————————

① 蔡学美. 及时移交 规范接收——《电子档案移交与接收办法》发布[J]. 中国档案,2013(1):35.

字档案、档案隐性信息转化为显性信息，从而更大限度地满足社会的信息需求。

（一）实体档案向数字档案转化

未来档案管理和利用的主体是数字档案信息，因此，数字转化将是档案信息利用服务的前提和基础。档案信息的数字转化包括：纸质档案的数字化、照片档案的数字化和录音录像档案的数字化。《纸质档案数字化规范》（DA/T 31—2017）详细规定了纸质档案数字化的基本环节：数字化前处理、目录数据库建立、档案扫描、图像处理、数据挂接、数字化成果验收与移交等，该规范适应了信息时代的大趋势，能够减少管理的成本，增强对档案原件的保护，有利于档案信息资源的有效利用与共享。照片档案数字化与纸质档案数字化在工作原理、实施方法和操作要求大体相似，只是照片档案数字化的对象分为底片和照片两种，底片由底片扫描仪扫描，照片由平板扫描仪扫描，具体处理流程可以参照《纸质档案数字化规范》。《录音录像档案数字化规范》（DA/T 62—2017）详细规定了录音录像档案数字化的基本环节：数字化前处理、数据库建立、信息采集、音视频处理、数据挂接、数字化成果验收与移交等，该规范既有利于录音录像档案的长期保存，也有利于对其中蕴含的历史文化信息的有效利用和传承。

（二）档案隐性信息向显性信息转化

数字化的档案信息包含着大量的显性信息和隐性信息，而隐性信息需要显性化才更有利于档案信息服务利用过程中的交流和共享。隐性信息是与特定语境相关的信息，很难形式化、记录、编码或表述，它隐藏于档案文件的内容记录中，包括经验、真理、判断、价值、假设等相关表述，这些信息只有通过外化转化为显性信息才更有利于价值。显性信息是那些可以用系统、正式的语言传递的信息，如文件标题、数据库、网页、电子邮件、图表等。① 在档

---

① 孙巍. 基于隐性知识内部转化的知识创新研究［J］. 情报杂志，2006（7）：68-70.

案信息利用过程中，档案部门可以建立有利于传播显性知识和共享隐性知识的渠道或平台，使存在于档案内容中的隐性信息能够充分地表述出来，并转化为便于用户利用共享的显性信息，具体方法包括：建立目录，创建渠道；采用编码化、显性化的描述方法或工具；建立知识库，注入外部知识；运用语义分析、数据挖掘和智能检索等技术；加强局域网、政务网和互联网的共通互联。

三、档案信息的共享

智慧城市背景下的档案信息集成共享，有利于实现异构信息系统之间的互联互通，保证不同系统平台之间的数据共享以及整体保障体系的构建和完善，真正提高档案馆(室)的工作效率、资源利用与共享效率，使得档案信息资源得到更高效、更广泛、更多元的利用。档案信息资源集成共享机制可以概括为"内合外联"，即"内部聚合"和"外部互联"两个方面，具体构成如图6-2所示。

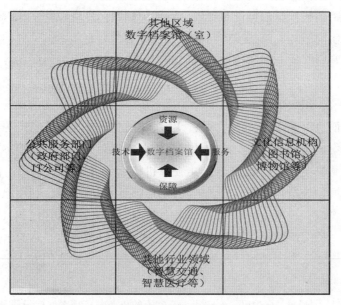

图6-2 档案信息资源集成共享机制分析图

（一）内部聚合

"内部聚合"是档案信息资源共享的基础，它要求档案部门实现资源、技术、服务等方面的集成共享。资源集成的目标是将分布在不同地方或同一系统中异构和自治的信息进行有效集成，实现各地方间的互联互通或各信息系统间的资源共享。技术集成是通过集成各种检索技术、网络技术、数据存储和数据挖掘技术，并组合运用智能代理、信息推送和网格等先进技术，有效解决接口异构、平台异构和数据模型异构等造成的档案信息冗余度大甚至数据无法读取的问题。服务集成是运用集成管理的理念，以用户需求为导向，以档案资源集成为基础，将用户需求、档案资源、信息技术、信息服务机构、信息服务规范以及信息人员等要素进行优化整合，以实现档案信息资源的"一站式"利用服务。①

（二）外部互联

档案信息资源通过内部集成之后再通过"外部互联"，有利于实现跨条线档案信息资源集成、跨部门档案信息资源共享和跨领域档案协同服务。跨条线档案信息资源集成主要是档案馆种群档案资源的互联互通，即通过加强区域内档案馆之间的业务协同和数据库互联，一方面可通过云计算技术对一定区域内的档案信息资源库进行链接，组织形成一个跨平台、跨系统、跨内容的档案信息云；另一方面也可利用信息技术对各个档案馆所拥有的档案信息资源进行逻辑集成与整合，建立区域性档案资源虚拟总库。跨部门档案信息资源共享主要是档案馆与公共服务机构云端互联及档案馆、图书馆、博物馆馆际互联，前者的实现方式是由政府主导，利用原有的基础设施、技术平台和基础数据库等，构建相应的云存储和云服务平台，档案机构通过接口设计对接云平台，并通过云平台与公共服务机构实现数字资源互联互通和信息共享；后者的实现方式是保持

---

① 杨智勇，何宏甲. 基于"集成"内涵的机关数字档案室建设研究[J]. 档案学通讯，2012(6)：70-71.

档案馆、图书馆、博物馆三类机构信息资源的相对独立性，通过建设资源共享平台实现元数据的转换，以统一的服务门户对外提供一体化的数字信息服务。跨领域档案协同服务主要是档案馆与行业领域机构专项互联，即加强档案机构与交通部门、医疗部门、教育部门、旅游部门等某一具体行业机构专项互联，既有利于扩充数字档案资源中的专业档案资源，又有利于充分发挥档案信息的价值为该领域的发展提供服务。以医疗档案服务为例，具体实现方式：由政府主导搭建区域卫生信息平台，档案部门依托平台构建电子健康档案库，并将相关医学档案资源、民生档案资源与平台对接，区域内医疗卫生机构和医疗保险等相关机构信息系统利用卫生信息网络与平台联通，实现区域内医疗卫生、健康病历等医疗信息交换和共享，实现各医院之间居民电子健康档案和电子病历的共享与利用。

四、档案信息的开放

档案信息开放与利用作为档案业务活动的终端环节，决定着社会档案意识的形成及大众信息需求的满足。随着社会信息化、民主化、法治化进程的加快，档案信息开放机制的建立和完善有利于满足档案用户的多层次需求。

档案信息开放机制是档案部门与社会联系的内在工作方式和方法，是激活档案资源和档案工作，充分发挥档案社会效益和经济效益的措施和办法。要建立档案开放机制，首先要制定档案信息开放相关的规定和办法，诸如对开放的范围、时间和利用的权限、手续及办法等问题作出明确规定，通过制度来保障档案信息的有序开放和合理利用，进而促进档案信息资源为社会共享。其次，要建立档案信息中心或档案信息网，即以档案馆为中心的，以区域内各机关、企事业单位为辅助的档案信息服务网络，形成整体区域优势，使档案馆的信息资源优势充分发挥出来。再次，可以建立一定的开放阅览空间，并配备相应的检索设备和利用设施，例如数字阅览器、检索系统、复印打印设备等为利用服务提供辅助；也可通过网

241

络平台让用户自主浏览、检索和获取所需的档案信息。①

五、档案信息的反馈

反馈是实现协调和控制的重要手段，是经过"去粗取精、去伪存真、由此及彼、由表及里"的信息处理后，以特定的方式经过环境活动的变化影响后返回到信息利用的各个阶段，对信息服务过程再次产生影响的信息传播及其运动过程。② 信息反馈实际上使信息传递构成了一个循环的信息运动，即信息获取、信息存储、信息处理、信息输出、信息反馈，反映了信息运动的基本规律。同理，档案信息反馈也贯穿于档案信息资源的收集、整理、存储、传播和利用等众多环节中，它有助于档案服务主体对利用服务认识的深化，使服务工作得到完善和发展，并使利用问题得到有效解决。

在档案信息服务过程中利用反馈机制，遵循特定流程（如图6-3

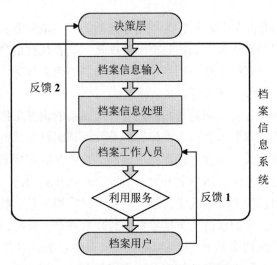

图6-3 档案信息反馈机制工作流程图

---

① 王徐球. 试论档案馆开放机制[J]. 湖南档案，1994(12)：14.
② 陈喜乐. 网络时代知识创新中的信息传播模式与机制[D]. 厦门：厦门大学，2006：120.

所示），有利于档案人员和档案用户将发现的问题和情况、提出的要求、意见、评价以及获得的效益、数据等，以信息的方式反馈给档案部门，促进档案部门调整服务策略和完善各业务环节内容，并在满足用户需求过程中不断提高档案服务的质量和水平。①

由图6-3可知，完整的档案信息反馈系统包含档案工作人员反馈与档案用户反馈两个方面。档案馆通过信息反馈机制，收集来自档案工作人员与档案用户的反馈信息，对信息进行分析处理后由决策层共同商讨决定是否执行，将有可执行性的反馈信息作用到档案信息工作中，调节档案信息的管理系统，优化馆藏，完善档案信息基础工作，提高档案信息资源质量；并将优化处理后的反馈信息传递给档案用户，更好地解决用户的利用问题，提高档案利用服务质量，增强档案馆的自我认知和自我优化能力。②

第二节 保障机制

一、战略规划政策导向机制

战略规划政策导向机制主要包括战略规划引导和政府政策驱动。战略规划是指一个组织确定其方向或战略并运用各种资源实现这一战略而作出决策的过程。③ 战略规划作为档案机构确定发展目标、探索发展途径的重要顶层设计与管理工具，不仅仅向公众宣示了档案机构的信息利用和文化传播价值，更重要的是在宏观层面上

---

① 史江，李金峰. 档案利用信息反馈工作的问题与对策探讨[J]. 档案学通讯，2007(3)：27-31.

② 周美玲. 我国综合档案馆档案利用信息反馈机制建设研究[D]. 福州：福建师范大学，2016：9.

③ 吴建中. 战略思考——图书馆管理的10个热门话题[M]. 上海：上海科学技术文献出版社，2005：21.

为档案事业未来发展趋势、重点探求领域起到引导和指导作用。①
因此，"智慧型"档案信息服务模式建立和发展的重要引航应该以
战略规划制定为起点，从机构战略规划层面为档案智慧化服务提供
政策与实践发展引导。事实上，作为信息时代背景下的档案机构，
基于其信息应用性与知识共享性，从宏观战略规划层面推进档案信
息服务发展或在政策制定层面指导数字档案馆建设与服务等方面都
已蔚然成势。

（一）战略规划

档案信息服务的标志性发展战略规划是 2002 年国家档案局颁
发的《全国档案信息化建设实施纲要》，该纲要不但明确了档案信
息服务的发展目标：推动馆藏档案的数字化和数据库建设，开展公
众网上查询档案信息服务；而且提出了具体实现途径：依托当地电
子政务建设工程，建立为各级党政机关服务的档案目录信息中心；
依托公众信息网，建立面向社会、服务公众的档案网站。② 从此以
后，全国各地档案机构纷纷加快档案的数字化进程，有条件的档案
馆开始实现馆藏开放档案目录的网上查询和浏览服务，并逐步发展
为档案在线查阅、档案馆馆际共享、开放档案区域共享、档案信息
个性化推送等多种信息服务方式。

档案信息服务的最新发展战略规划则是 2016 年的《全国档案事
业发展"十三五"规划纲要》，其中既提到了档案信息服务面临的形
势与挑战：档案信息化与互联网利用成为发展趋势，"四个全面"
战略布局、国家大数据发展战略和"互联网+"行动计划的推进，深
刻影响档案工作的理念、技术、方法及模式，如何适应政务公开推
进档案信息开放、如何适应社会多样需求改进档案服务，正日益成
为我国档案工作面临的主要挑战；也提出了指导思想和发展目标：
坚持创新驱动、开放带动，把创新作为档案事业发展的动力源泉，

---

① 马海群. 发达国家图书档案事业结盟与合作战略规划综述[J]. 中国
图书馆学报，2012，38(4)：21-28.

② 全国档案信息化建设实施纲要[J]. 中国档案，2003(3)：35-37.

以开放、共享理念，积极构建百姓走进档案、档案走向社会新格局，从而使得档案利用服务模式创新和档案信息开放取得实质性进展。① 该规划为新的社会背景、新的技术环境下档案信息服务指明了方向并提供了思路。

由此可见，档案事业发展规划的制订为档案信息服务模式的创新探索提供了至关重要的宏观引领作用。而在构建"智慧型"档案信息服务模式的过程中，可以制订并完善更有针对性的战略规划，以用户需求为中心，加强理念创新和技术创新，谋划战略、明确目标，确保档案信息服务模式的创新发展。具体包括：①制定国家档案信息服务的专项规划。即专门针对档案信息服务活动制定发展规划，研究档案信息服务工作的战略定位和目标，明确实施阶段、落实任务完成的配套保障措施，做好与档案事业发展规划和政府公共服务发展规划的相互衔接，把档案信息服务的重大战略、重点项目、创新模式和政策要求纳入国家和各行业、各层面规划，并把解决档案信息服务过程中突出矛盾的措施落实到具体行动上。②加快"三个体系"的协同发展。"三个体系"是指"建立健全覆盖人民群众的档案资源体系、方便人民群众的档案利用体系、确保档案安全保密的档案安全体系"。三者是相互联系、相互作用、相互影响的。其中，档案资源体系是基础、是根本；档案安全体系是支撑、是保障；档案利用体系是目的，是归宿，是档案事业发展的效益工程。"三个体系"建设既与档案信息服务活动紧密相关，又为档案信息服务发展指引方向。③探索档案信息服务评估体系。档案信息服务模式构建是一项系统工程，涉及的因素很多；而在档案信息服务过程中如何准确把握用户的需求特点、如何厘清服务中的短板或缺项、如何确保服务质量和效果，就需要对档案信息服务过程实施评估。评估作为一种控制手段，需要建立一套科学、合理、可行的评估体系，该评估体系需要从系统论的角度考虑，全面分析各个构成要素，合理设置评估指标，综合考量档案信息服务的成效，尤其是

---

① 全国档案事业发展"十三五"规划纲要[J]. 中国档案，2016(5)：14-17.

最后的评价结论要成为档案信息服务模式推进和改进的重要参考依据。

(二)政策导向

随着社会信息化进程的快速发展，信息资源建设和信息服务活动已经被纳入国家整体发展战略。政府越来越重视通过法律政策手段来促进、协调、规范和保障信息服务的开展，而现阶段主要的手段即为信息政策，它是国家或相关组织为实现信息资源管理和服务的目标而制定的有关调控信息和信息活动的行为规范和准则，它有利于规范和协调信息资源建设和服务诸环节及其与外部环境的相互作用，为社会信息活动提供具有导向性和约束力的行为准则，为数字信息资源建设与服务提供政策保障。①②

如果说由国家档案局或地方档案行政机关制订的战略规划是档案信息服务模式创新发展的动力，那么相关法律政策则是档案信息服务模式顺利推行的保障。比如：《中华人民共和国档案法》就从国家政策层面规定：档案馆应当通过其网站或者其他方式定期公布开放档案的目录，不断完善利用规则，创新服务形式，强化服务功能，提高服务水平，积极为档案的利用创造条件，简化手续，提供方便。这就有效确定了档案目录开放、档案便捷利用是档案信息服务工作的重要内容。在数字时代背景下，需要在新《中华人民共和国档案法》的基础上不断修订并完善相关法律政策，从价值导向、可操作性、社会适应性等方面予以改进，确保档案信息服务活动的稳步开展。首先，在价值导向上应强调信息权利，即保障公众的知情权和利用权，从"官本位"向"民本位"的档案服务理念转变，即坚持以人为本，切实维护每一位档案用户的利用权利。其次，在可操作性上应尽量具体化，既要主动提供档案利用的相关政策，又要明确规定档案利用的例外情况；既要最大化开放档案资源，保障公众合法权益，也要有利于维护国家稳定，使档案开放工作有序、有

---

① 查先进. 信息政策与法规[M]. 北京：科学出版社，2004：14.
② 罗曼. 信息政策[M]. 北京：科学出版社，2005：148.

效地开展。最后，在社会适应性方面应针对最新的政策和技术发展补充相关的管理和利用规范(比如：电子文件、数字档案馆等)，能根据当今社会发展阶段对档案的信息公开与保密、信息流动与共享、信息获取与开放存取以及信息资源开发与利用等制度进行相应的调整和完善，借助网络媒体从多途径、多角度公开档案和提供档案信息服务，从而确保档案信息服务与社会公共服务协调发展。①

二、制度标准完善保障机制

"智慧型"档案信息服务模式的建立和运行离不开规章制度与标准规范的保障。一方面，档案智慧服务过程中涉及不同信息、不同部门、不同用户，要实现对平台的建设、信息的调用、用户的权限进行有效管控，就需要相关的制度来协调，从制度上保障各个环节的顺利推进。另一方面，"智慧型"档案信息服务系统的构建需要整合各种技术及资源，在整合这些技术和资源时也要有相关的标准和规范，以实现资源的共建共享和智慧服务。

(一)规章制度

广义的"制度"是指："在一定历史条件下形成的政治、经济、文化等方面的体系"②；而狭义的"制度"是指某一个组织、单位或系统制定的要求所属全部成员共同遵循的行动准则或办事规程。制度的目的就是通过提供规范化的行为模式，来规范和引导社会成员行为，从而协调各种社会利益关系。③ 档案信息服务模式的制度保障，就需要从整体上建设和完善与档案信息服务相关的具有指导性和约束力的规章制度，从而保障档案利用服务工作的顺利开展。因

247

---

① 陈艳红，宋娟. 中外档案法律法规比较研究——以档案利用条款为例[J]. 档案学通讯，2014(6)：27-30.

② 中国社会科学院语言研究所词典编辑室. 现代汉语词典[M]. 北京：商务印书馆，2012：1678.

③ 贺培育. 制度学：走向理性与文明的必然审视[M]. 长沙：湖南人民出版社，2004：94.

此，在我国传统档案管理制度已相对成熟、现代档案服务又日益依赖信息技术的前提下，新型档案信息服务模式的制度完善应主要围绕电子文件、网络资源等数字化档案服务方面展开。

　　档案数字化服务制度的完善涉及横向和纵向两条主线，其中，横向是指制度的构建应考虑制度内容在整个信息化服务环境中的适用性和契合度；纵向则是指从国家层面、行业层面、组织机构层面和用户层面进行制度构建。无论是横向还是纵向，都将包含宏观、中观和微观的内容条款。宏观层对应国家层面的法律法规、政策和强制性的国家标准，这个层面中需要对档案提供方、档案利用方和技术支持方的责权分配、服务范围等内容进行说明，就数字化档案服务制度而言，其具体建设和完善的内容见表 6-1①。中观层主要包括行业标准和规范，即针对我国现行的各类档案资源服务（或管理）标准的要求，对档案数字化服务制度进行具体完善。微观层对应组织机构层面的具体约束档案服务业务的管理制度、行为规范，

表 6-1　数字化档案服务制度的宏观建设内容

板块	内容	内　　涵
数字化档案服务制度建设指南	定义与定位	在相关法规中明确定位数字化档案服务制度与传统档案服务之间的关系，并要求根据需要配置相应的岗位，赋予相应的责权，配备相关的专、兼职工作人员
	责任与义务	需要明确传统档案服务、数字化档案服务、第三方技术服务商的责权与职能分配，如档案的所有权、控制权、处指南置权、归属权等
	组织关系	明确数字化档案服务的组织关系，包括行政隶属关系、内部组织结构和岗位设置等，同时结合先进技术，如云计算、元数据等，作出一些方向性的规定和说明

---

　　① 薛四新，朱莉. 数字档案馆制度体系的构建［J］. 北京档案，2012（9）：10-12.

板块	内容	内　　涵
数字化档案服务制度的规范性文件	服务商规范	第三方技术服务商的资质说明、技术要求、对档案操作的权利、安全服务的责任和义务，以及应达到的信息技术服务等级
	员工工作标准	安全管理和操作的责任和义务、等级操作权限。此外，除具备传统档案服务的基本能力外，应从档案数字化和计算机技术应用的工作角度，对工作给予明确的要求和考核
	用户协议	对用户安全使用数字化档案服务的责任和义务进行明确要求

以及面向用户的操作指南和手册等，包括档案服务制度的创新、档案协同服务制度等①。

(二) 标准规范

近些年来，国家档案局、省市档案局和行业部门已经制定的一系列国家标准、行业标准以及地方性标准和业务规范，都涉及档案信息服务的相关内容，为满足用户的档案需求提供了基本保障。但是，随着智慧城市深入推进，数字档案资源大量产生，过去侧重于实体档案资源的标准体系难以满足新时期数字档案信息服务的发展需要；而且，我国在数字档案信息服务方面还处于探索阶段，在实践过程中所采用的业务规范、技术标准和管理规则大多缺乏统一明确的权威性标准。因此，就需要构建并完善数字档案信息服务的标准规范，以协调和统一有关信息技术和管理规则，为信息时代的档案信息服务创造条件。

档案信息服务标准主要体现在信息检索、信息开放存取、信息

249

---

① 周耀林，赵跃，等. 面向工作需求的档案资源建设与服务研究[M]. 武汉：武汉大学出版社，2017：477-478.

利用和平台建设等方面，目前与之相关的标准有：基于档案信息长期保存与获取的国际标准《开放档案信息参考模型（OAIS）》（ISO14721：2003）、基于 ISO 的开放系统互联（OSI）参考模型的应用层协议 Z39.50、开放文档先导协议 OAI、用于数字对象编码和传输的元数据编码和传输标准 METS、ISO10160/10161 馆际互借标准等。这些标准为数字档案信息资源开发存取、传输利用提供了规范框架，使跨系统、多类型的数字档案资源整合和检索服务成为可能。①

　　数字档案信息服务要充分满足公众需求，除了要规范档案开放标准和扩大档案服务内容外，也要在馆舍建设、资源服务、检索效率和服务效果等方面制定和推行标准来保障其实现。

　　档案馆舍建设方面，可以依据《档案馆建设标准》（建标 103—2008）、《档案馆建筑设计规范》（JGJ 25—2010）、《数字档案馆建设指南》、《数字档案室建设指南》《档案库房空气质量检测技术规范》（DA/T 81—2019）等标准规范，设置布局合理、安全节能的档案利用服务功能区，加强服务功能区的环境建设，为用户提供人性化的服务。

　　在资源服务方面，可以依照《中华人民共和国档案法》《各级国家档案馆开放档案办法》《各级国家档案馆馆藏档案解密和划分控制范围的暂行规定》等制定相应的开放办法和利用标准，如开放档案信息系统标准、档案信息检索标准（包括多媒体信息和网络信息）、档案信息利用标准（包括数字信息资源利用和服务）等，② 将可以向社会开放的档案及时解密开放，完善配套的开放检索工具，保证用户对数字档案资源的利用。

　　在检索效率提升方面，可以依照《计算机软件工程规范国家标准汇编》《计算机软件产品开发文件编制指南》《中共中央办公厅、国务院办公厅关于加强信息资源开发利用工作的若干意见》《国家

---

　　① 肖希明，郑燃. 国外图书馆、档案馆和博物馆数字资源整合研究进展[J]. 中国图书馆学报，2012，38（3）：26-39.

　　② 杨安莲. 关于数字档案馆标准体系的思考[J]. 档案学通讯，2006（6）：58-62.

信息化领导小组关于我国电子政务建设指导意见》等制定相应的系统开发标准和开发技术要求，如《分布式异构数据跨库检索技术标准》《"一站式"检索系统规范》等，为异构平台内数据统一存取与便捷访问提供技术支持。

在服务效果方面，可以根据国家的相关规章制度制定《档案网络资源提供利用标准》《综合档案馆绩效评估指标体系》《数字档案馆服务效果评价指标》等，通过服务设施的改进和评价机制的激励，全面提升档案资源满足公众需求的服务质量和服务效率。

除了上述标准规范完善外，还需要整体构建档案信息服务的标准体系，即从元数据、档案分类、档案标识、信息检索、档案开放、信息利用、访问控制、服务评价等方面建设共性化标准体系；完善现有标准的内容，实现现有标准的科学化；并实现与本领域的国际标准、国外先进标准以及国内相关行业标准进行有效衔接。①

三、信息技术实现支撑机制

智慧城市背景下档案信息资源的建设与服务是伴随着信息技术的发展而不断提升的。信息技术始终贯彻于档案信息资源建设和服务的发展过程中，具体体现在：第一阶段主要是建立档案数据库，具体涉及数字化技术和信息存储技术；第二阶段主要是档案数据库系统间的互操作、无缝连接和信息共享，具体涉及虚拟技术和检索技术；第三阶段主要是信息利用和个性化服务，具体涉及数据挖掘技术和网格技术。本书根据上述三个阶段重点阐述与信息服务相关的核心技术。

（一）信息采集与识别技术

信息采集与识别技术是信息时代档案数字化存储和转化的重要支撑技术。这类技术主要涉及：①图像采集技术，包括数码摄影、

251

---

① 周耀林，赵跃，等. 面向工作需求的档案资源建设与服务研究［M］. 武汉：武汉大学出版社，2017：490-499.

摄像、扫描等图像采集设备所具备的功能，能够使档案资源增添大量生动直观的优质数字资源，弥补传统文字档案可视化不强的缺陷。②自动采集元数据技术，如今计算机的各种移动终端都可以为我们的操作行为自动留痕，手机、相机的摄影、摄像都可以自动记录拍摄的日期、位置（GPS 信号）、版权等元数据，有效地采集、保护、管理和利用这些信息，可以有效增强电子档案的真实性、完整性和有效性。③识别技术，包括生物识别、图像识别、磁卡识别、电子标签（即射频识别技术，简称 RFID）、光学字符识别（OCR）等，为档案数字化转换创造了充分的条件，在辅助档案利用过程中的出入库登记、档案自动盘点、档案库房安全管理等方面应用广泛。④手机二维码技术，该技术已经广泛应用于社会各领域，也可用于档案用户身份识别、文件防伪和网站快速定位等，显著提高档案信息主动推送和档案网站快速访问的效率。

（二）信息存储技术

数字档案信息的海量增长带来的直接问题就是信息资源的存储问题。近年来，随着信息技术的全面发展，信息存储技术也快速发展，涌现出磁带库、缩微胶片、光盘、光盘塔、光盘库、存储卡、固态硬盘、磁盘阵列、存储区域网络、网络附属存储、云存储等新型存储技术和存储设备，主要体现为数字化、海量化和网络化的特点。这类技术主要涉及：①磁存储技术。该技术是利用磁盘存储系统对信息进行存储，通过改变磁粒子的极性来在磁性介质上记录数据，主要应用于磁带、磁盘（软盘、硬盘）和录像带等设备中。②缩微存储技术。该技术是采用电子或激光技术将档案资料缩拍到胶片上，并经加工处理后作为信息载体保存起来，供以后拷贝、发行、检索和阅读之用，主要用于文字资料和影像资料的全文存储。③光存储技术。该技术是采用激光照射介质，激光与介质相互作用，导致介质的性质发生变化而将信息存储下来，[1] 其主要应用载

---

① 陈文灵. 简述信息存储技术的现状及其发展［J］. 电子技术与软件工程，2014(10)：208.

体为光盘，光盘既可以存储全文信息，也可以存储音频、图像和视频等信息，还可以用于计算机存储与检索。④网络存储技术。该技术是以存储设备为中心，通过网络连接成为一个相对独立的存储系统，实现数字信息的集中和共享，主要分为直连式存储(DAS)、网络存储设备(NAS)和存储网络(SAN)三种存储方式。

(三)信息检索技术

集成检索、智能检索是档案利用服务的发展方向，因此，信息技术的目标就是实现档案信息的集成组织、无缝连接、跨库共享和智能检索。目前的主要技术包括：①异构检索技术。该技术是借助单一的检索接口，利用同一的检索方法，实现对分布式、异构档案信息资源的检索。为实现异构检索功能而采用的技术包括元数据获取技术、资源选择技术、检索式转换技术、结果整合技术和自动参考链接技术等。① ②语义检索技术。该技术是针对概念及概念之间关系的检索，它是在对数据抽取、标注和采集的基础上建立索引和聚类模块，从而提供基于内容语义的强大检索技术，它可以是基于语义网方法和技术，也可以是基于自然语言处理技术。③多媒体检索技术。该技术是利用媒体对象的语义、模式识别、计算机视觉、图像理解等方法直接对图像、音频、视频内容进行分析，抽取特征和语义，利用这些内容特征建立索引并进行检索，它以自动化、模糊性的特点在多媒体档案检索过程中发挥着自己独特的优势。②

(四)信息服务技术

随着互联网和大数据等技术的发展和成熟，信息服务模式逐渐从简单的"读取"向"共融"方向发展，从被动提供利用向主动共享信息转变，在技术上更强调智能化的推送、挖掘和体验。①数据挖

---

① 李春旺，李广建. 数字图书馆集成检索技术研究[J]. 图书馆理论与实践，2004(6)：45-48.
② 翟中文. 数字图书馆基于内容的多媒体信息检索技术[J]. 科技情报开发与经济，2005(4)：45-46.

掘技术。该技术是利用各种分析工具在海里数据集中识别出先前未知的、完整有效的、新颖的潜在有用的以及最终可理解的模式的过程。① 它包含统计方法、决策树、规则推理、模糊集、神经网络、遗传算法和可视化技术等多种方法和技术的综合运用，在基于档案内容和用户间的关联价值发现和个性化服务方面应用广泛。②智能代理技术。该技术要点是智能代理程序在收到用户信息需求后，通过"自动学习"理解用户的具体需求并自动在网上检索、分析、处理页面，将检索结果进行处理和优化后反馈给用户。② RSS 是当前流行的智能代理技术，其基本功能包括：信息聚合、信息推送和信息定制。③信息推送技术。该技术是一种信息获取技术，是从信息源或信息加工者那里获取信息，然后通过固定的频道向用户发送信息的新型信息传递方式，其技术形式可分为基于网络的信息推送和基于智能数据库的信息推送两种类型。

第三节 协同机制

一、安全控制机制

"智慧型"档案信息服务模式的构建和推行过程中，最重要的是要保证安全，包括系统安全、网络安全、内容安全和数据安全等方面。而且，安全问题贯穿档案信息利用服务的整个环节，从信息收集到加工处理，再到信息存储以及信息利用，这就需要进行不同方面的安全配置设置，建立系统化的安全控制机制以保障档案信息

---

① 王建文. 数字化图书与数字图书馆应用研究[M]. 北京：北京工业大学出版社，2005：114.

② 胡昌平. 基于知识信息组织与服务的信息管理技术推进战略——国家可持续发展中的图书情报事业战略分析(3)[J]. 中国图书馆学报，2005(4)：15-18.

管理和利用过程的顺利进行。档案信息安全控制机制的建立应该围绕控制职能的构成要素来展开，这些要素包括控制者、控制对象以及控制手段和工具，结合档案信息管理和利用实际，可将控制者概括为"人员"，其延伸内涵包括档案人员和档案用户，将控制对象概括为"环境"，其延伸内涵包括基础设施、信息意识以及政策与法规；将控制手段和工具概括为"技术"，其延伸内涵包括"防、密、控、审"四个方面。具体如图6-4所示。

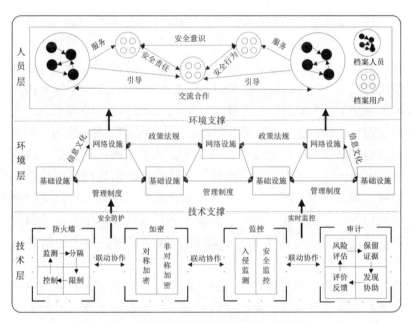

图 6-4　档案信息安全控制机制模型图

（一）人员层——核心动力

作为档案数据和信息的提供者和持有者，档案人员在信息安全控制机制中扮演重要角色。由于档案人员是提供档案信息的源头，他们在处理档案信息方面具有较大的主动权，因此也承担着重要的安全责任。因此，档案人员既要接受政府信息安全管理者的监督和管理，遵循信息安全相关法律法规；也要重视对档案用户信息安全意识的引导和指导，在保障档案用户正当权益的基础上合理开发和提供档案信息。而档案用户作为档案信息的使用者和传播者，也应该在档案信息安全控制机制中发挥协同作用。档案用户在利用档案信息过程中，应该树立正确的信息安全意识，实行自我管理，规范自身的利用行为。

(二) 环境层——环境支撑

环境层通过各种方式构建安全的基础设施、网络设施、文化环境和制度环境而在机制中起到支撑作用。基础设施是支撑档案业务安全运行的基石，网络设施是档案信息安全流转的重要保障。智慧城市背景下，新一代信息技术的迅猛发展给现有的基础设施和网络环境带来了巨大的机遇和挑战。一方面，档案信息的存储设备、存储空间、处理速度、传输速度等有了很大的提高；另一方面，档案信息的长期保存、传输过程中的安全保障等方面也存在更大的风险。因此，购置安全的存储设备、建设专有的信息网络、构建安全可控的网络服务平台是保障档案信息安全的基础。信息文化能够对档案信息的采集、获取、传播和利用各阶段产生直接或间接影响，而要构建安全的信息环境就必须先要塑造健康的信息文化，通过影响档案人员和档案用户的价值取向，引导其真实、合理、规范地传播和利用档案信息。同时，建立和完善相关的政策法规和安全管理制度，为档案信息安全提供制度支撑，对相关工作起到引导和规范作用，并在一定程度上可以依靠其强制力，加强对档案信息安全的控制。比如：针对档案信息服务过程中涉及的知识产权和个人隐私等问题，就需要相关的信息文化和政策法规予以规范和保障。

(三) 技术层——技术支撑

技术层通过各种安全技术构建档案信息安全的防护层而在机制中起到支撑作用。安全技术控制主要包括安全防护和实时监测两个方面，安全防护技术主要是保护信息安全，防止档案信息遭受网络攻击，如采取物理隔离、防火墙、加密技术等安全措施，实现不同网络层面的访问控制和保护；实时监测技术主要是在尽可能短的时间内检测到系统漏洞以及黑客攻击行为，包括入侵检测技术与网络监控技术等。此外，数据发布匿名保护技术、数字水印技术等隐藏数据中的用户特征信息，是保护个人隐私的重要技术①。

　　总之，智慧城市背景下信息化和网络化高度发展，信息技术的发展与应用是把双刃剑，它一方面拓展了信息内容，加快了信息资源传播速度，延伸了数字档案信息保存范围；另一方面，在信息大爆炸时代，信息可以随意使用，同时信息技术也为黑客提供了手段，信息安全问题日益突出。因此，在系统运行中要做到：构建安全有效的管理平台，在充分利用目前先进的安全技术的基础上，加强管理建设，建立有效的责任机制、人才培训机制、应急响应机制，完善安全管理制度；构建受到安全防护的应用平台，对利用系统提供额外的安全防护保护软件，如采用安全防护软件系统保护手段，使利用系统处于保护之下；构建可信可控的网络平台，合理划分安全域，明确不同安全域之间的信任关系，并相应地采取物理隔离、防火墙、访问控制列表等安全措施，实现不同安全域之间网络层面的访问控制和检测；构建安全可靠的系统平台，通过部署完善的各安全子系统及存储备份系统，并结合全面的安全服务和管理，实现系统层面的访问控制和数据的存储安全；采取多种技术措施，比如密码保护、防火墙等技术对来访人员进行限制，以防黑客攻击、避免信息泄露，保障信息安全，实现档案信息服务的高效利用和安全可控。

257

二、绩效评价机制

　　评价活动是驱动和调节社会群体行为过程的内部动力和重要因

---

　　① 董梦林. 大数据背景下网络信息安全控制机制与评价研究［D］. 长春：吉林大学，2016：32-36.

素之一，绩效评价则是对照预先制定的标准和目标系统评估有效性（质量）的过程。① 档案信息服务绩效评价实质是对档案信息服务效果的考量，其根本目的是改进服务效率，提升档案信息服务质量。借鉴政府等公共部门的绩效评价机制，档案信息服务绩效评价主要包括评价主体、评价客体、评价指标、评价方法。

（一）评价主体

评价主体是直接参与或间接了解档案信息服务活动的组织、团体或个人，他们把与评价对象相关的评价指标的信息进行收集、提取、整合与测算。档案信息服务绩效评价主体包括内部主体和外部主体。

内部主体主要是档案人员，他们是档案信息服务指导、监管、执行和完成人，也是档案信息利用平台的规划、设计人员，他们对于档案信息服务的工作情况了解得最为清楚，所以由其首先进行自我评价，对档案信息服务的效果以及投入产出效益等进行评价，既充分发挥"以评促建"的激励引导和督促作用，也有利于改进自身的薄弱环节。

外部主体包括档案行业专家、档案用户、第三方评价机构。档案行业专家以专业的视角，科学、全面地评价档案信息服务带来的效益、效果，有一定的说服力。档案用户是档案信息服务的最终服务对象，对档案服务绩效有着直接、真实的感受，既有权利表达对档案信息服务的需求和建议，也有力体现民主这一价值取向，可以有效促进档案信息服务质量的改善和提升。第三方评价机构主要由相关领域内的专家组成，可以克服档案部门"既是运动员，又是裁判员"的矛盾，既能保证评价主体的独立性，提高评价结果的准确性和有效性，又能克服档案用户专业技能不足的困境，发挥专家在档案学、管理学、统计学等领域的专业特长，从而得出更为客观、

---

① Steve Morgan. Performance assessment in academic libraries［M］. London：Mansell Publishing Limited，1995：2-3.

公正、专业的评价结果。①

（二）评价客体

评价客体即为评价对象和评价内容，档案信息服务评价对象主要为综合档案馆，评价内容则主要包括可供利用的档案资源情况及其保障条件配套情况。档案资源情况包括：开放档案的范围、数量和类别，档案资源的内容质量和加工质量，档案目录数据库、全文数据库、多媒体数据库等建设情况，以及区域内跨馆档案资源的关联情况等。保障条件包括：信息化保障、服务保障和制度保障等。信息化保障主要指档案存储设备的性能和安全，档案网络设施的安全、稳定和快捷，档案管理软件或档案网站的完备和易用。服务保障主要指档案信息服务资源配置是否到位和充足，档案信息服务方式是否多样、检索系统是否方便易用、服务效果是否及时准确，档案服务人员的服务意识、服务能力、服务态度是否良好。制度保障指为保证档案信息利用服务工作顺利开展而制定的各项制度，主要包括档案信息开放制度、档案资源管理制度、档案工作绩效考核与监督制度、信息管理与安全制度等。②

（三）评价指标

评价指标体系的构建关系到绩效评价的客观性和有效性。档案信息服务绩效评价是对"档案馆及档案人员"这一特定主体在"服务社会大众信息需求"这一特定行为的绩效评价。因此，档案信息服务绩效评价指标体系的构建应围绕"服务主体""服务内容""服务策略"这三方面展开，即认知服务主体的职责和能力（服务效果）、明确绩效评价的核心内容（档案资源）、分析服务策略的优势特点（技术水平），综合考量与之相关的制度保障，从而构建出既具有合理

259

① 朱丽梅. 档案信息化建设的绩效评价研究［D］. 广州：华南理工大学，2014：30-48.

② 李旭芳. 节约型政府机关管理信息服务机制构建及评价研究［D］. 太原：山西财经大学，2014：22.

性、科学性又具有可操作性、易理解性的绩效评价指标体系。①

(四)评价方法

绩效评价方法的选择和确立是直接影响评价结果的有效手段，方法不正确，结果就会差之千里。目前绩效评价主要借鉴数理统计学、运筹学、经济学以及绩效管理等方法来构建绩效评价模型，处理评价对象相关信息，实现量化处理。具体方法有：关键绩效指标法、德尔菲法、层次分析法、平衡计分卡、模糊综合评价法、投入产出法、数据包络分析法、逻辑分析法、CIPP 法等。其中，关键绩效指标法、德尔菲法和层次分析法是档案信息服务绩效评价较为普遍和常用的方法。关键绩效指标法是一种用以设计绩效评价指标体系的方法，它是把目标分解为可操作的工作，针对档案信息服务绩效的评价，结合档案信息服务现状及特点将其核心指标划分为开放程度、资源建设、技术水平和服务效果四个方面。德尔菲法，即专家咨询法，是一种利用函询形式进行的集体匿名思想交流过程，运用德尔菲法对档案信息服务绩效评价指标的重要程度进行判断，并通过方案评分值的算术平均值、满分频率和评价等级来进行测量。层次分析法(AHP)是确定权重系数的方法之一，目的是计算各构成要素对总目标的重要程度，其计算指标权重系数的步骤是以层次结构模型为基础，通过构造两两比较判断矩阵，再计算出指标权重系数并进行矩阵一致性的检验。②

综上所述，由评价主体(包括档案行业专家、档案用户、第三方评价机构)主导，以综合档案馆档案信息服务(包括档案资源、服务效果和保障条件)为评价对象，综合运用各种评价方法(包括关键绩效指标法、德尔菲法和层次分析法)，从而构建出档案信息服务绩效评价指标体系(如图6-5所示)。

---

① 王灿荣，王协舟. 档案信息服务社会化绩效评价指标体系构建策略[J]. 档案学研究，2015(2)：66-70.

② 周彩英. 基于 AHP 和模糊综合评判的档案信息利用服务评价[J]. 档案学通讯，2011(3)：88-91.

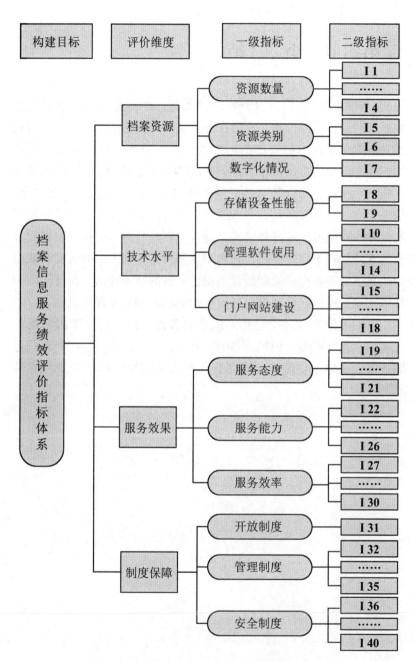

图 6-5 档案信息服务绩效评价指标体系架构图

261

第四节 小 结

"智慧型"档案信息服务模式的实施，还需要建立一整套与之相适应的运行保障机制。本章在前述章节分析的基础上，重点研究了支撑服务模式顺利实现的运行机制、保障机制以及相关协同机制。档案信息的自由流动和共享利用是"智慧型"档案信息服务模式的核心所在，所以其运行机制主要包括：信息接收、信息转化、信息共享、信息开放和信息反馈等。"智慧型"档案信息服务模式的保障主要依赖于外部环境的支持，尤其是政府部门在政策规划方面的支持和档案行政部门在规章制度和技术标准方面的支持，从而为档案信息服务模式的创新发展提供良好的政策导向、制度保障和技术支撑。而协同机制则包括安全控制机制和绩效评估机制。

总的来说，"智慧型"档案信息服务模式的运行保障机制是相互联系、相互影响、相互制约的，并在其相互作用中实现档案信息服务模式的整体功能，促进档案信息服务过程的顺利开展和良性循环。

第七章　研究结论与展望

　　档案信息服务的研究涉及很多方面，本书主要通过深入研究信息服务模式的要素组成和相互作用关系，系统梳理和归纳了档案发展过程中有代表性的三种档案信息服务模式及其相互差异。在此基础上，针对智慧城市背景下新技术的应用和新的服务理念对档案信息服务各组成要素的影响关系，参照模式的理论内涵设计出"智慧型"档案信息服务模式的整体框架，并对该模式的内容构成、技术实现和运行保障进行详细论述。本书能揭示档案信息服务活动中的共性规律，研究设计的新型档案信息服务模式具有一定的普适性和可操作性，能为档案信息服务模式的创新发展提供理论参考和实践借鉴。

　　本书围绕智慧城市背景下档案信息服务模式这个中心主题，通过前述的研究与论述，既得出了几点结论，也发现了一些与本书的研究内容相关的问题，这些问题值得后续进行深入探索，从而有利于丰富和完善研究成果并开拓出未来新的研究方向。

第一节　研究结论

　　通过前述研究，本书主要得出以下几点结论：

　　第一，档案信息服务活动具有共性组成要素：服务主体(档案人员)、服务客体(档案用户)、服务内容(档案资源)和服务策略

（信息技术），对这些组成要素及要素之间的相互关系的描述就构成了档案信息服务模式。改革开放以来我国档案利用服务政策不断变化和演进，根据我国档案信息化的不同发展阶段及各阶段档案信息服务的整体特征，出现了三种具有代表性的档案信息服务模式类型：以档案人员起主导作用的"馆员型"服务模式、以档案资源建设为中心的"资源型"服务模式以及以满足用户需求为目标的"用户型"服务模式，这三种类型服务模式在内涵特征和组成要素侧重程度方面存在一定差异。

第二，智慧城市背景下，其建设理念、发展思路、技术应用和信息需求等方面对档案信息服务活动产生重要影响，也给服务模式的组成要素带来新的变化。具体而言，在服务主体变化方面，涉及档案人员服务理念向开放、主动、量化转变，服务能力向知识结构重构和操作技能提升转变；在服务客体变化方面，涉及用户类型由传统型向网络型、移动型转变，用户需求特点向多元化与个性化、时效性和准确性、集成化与智能化转变；在服务内容变化方面，涉及实体档案资源向数字化档案资源和知识化档案资源转变；在服务策略方面，涉及服务特征向全面、移动、智慧转变，服务方式向"一站式"集成服务、智慧档案云服务、档案信息移动服务转变。

第三，智慧城市背景下，传统档案馆作为行政服务机构的角色逐渐向新型数字化公共服务机构转变，作为档案信息服务模式的关键组成要素，服务主体的效益驱动、服务客体的需求牵引和信息技术的进步推动为档案信息服务模式转变提供了动力，用户需求、传播学、公共服务、信息生态链等理论为档案信息服务模式的转变提供了支撑，构建"智慧型"档案信息服务模式成为适应数字化、网络化、智能化时代下档案信息服务发展趋势的重要尝试。"智慧型"档案信息服务模式是档案人员利用智能档案信息服务系统，围绕用户信息需求和信息活动来组织、集成、嵌入档案信息空间的信息资源和信息服务，支持用户灵活自助自主地获取信息、互动交流和解决问题的一种新型档案信息服务模式。

第四，从内容构成角度，"智慧型"档案信息服务模式是档案人员运用现代信息技术和智能技术，动态感知和预测分析用户需求，并围绕用户需求有针对性地对档案资源进行挖掘、组织、知识加工与开发，然后通过智能档案信息服务系统或利用平台将档案信息或知识产品传递给用户使用的服务过程。从技术实现角度来看，"智慧型"档案信息服务模式是通过物联网、云计算、大数据、移动互联网等现代信息技术构建一个智能档案服务系统，实现档案馆、档案、用户、设备等的全面感知、泛在互联和实时交流，并通过对接各种档案利用平台，从而提供更加自动化、便捷化和智能化档案服务的过程。

第五，档案信息的自由流动和共享利用是档案信息服务活动的核心所在，所以档案信息接收、转化、共享、开放和反馈等运行机制是"智慧型"档案信息服务模式运行和实施的重要保障。具体而言，接收机制主要是对电子档案的接收和移交附以相应的制度和机制；转化机制主要是予以保障实体档案转化为数字档案、档案隐性信息转化为显性信息；共享机制主要是实现档案信息资源纵向的"内部聚合"和横向的"外部互联"；开放机制主要是通过制度来保障档案信息的有序开放和合理利用；反馈机制主要是对服务过程中存在的问题以及用户提出的要求、意见、建议和评价等予以顺畅的沟通和交流。

第二节　研究局限与展望

目前，智慧城市建设仍处于探索和发展阶段，智慧城市背景下新的信息技术和服务方式层出不穷，加之档案信息服务涉及的研究问题较为复杂，档案信息服务模式的理论研究和实践探索尚处于摸索阶段，还缺乏系统的理论梳理和成熟的应用案例，因此，智慧城市背景下的档案信息服务模式研究还需要不断完善和推进。

265

一、研究局限

尽管本书已经结合智慧城市的内涵特征对新型档案信息服务模

式进行了尝试性的研究，取得了一定的研究成果，但受本人学术水平、时间与实践条件的限制，研究仍具有一定的局限和不足，许多问题需要进一步探索和完善，主要体现在以下几个方面：

第一，本书所研究的档案信息服务模式旨在描述信息服务四个要素之间的基本关系，重点分析某一要素发挥主导作用对其他要素的影响关系，属于较为简单的基本模式研究。而上述要素间的基本关系在实际中会因具体情况的不同而生成许多独特的关系，也就是实际中会有更多种模式组合产生，例如可能有两个要素都同时发挥主导作用，这将组合形成六条关系链，即形成六种不同模式；还有可能只有一个是明确的或无需着重考虑的，也就是其他三个要素都同时发挥作用，这又将组合形成四条关系链，即形成四种不同模式。在后续研究过程中，应该全面分析上述几种生成模式，进一步丰富和拓展档案信息服务模式类型的研究。

第二，本书借鉴传播学和信息服务相关理论，从智慧城市服务理念和技术应用的视角，探讨档案信息服务模式问题，从理论和技术方面提出了"智慧型"档案信息服务模式总体框架以及系统设计。对于这样一个理想化的模式是否真正符合未来档案信息服务的发展趋势，其技术平台和实现流程是否具有切实可行的操作性，还有哪些问题没解决，本书没作深入探讨，留待今后在理论层面及实践层面的研究更为成熟时再做探究。

第三，本书所研究的"馆员型""资源型""用户型"档案信息服务模式都已有相应的实践案例予以支撑和借鉴，"智慧型"档案信息服务模式尽管也以实际调研为基础，思路来源于实践，但整体架构和设计还主要依据理论支撑和概念设想，该模式的应用和检验尚缺乏成熟可靠的实践案例予以支撑和借鉴。

本书仅完成了智慧城市背景下的档案信息服务模式研究的起始性工作，期待本书的研究能为后续研究提供基础与借鉴。

二、研究展望

档案信息服务模式的研究是档案信息服务研究领域中的一个基

础性问题，智慧城市则是城市发展、技术应用、信息服务的重要平台，也是今后我国城市发展的重要战略。随着智慧城市建设的深入推进，"以人为本"理念的深入人心和社交媒体及人工智能技术的广泛应用，档案信息服务的范围和内容将有更大的拓展和深化，"智慧型"档案信息服务模式也将不断深化和衍变。针对本书已经研究的内容及存在的局限，后续研究可以在下述方面进行深层次的探索：

第一，档案信息服务模式不仅与信息服务组成要素的相互作用关系密切相关，而且还会受外在相关因素的作用和影响而引起变化。因此，未来研究档案信息服务模式既要全面分析由信息服务各要素间的相互关系所衍生出的多种可能模式，比如：档案用户—档案人员—档案资源共同作用所衍生出的"交互—增值"模式，档案用户—信息技术—档案资源共同作用所衍生出的"平台—自助"模式，档案人员—档案资源—信息技术共同作用所衍生出的"用户—吸引"模式，档案人员—档案用户—信息技术共同作用所衍生的"内容—承包"模式；还要深入分析档案信息服务与各种相关因素之间的不同关系所导致的多种服务模式，比如：档案信息服务与智能技术、档案信息服务与社区、档案信息服务与企业、档案信息服务与产业等关系所催生的信息服务模式。

第二，目前，上海、北京、青岛、广州等综合档案馆为更好地融入当地智慧城市建设，已经在尝试探索和建设智慧档案馆以提供智慧化档案信息服务，或是在数字档案馆基础上建设云服务平台拓展档案服务功能。因此，未来研究可将这些典型实践案例进行经验总结和服务模式归纳，为完善和修正"智慧型"档案信息服务模式提供实践支撑和案例借鉴。

第三，智慧城市背景下的档案信息服务模式研究是一个复杂系统问题，涉及多学科的理论方法与技术。因此，未来的研究有必要多方面借鉴其他学科的理论与研究成果，综合采用跨学科研究方法，从档案学、信息学、心理学、管理学、计算机科学等系统地研究该模式的理论与实践问题。

参 考 文 献

一、中文参考文献

[1] 维特根斯坦.哲学的逻辑[M].北京:商务印书馆,1962.

[2] 苗东升.系统科学精要[M].北京:中国人民大学出版社,1998.

[3] 魏宏森.系统理论及其哲学思考[M].北京:清华大学出版社, 1988.

[4] 胡昌平.信息服务管理[M].北京:科学出版社,2003.

[5] 中国社会科学院语言研究所词典编辑室.现代汉语词典[M].北京:商务印书馆,2005.

[6] 丹尼斯·麦奎尔,斯文·温德尔.大众传播模式论[M].祝建华,武伟,译.上海:上海译文出版社,1987.

[7] 程大章.智慧城市顶层设计导论[M].北京:科学出版社,2012.

[8] 金江军.迈向智慧城市:中国城市转型发展之路[M].北京:电子工业出版社,2013.

[9] 冯惠玲,张辑哲.档案学概论[M].北京:中国人民大学出版社, 2001.

[10] 冯惠玲,刘越男,等.电子文件管理国家战略[M].北京:中国人民大学出版社,2011.

[11] 刘耿生.档案开发与利用教程[M].北京:中国人民大学出版社,2010.

[12] 周耀林,赵跃,等.面向工作需求的档案资源建设与服务研究[M].武汉:武汉大学出版社,2017.

[13] 傅荣校.档案管理现代化——档案管理中技术革命进程的动态审视[M].杭州:浙江大学出版社,2002.

[14] 谢伦伯格.现代档案——原则与技术[M].黄坤芳,等,译.北京:档案出版社,1983.

[15] 赵屹.档案馆的现在与未来[M].上海:世界图书出版公司,2015.

[16] 覃兆刿.中国档案事业的传统与现代化[M].北京:中国档案出版社,2003.

[17] 韩玉梅.外国现代档案管理教程[M].北京:中国人民大学出版社,1995.

[18] 何嘉荪,傅荣校.文件运动规律研究——从新角度审视档案学基础理论[M].北京:中国档案出版社,1999.

[19] 李国庆.数字档案馆概论[M].北京:中国档案出版社,2003.

[20] 马长林,宗培岭.档案馆信息化建设探论[M].上海:上海社会科学院出版社,2006.

[21] 金波,等.数字档案馆生态系统研究[M].北京:学习出版社,2014.

[22] 王芳.数字档案馆学[M].北京:中国人民大学出版社,2010.

[23] 卡西尔.人论[M].甘阳,译.北京:西苑出版社,2003.

[24] 贺德方.数字时代情报学理论与实践——从信息服务走向知识服务[M].北京:科学技术文献出版社,2006.

[25] 赵屹,汪艳.新媒体环境下的档案信息服务[M].上海:世界图书出版公司,2015.

[26] 马费成,宋恩梅.信息管理学基础[M].武汉:武汉大学出版社,2011.

[27] 党跃武,谭祥金.信息管理导论[M].北京:高等教育出版社,2006.

[28] 吴建中.战略思考——图书馆管理的10个热门话题[M].上海:上海科学技术文献出版社,2005.

[29] 肖希明.数字信息资源建设与服务研究[M].武汉:武汉大学出版社,2006.

[30] 苏新宁.面向知识服务的知识组织理论与方法[M].北京:科学出版社,2014.

[31] 王云娣.数字信息资源的开发与利用研究[M].武汉:武汉大学出版社,2005.

[32] 邱均平,等.知识管理学[M].北京:科学技术文献出版社,2006.

[33] 孟广均.信息资源管理导论[M].北京:科学出版社,2003.

[34] 弗兰克·戈布尔.第三思潮:马斯洛心理学[M].上海:上海译文出版社,1986.

[35] 宗平.物联网概论[M].北京:电子工业出版社,2012.

[36] 李德顺.价值论———一种主体性的研究(第2版)[M].北京:中国人民大学出版社,2007.

[37] 贝塔朗菲.一般系统论基础发展和应用[M].北京:清华大学出版社,1987.

[38] 秦志光.智慧城市中的移动互联网技术[M].北京:人民邮电出版社,2015.

[39] 钱学森.论系统工程[M].上海:上海交通大学出版社,2007.

[40] 查先进.信息政策与法规[M].北京:科学出版社,2004.

[41] 罗曼.信息政策[M].北京:科学出版社,2005.

[42] 尼葛洛庞帝.数字化生存[M].胡泳,范海燕,译.海口:海南出版社,1997.

[43] 王建文.数字化图书与数字图书馆应用研究[M].北京:北京工业大学出版社,2005.

[44] 吴建华,曾娜.档案网站信息资源组织与利用研究[M].北京:科学出版社,2013.

[45] 杨霞.国家档案馆利用服务研究[M].北京:学苑出版社,2012.

[46] Jiawei Han,Micheline Kamber.数据挖掘概念与技术[M].范明,孟小峰,译.北京:机械工业出版社,2007.

[47] 安小米,郑向阳.集成管理与集成服务——21世纪城市建设文件档案信息管理的优化与创新[M].北京:中国建筑工业出版

社,2006.

[48] 王培智.软科学知识辞典[M].北京:中国展望出版社,1988.

[49] 王静.基于集对分析的智慧城市发展评价体系研究[D].广州:华南理工大学,2013:6-20.

[50] 刘恋.智慧城市信息服务体系建设及实证研究[D].长春:吉林大学,2012

[51] 赵丹阳.数字档案馆知识服务模式及其评价研究[D].长春:吉林大学,2009.

[52] 江晓曦.探析登哈特的新公共服务理论[D].长沙:湖南师范大学,2010.

[53] 李卿箐.公共档案馆信息生态链运行模式研究[D].太原:山西大学,2017.

[54] 张博.档案馆档案信息服务模式研究[D].合肥:安徽大学,2014.

[55] 周承聪.信息服务生态系统运行与优化机制研究[D].武汉:华中师范大学,2011.

[56] 王婷婷.网络环境下的档案馆用户服务模式研究[D].南昌:南昌大学,2012.

[57] 李月.中日大学档案馆比较研究[D].南京:南京大学,2017.

[58] 袁继军.高等学校档案馆公共服务策略研究[D].上海:上海交通大学,2012.

[59] 张卫东.网络环境下档案馆社会化服务模式研究[D].长春:吉林大学,2006.

[60] 刘迁.智慧城市视域下智慧档案馆建设研究[D].苏州:苏州大学,2016.

[61] 高彩燕.中外公共档案馆在线信息服务的比较研究[D].太原:山西大学,2015.

[62] 朱桂玲.网络环境下档案馆用户信息需求与服务策略研究[D].成都:四川大学,2007.

[63] 肖应旭.面向智慧城市的信息服务体系构建与运行模式研究[D].长春:吉林大学,2012.

［64］于喆.网络档案用户管理研究［D］.苏州:苏州大学,2010.

［65］薛辰.档案馆移动服务及其模式研究［D］.南京:南京大学,2015.

［66］李宇佳.学术新媒体信息服务模式与服务质量评价研究［D］.长春:吉林大学,2017.

［67］孙振.战略性新兴产业信息服务模式研究——以信息生态理论为视角［D］.南京:南京农业大学,2014.

［68］周枫.基于大数据的数字档案馆信息服务研究［D］.上海:上海大学,2014.

［69］秦素娥.基于用户的信息资源组织研究［D］.湘潭:湘潭大学,2007.

［70］郭顺利.基于情境感知的移动图书馆用户模型研究［D］.曲阜:曲阜师范大学,2015.

［71］崔雪.公共档案馆档案信息服务系统研究［D］.太原:山西大学,2013.

［72］刘淼.云计算技术的价值创造及作用机理研究［D］.杭州:浙江大学,2014.

［73］陈艺丹.基于云计算的数字档案馆建设研究［D］.南宁:广西民族大学,2015.

［74］朱丽梅.档案信息化建设的绩效评价研究［D］.广州:华南理工大学,2014.

［75］李菲.三网融合视域下数字图书馆移动服务模式研究［D］.长春:吉林大学,2015.

［76］周美玲.我国综合档案馆档案利用信息反馈机制建设研究［D］.福州:福建师范大学,2016.

［77］董梦林.大数据背景下网络信息安全控制机制与评价研究［D］.长春:吉林大学,2016.

［78］李贤静.日本档案网站信息服务研究［D］.保定:河北大学,2016.

［79］李旭芳.节约型政府机关管理信息服务机制构建及评价研究［D］.太原:山西财经大学,2014.

［80］于钊.档案个性化服务模式研究［D］.长春:东北师范大学,2015.

［81］魏佳丽.中外档案在线服务比较研究——基于中、美、英、澳、加五国档案网站的调查［D］.杭州:浙江大学,2010.

［82］李德仁,等.智慧城市中的大数据［J］.武汉大学学报·信息科学版,2014(6):631-640.

［83］王静远,李超,熊璋,单志广.以数据为中心的智慧城市研究综述［J］.计算机研究与发展,2014,51(2):239-259.

［84］骆小平."智慧城市"的内涵论析城市管理与科技［J］.城市管理与科技,2010(6):34-36.

［85］全国档案事业发展"十五"计划(摘要)［J］.中国档案,2001(2):13-14.

［86］全国档案信息化建设实施纲要［J］.中国档案,2003(3):35-37.

［87］档案事业发展"十一五"规划［J］.中国档案,2007(2):9-11.

［88］全国档案事业发展"十二五"规划(摘要)［J］.机电兵船档案,2011(2):4-5.

［89］全国档案事业发展"十三五"规划纲要［J］.中国档案,2016(5):14-17.

［90］蒋冠,李晓.美、英、澳三国国家档案馆网站数字档案资源服务情况调查与分析［J］.档案学研究,2013(5):82-90.

［91］朱兰兰,马倩倩.英国国家档案馆网站信息服务的特点［J］.档案学通讯,2010(5):61-64.

［92］毛天宇.澳大利亚国家档案馆网站人性化设计研究［J］.云南档案.2013(6):42-44.

［93］李孟秋.开放数据环境下英国、美国、新西兰数字档案资源再利用的特点及其启示［J］.浙江档案,2017(8):36-38.

［94］冯璐,冷伏海.共词分析方法理论进展［J］.中国图书馆学报,2006(2):88-92.

［95］袁红军.数字档案馆服务模式研究［J］.档案,2007(1):19-21.

［96］刘明.数字档案馆信息服务模式研究［J］.档案学通讯,2007(5):13-17.

[97] 王进平.数字档案馆参考咨询服务模式探究[J].档案,2008(2):41-44.

[98] 彭忱.服务主导型数字档案馆模式研究[J].北京档案,2008(6):22-23.

[99] 王俊琦.数字档案馆综合信息服务模型构建探究[J].档案,2009(4):13-15.

[100] 特里·库克.电子文件与纸质文件观念:后保管及后现代主义社会里信息与档案管理中面临的一场革命[J].刘越男,译.山西档案,1997(2):7-13.

[101] 周毅.知识服务:档案管理部门的新目标[J].档案学研究,2002(5):48-50.

[102] 徐拥军,陈玉萍.传统档案服务向知识服务过渡研究[J].北京档案,2009(4):16-18.

[103] 马玉杰,郑悦,等.档案馆开展知识服务的可行性与服务模式探讨[J].档案学通讯,2009(6):42-45.

[104] 张晏如.档案信息多元化服务模式探析[J].档案,2010(3):42-43.

[105] 杨力,姚乐野.基于知识管理的数字档案馆服务体系构建[J].档案学通讯,2010(1):58-60.

[106] 李建忠.试论档案信息资源的知识组织与服务模式[J].档案管理.2013(1):49-50.

[107] 苗媛,尚珊.公共档案馆网站知识服务模式构建研究[J].浙江档案,2015(4):10-13.

[108] 牛力,王为久,韩小汀."档案强国"背景下的档案知识服务"云决策平台"构建研究[J].档案学研究,2015(5):74-77.

[109] 张斌,郝琦,魏扣.基于档案知识库的档案知识服务研究[J].档案学通讯,2016(3):51-58.

[110] 赵跃,周耀林.知识管理视阈下的档案信息资源合作开发模式探析[J].档案学研究,2015(5):66-73.

[111] 黄萃,陈永生.基于 Agent 的数字档案个性化服务体系研究[J].档案学通讯,2006(5):56-60.

[112] 金凡.试析网络环境档案信息个性化服务[J].档案与建设,2006(S1):22-23.

[113] 张卫东,王萍.档案用户需求驱动的个性化服务模式研究[J].档案学通讯,2007(2):82-86.

[114] 朱颖.个性化档案创新服务模式研究[J].档案学通讯,2010(2):81-85.

[115] 连志英.基于用户需求的个性化数字档案信息服务模式构建[J].档案学通讯,2013(5):49-53.

[116] 吕元智.国家档案信息资源"云"共享服务模式研究[J].档案学研究,2011(4):61-64.

[117] 牛力,韩小汀.云计算环境下的档案信息资源整合与服务模式研究[J].档案学研究,2013(5):26-29.

[118] 祝庆轩,桑毓域,方昀.基于云计算的档案信息资源共享模式研究[J].兰台世界,2011(7):8-9.

[119] 刘伟谦,李华莹.云计算在档案馆中的应用模式初探[J].档案学研究,2012(2):73-76.

[120] 程结晶.云技术中数字档案资源共享与管理体系的构建[J].中国档案,2013(1):66-68.

[121] 陈霞.导入CS管理构建档案信奉服务新模式[J].兰台世界,2006(1):54-55.

[122] 吕元智.论现阶段我国档案信息资源复合动态服务模式构建[J].档案学通讯,2007(2):39-43.

[123] 梁孟华.Web2.0形态下面向用户的交互式数字档案服务研究[J].档案学通讯,2013(6):65-69.

[124] 周耀林,赵跃.档案资源建设与服务联动模式探析[J].档案学通讯,2015(5):51-57.

[125] 金更达,何嘉荪.数字档案馆模式探讨——基于元数据的电子文件集成管理与服务研究之二[J].档案学通讯,2005(5):54-58.

[126] 梁孟华.面向用户的档案信息集成服务模式研究[J].档案学研究,2009(2):47-50.

275

[127] 何振,易臣何.企业档案信息集成的几个运营模式探讨与设计[J].档案学通讯,2013(4):57-61.

[128] 梁孟华.基于全面质量管理的档案信息集成服务研究[J].档案学通讯,2011(1):94-98.

[129] 王兰成.大数据环境下档案与图书情报信息集成服务机制的构建[J].档案与建设,2014(12):4-7.

[130] 屠跃明.数字档案信息融汇服务系统的研究与实践[J].档案学研究,2014(4):65-70.

[131] 吕元智.数字档案资源跨媒体语义关联聚合实现策略研究[J].档案学研究,2015(5):60-65.

[132] 陈建龙.信息服务模式研究[J].北京大学学报(哲学社会科学版),2003,40(3):124-132.

[133] 周枫,杨智勇.面向智慧城市的数字档案馆信息服务需求分析——以需求层次理论为视角[J].档案学研究,2016(4):103-106.

[134] 薛四新.IT集约化服务型数字档案馆运行模式研究[J].档案学通讯,2007(5):10-13.

[135] 陈喜乐.科技传播的研究状况及其模式[J].厦门大学学报(哲学社会科学版),2007,182(4):58-66.

[136] 杨安莲.关于数字档案馆标准体系的思考[J].档案学通讯,2006(6):58-62.

[137] 张斌.档案价值论[J].档案学通讯,2003(3):43-46.

[138] 中华人民共和国档案行业标准档案工作基本术语[J].中国档案,2001(2):21-22.

[139] 连志英.一种新范式:文件连续体理论的发展及应用[J].档案学研究,2018(1):16-18.

[140] 安小米.文件连续体模式对电子文件最优化管理的启示[J].档案学通讯,2002(3):52-54.

[141] 唐铁汉,李军鹏.公共服务的理论演变与发展过程[J].新视野,2005(6):36-38.

[142] Denhardt R B,Denhardt J V.新公共服务:服务而不是掌舵[J].

刘俊生,译.中国公共行政管理,2002(10):38-44.

[143] 韩刚,覃正.信息生态链——一个理论框架[J].情报理论与实践,2007(1):18-21.

[144] 郭海明.数字图书馆信息服务模式的研究[J].情报科学,2005,23(10):45-48.

[145] 蒋冠.档案资源概念解析[J].中国档案研究,2016(1):23-37.

[146] 李冰.浅述档案信息服务模式构成要素[J].黑龙江档案,2011(4):48.

[147] 吴绪成.浅谈大数据背景下的第四代档案馆建设[J].湖北档案,2013(3):10-11.

[148] 李扬新.建国以来我国档案利用服务政策梳理与回顾[J].兰台世界,2011(9):2-4.

[149] 上海交通大学档案馆.上海交通大学档案馆积极开发档案信息资源成果显著[J].上海档案,1999(6):44.

[150] 易碧蓉.档案开发利用的制约因素及对策[J].贵州民族学院学报(哲学社会科学版),2005(3):130-132.

[151] 李云波.实施电子公文和档案信息共享工程[J].中国档案,2011(11):34-35.

[152] 赵屹,汪艳.档案利用服务的移动化形式与泛在化趋势[J].档案与建设,2015(10):4-7.

[153] 姜龙飞,张晶晶.融入智慧城市的档案服务——上海市民生档案远程协同服务机制建设纪实[J].中国档案,2012(9):26-28.

[154] 许建军,费美荣.给数字档案馆插上"智慧"的翅膀——关于智慧档案馆建设的思考[J].上海档案,2017(9):25-29.

[155] 国佳,李望宁,李贺.面向智慧城市的社会化信息服务体系构建研究[J].图书馆学研究,2017(9):53-59.

[156] 瞿楠香.档案信息资源开发与利用服务关系研究[J].云南档案,2010(7):33-34.

[157] 薛四新,朱莉.数字档案馆制度体系的构建[J].北京档案,2012(9):10-12.

[158] 金波.论数字档案信息资源建设[J].档案学通讯,2013(5): 45-49.

[159] 郭晶.上海交通大学智慧图书馆之"型"与"行"[J].中国网络教育,2011(11):23-24.

[160] 石磊.论档案利用服务需求[J].档案学通讯,2005(5):75-77.

[161] 陈勇.论电子政务环境下档案用户需求的新变化[J].档案学通讯,2006(4):72-75.

[162] 吴开平,蔡娜.网络档案信息资源的收集保存策略[J].档案与建设,2007(8):20-21.

[163] 刘永.档案信息服务工程之知识服务[J].档案管理,2012(2): 4-9.

[164] 李明华.着力提升服务能力 深化"三个体系"建设 大力推进新形势下档案馆工作[J].中国档案,2016(11):14-21.

[165] 黄丽华,宋华,王熹.移动档案馆建设问题研究[J].中国档案,2016(6):59-61.

[166] 吴志红,赵元斌,韩秀珍.区域集群式信息服务协同体系与智慧城市深度融合之探讨[J].图书情报工作,2014(13):11-16.

[167] 王协舟,王露露.档案移动服务研究述评及启示[J].档案学通讯,2016(3):58-63.

[168] 刘宇,魏瑞斌,方向明.国内期刊评价知识图谱研究——基于CSSCI(1998—2014 年)的计量分析[J].图书与情报,2015(5):81-91.

[169] 佘建新,李静,季雪岗.互联网时代下档案馆间联盟机制与实践探索[J].档案学通讯,2016(1):64-65.

[170] 孟小峰,慈祥.大数据管理:概念、技术与挑战[J].计算机研究与发展,2013(1):146-169.

[171] 刘雪琦.近十年来我国数字档案馆研究综述[J].浙江档案,2014(9):10-13.

[172] 王延飞,赵柯然,何芳.重视智能技术 凝练情报智慧——情报、智能、智慧关系辨析[J].情报理论与实践,2016(2):1-4.

[173] 周枫.资源·技术·思维.大数据时代档案馆的三维诠释[J].

档案学研究,2013(6):61-64.

[174] 高飞.需求层次理论及其对外交决策研究的启示[J].国际论坛,2010(1):51-56.

[175] 王伟,杜彦洁,刘甲男,李丽霖.基于城市发展需求理论的智能电网支撑智慧城市评价指标体系研究[J].华东电力,2014(11):2260-2265.

[176] 苏君华.数字档案馆建设中技术化与人文化的融合研究[J].档案学通讯,2011(6):58-61.

[177] 李培清,李新明.档案用户的分类及各类用户的档案需求特点[J].文献工作研究,1989(3):21.

[178] 戴曦.信息用户研究[J].四川图书馆学报,2000(6):41-45.

[179] 陈廉芳.大数据环境下图书馆用户小数据的采集、分析与应用[J].国家图书馆学刊,2016(3):71-72.

[180] 周洁凤,张为华.2000年以来图书馆用户信息需求研究综述[J].情报杂志,2006(8):117-119.

[181] 苏新宁,章成志,卫平.论信息资源整合[J].现代图书情报技术,2005(9):54-61.

[182] 马文峰,杜小勇.基于数据的资源整合[J].情报资料工作,2007(1):41-45.

[183] 毛天宇.知识组织视野下档案知识库的构建思路探析[J].档案管理,2015(4):4-6.

[184] 方昀,郭伟.云计算技术对档案信息化的影响和启示[J].档案学研究,2010(4):70-73.

[185] 罗炎鑫.以云计算为依托的数字档案馆服务模式[J].福建电脑,2014(8):35-37.

[186] 陈芦燕.大数据时代的档案信息服务研究[J].兰台世界,2014(3):29-30.

[187] 杨来青.智慧档案馆是信息化发展的必然产物[J].中国档案,2014(6):64-66.

[188] 李云波.档案馆,不妨再活跃点[J].中国档案,2012(7):1.

[189] 陈文灵.简述信息存储技术的现状及其发展[J].电子技术与

软件工程,2014(10):208.

[190] 张兴旺,李晨晖,麦范金.变革中的大数据知识服务:面向大数据的移动推荐服务新模式[J].图书与情报,2013(4):74-79.

[191] 张瑶.基于大数据的高校图书馆推荐系统仿真研究[J].计算机工程与设计,2013(7):2534-2541.

[192] 向冬梅.高校图书馆智能化信息服务探索[J].现代职业教育,2016(8):80-81.

[193] 杨来青,李大鹏.智慧档案馆功能及体系结构[J].中国档案,2015(7):59-61.

[194] 张敏霞.图书馆知识服务系统的设计[J].图书馆学刊,2008(3):128-131.

[195] 柳益君,何胜,熊太纯,等.大数据挖掘视角下的图书馆智慧服务——模型、技术和服务[J].现代情报,2017,37(11):81-86.

[196] 杨艳,薛四新,徐华,苏龙高娃.智慧档案馆技术系统特征分析[J].档案学通讯,2014(4):66-69.

[197] 王红."云图书馆"平台的架构与实现[J].情报理论与实践,2010(10):108-112.

[198] 杨智勇,周枫.面向智慧城市的档案信息服务模式探究[J].档案学通讯,2016(4):44-49.

[199] 武志学.云计算虚拟化技术的发展与趋势[J].计算机应用,2017,37(4):915-923.

[200] 刘正伟,文中领,张海涛.云计算和云数据管理技术[J].计算机研究与发展,2012(1):26-31.

[201] 张序,张霞.机制:一个亟待厘清的概念[J].理论与改革,2005(2):13-15.

[202] 赵斌.数据可视化在上海图书馆数据展示服务中的应用[J].图书馆杂志,2015(2):23-29.

[203] 陶水龙.大数据视野下档案信息化建设的新思考[J].档案学研究,2017(3):93-99.

[204] 王文韬,谢阳群,李力.虚拟现实技术在图书馆中的应用前景分析[J].图书馆,2016(5):10-14.

[205] 李嘉嘉.移动互联网技术发展现状及趋势[J].通讯世界,2017
(3):32-33.

[206] 锅艳玲.国内外档案网站信息服务比较及启示[J].档案管理,
2011(4):73-75.

[207] 毕建新,郑建明.用户目标驱动的档案知识服务模型研究[J].
浙江档案,2014(8):17-19.

[208] 王萍,赵丹阳.档案知识门户的构建——我国档案信息化服务
突破方向[J].图书情报工作,2009(12):129-132.

[209] 胡昌平.基于知识信息组织与服务的信息管理技术推进战
略——国家可持续发展中的图书情报事业战略分析(3)[J].
中国图书馆学报,2005(4):15-18.

[210] 孙巍.基于隐性知识内部转化的知识创新研究[J].情报杂志,
2006(7):68-70.

[211] 王徐球.试论档案馆开放机制[J].湖南档案,1994(12):14.

[212] 史江,李金峰.档案利用信息反馈工作的问题与对策探讨[J].
档案学通讯,2007(3):27-31.

[213] 马海群.发达国家图书档案事业结盟与合作战略规划综
述[J].中国图书馆学报,2012,38(4):21-28.

[214] 陈艳红,宋娟.中外档案法律法规比较研究——以档案利用条
款为例[J].档案学通讯,2014(6):27-30.

[215] 肖希明,郑燃.国外图书馆、档案馆和博物馆数字资源整合研
究进展[J].中国图书馆学报,2012,38(3):26-39.

[216] 李春旺,李广建.数字图书馆集成检索技术研究[J].图书馆理
论与实践,2004(6):45-48.

[217] 翟中文.数字图书馆基于内容的多媒体信息检索技术[J].科
技情报开发与经济,2005(4):45-46.

[218] 王灿荣,王协舟.档案信息服务社会化绩效评价指标体系构建
策略[J].档案学研究,2015(2):66-70.

[219] 周彩英.基于AHP和模糊综合评判的档案信息利用服务评
价[J].档案学通讯,2011(3):88-91.

[220] IBM.智慧的中国,智慧的城市白皮书[R].2009.

[221] 863 计划"智慧城市(一期)"项目组.智慧城市技术白皮书(2012)[R].2012.

[222] 杨冬权.杨冬权在全国数字档案馆(室)建设推进会上的讲话[N].中国档案报,2013-10-18(1).

[223] 工业和信息化部赛迪研究院.智慧城市热潮中的冷思考[N].赛迪专报,2011-03-15(7).

[224] 韩义义.贵州手机短信可查档案目录[N].中国档案报,2006-06-08(1).

[225] 赵芳洲.杭州"智慧档案"打造"升级版"[N].杭州日报,2014-09-26(3).

[226] 李德仁.智慧城市中的大数据挖掘与应用[N].中国信息化周报,2013-12(5).

[227] 黄松祥.大力发展可视化技术 加快推动档案信息化[N].中国档案报,2012-02-03(2).

[228] 冯惠玲.拓展职能——"夹缝时代"档案职业的生存之策[C].21 世纪的社会记忆——中国首届档案学博士论坛论文集.北京:中国人民大学出版社,2001:109.

[239] 国家档案局.纸质档案数字化技术规范:DA/T31—2017[S].北京:中国标准出版社,2017.

[230] 国家档案局.照片类电子档案元数据方案:DA/T54—2014 [S].北京:中国标准出版社,2014.

[231] 国家档案局.录音录像类电子档案元数据方案:DA/T63—2017 [S].北京:中国标准出版社,2017.

[232] 数字档案室建设指南(国家档案局 2014 年发布)[Z]

[233] 数字档案馆建设指南(档办〔2010〕116 号)[Z]

[234] 国家档案局.缩微胶片档案数字化技术规范:DA/T 43—2009[S].北京:中国标准出版社,2010.

[235] 国家档案局.文书类电子文件元数据方案:DA/T46—2009[S].北京:中国标准出版社,2009.

[236] 电子档案移交与接收办法(国家档案局档发〔2012〕7 号)[Z]

[237] 住房城乡建设部办公厅关于开展国家智慧城市试点工作的通

知[EB/OL].[2016-07-22].http：//www.mohurd.gov.cn/wjfb/
201212/t20121204_212182.html.

[238] 国家新型城镇化规划(2014—2020 年)[EB/OL].[2016-07-
22]．http：//www.gov.cn/zhengce/2014-03/16/content _
2640075.htm.

[239] 维基百科.智慧[EB/OL].[2015-02-08].http：//zh.wikipedia.
org/wiki/%E6%99%BA%E6%85%A7.

[240] 马来西亚多媒体超级走廊发展现状与成功原因剖析[EB/
OL].[2005-10-27].http：//www.istis.sh.cn/list/list.aspx？id=
2339.

[241] 网络环境下档案信息用户特性研究[EB/OL].[2017-08-15].
http：//blog.sina.com.cn/s/blog_599ea7890100pgg9.html.

[242] 智慧北京行动纲要[EB/OL].[2016-08-02].http：//zhengwu.
beijing.gov.cn/gh/xbqtgh/t1433033.htm.

[243] 宁波市加快创建智慧城市行动纲要[EB/OL].[2016-08-02].
http：//old.nbeic.gov.cn/News _ view.aspx？CategoryId =
157&ContentId = 16622.

[244] 上海市推进智慧城市建设"十三五"规划[EB/OL].[2017-03-
21]．http：//www.shanghai.gov.cn/nw2/nw2314/nw2319/
nw12344/u26aw50147.html.

[245] 百度百科.马斯洛需求层次理论[EB/OL].[2016-02-08].
https：//baike.baidu.com/item/%E9%A9%AC%E6%96%AF%
E6%B4%9B%E9%9C%80%E6%B1%82%E5%B1%82%E6%
AC%A1%E7%90%86%E8%AE%BA/11036498.

[246] 上海档案部门创新服务机制 拓展民生档案远程服务内
容[EB/OL].[2015-03-07].

[247] 信息时代宣言.信息基础结构国际大会文件(1996 年 4 月 28
日大会通过)[R].[2005-11-05].http：//www.ifla.org/
documents/infopol/intl/gii/96gii001.txt.

[248] 上海市人民政府关于印发《上海市推进智慧城市建设"十三
五"规划》的通知[EB/OL].[2016-11-16].http：//www.

shanghai. gov. cn/nw2/nw2314/nw2319/nw2404/nw41165/nw41166/u26aw50224.html.

[249] 智慧城市的关键技术应用[EB/OL].[2017-11-25]. https://max.book118.com/html/2015/0706/20553390.shtm.

[250] 国务院关于印发"十三五"国家信息化规划的通知[EB/OL].[2016-12-27]. http://www.gov.cn/zhengce/content/2016-12/27/content_5153411.htm.

[251] 解放思想仍是档案界最紧迫的任务[EB/OL].[2017-07-27]. http://blog.sina.com.cn/s/blog_51ae07b9010108dj.html.

[252] 国务院.促进大数据发展的行动纲要[EB/OL].[2017-09-09]. http://www. gov. cn/zhengce/content/2015-09/05/content_10137.htm.

[253] 第十五次全国国民阅读调查报告公布[EB/OL].[2018-04-21]. http://book. sina. com. cn/news/whxw/2018-04-18/doc-ifzihnep4386289.shtml.

[254] 第 40 次中国互联网络发展状况统计报告(全文)[EB/OL].[2017-10-27]. http://www. cac. gov. cn/2017-08/04/c_1121427728.htm.

[255] 姜晓.绩效评估——图书馆科学管理索引.[2006-05-15]. http://ww.chinalibs.net/quanwen.asp? titleid=37057.

[256] 我国城镇化率升至 58. 52%释放发展新动能[EB/OL].[2018-03-16]. http://society. people. com. cn/n1/2018/0204/c1008-29804719.html.

[257] 中华人民共和国国民经济和社会发展第十三个五年规划纲要[EB/OL]. [2016-07-22]. http://www. xinhuanet. com/politics/2016lh/2016-03-17/c_1118366322.htm.

二、英文参考文献

[1] Gibson D V, Kozmetsky G. Smilor R W. The Technopolis phenomenon:Smart cities, fast systems, global networks [M].

Lanham, MD:Rowman & Littlefiels Publishers,1992.

[2] Komninos N. Intelligent cities: Innovation, knowledge systems and digital spaces[M].London:Spon Press,2002.

[3] Steventon A, WrightS, ed. Intelligent spaces: The application of pervasive ICT[M].London:Springer,2006.

[4] D.Mc Quail & S.Windahl.Communication models[M].London & New York:Longman,1981.

[5] Steve Morgan.Performance assessment in academic libraries[M]. London:Mansell Publishing Limited,1995.

[6] Jiawei Han, Micheline Kamber. Data mining: Concepts and techniques[M].SF,CA:Morgan Kaufmann Publishers,2001.

[7] Stielow, Frederick. Building digital archives, descriptions, and displays:A how-to-do-it manual for archivists and librarians[M]. New York:Neal-Schuman Publishers,2003.

[8] Jesse M.Shapiro.Smart city: Quality of life, productivity and the growth effects of human capital[J].NBER Working Papers 11615. National Bureau of Economic Research. September.2005:15-17.

[9] Giffinger,Rudolf,Christian Fertner,Hans Kramar,etc.Smart cities-ranking of European medium-sized cities[J].Centre of Regional Science,2007(11):136-145.

[10] Washburn D, Sindhu U, Balaouras S, et al. Helping CIOs understand "Smart City" initiatives:Defining the smart city, its drivers,and the role of the CIO [J]. Forrester reaearch, Inc, Cambridge.2010:2-5.

[11] Sotiris Zygiaris.Smart city reference model:An approach to assist smart planners to conceptualize a city's smart innovation ecosystem[J].Journal Knowledge Economy,2012,1(28):1653-1670.

[12] Duff M W, Haskell J. New uses for old records: A rhizomatic approach to archival access [J]. American Archivist, 2015, 78 (1):38-58.

［13］ Gerhard SCHMITT. Spatial modeling issues in future smart cities［J］.Geo-spatial Information Science,2013,16(1):7-12.

［14］ Kulcu O. Evolution of e-records management practices in e-government: A Turkish perspective［J］.The Electronic Library, 2009(6):999-1009.

［15］ Min Hu, Chang Li. Design smart city based on 3s, internet of things, grid computing and cloud computing technology［J］. Communications in Computer and Information Science, 2012 (312): 466-472.

［16］ Jeong K. Seamless flow of the public records spread of the electronic records management system of korea［J］. Archivar, 2009(3):255-259.

［17］ Kourtit K,Nukamp P,Arribas D,et al.Smart cities in perspective-a comparative European study by means of self-organizing maps［J］. Innovation: The European Journal of Social Science Research, 2012,25(2):229-246.

［18］ Lombardi P,Giordano S,Farouh H,et al.Modelingthe smart city performance ［J］. Innovation-The European Journal of Social Science Research,2012,25(2):137-149.

［19］ Edward J.Jepson Jr,Mary M.Edwards.How possible is sustainable urban development? An analysis of planners' perceptions about new urbanism, smart growth and the ecological city planning［J］. Practice & Research,2010,25(4): 417-437.

［20］ M.Batty,K.Axhausen.Smart cities of the future［J］.The European Physical Journal Special Topics,2014(1):481-518.

［21］ Patrick P.The internet archive: An end to the digital dark age［J］. Social Work Education,2003,39(2):343-348.

［22］ Duff M W, Fox A. "You're a guide rather than an expert": Archival reference from an archivist's point of view［J］.Journal of the Society of Archivists, 2006,27(2):129-153.

［23］ Senturk B. The concept of user satisfaction in archival institutions[J].Library Management,2011,33(1):66-72.

[24] Johanna Chua L,Schubert F.Creating virtual exhibitions from an XML-based digital archive [J]. Information Science, 2003, 29 (3):143-158.

[25] Ulrich N,Harald S. On the way to a digital archive:The example of Mannheim [J].the Society of Archivists,2006,27(2):201-212.

[26] Yakel E.Inviting the user into the virtual archives[J].OCLC Systems & Services:International Digital Library Perspectives, 2006,22(3):159-163.

[27] Duff M W,JOHNSON C A,CHERRY J M.Reaching out,reaching in:A preliminary investigation into archives' use of social media in canada[J].Archivaria,2013(75):77-96.

[28] Johnson F C, Klare G R. General models of communication research:A survey of a decade[J].Communication,1961(11)13-26.

[29] Mark W M. The second generation of KM [J]. Knowledge Management,1999(10):86-88.

[30] Coe A,Paquet G, Roy J. E-governance and smart communities:A social learning challenge[J].Social Science Computer Review, 2001,19(1):80-93.

[31] Ashton K.That"Internet of things"thing[J].RFID Journal,2009 (22):97-114.

[32] Wei-Hsiang Hung,Lih-juan Chan Lin.Development of mobile web for the library[J].Procedia-Social and Behavioral Sciences,2015 (7):259-264.

[33] Leacock C,Combining local context and Word Net similarity for word sense identification [J]. Computational Linguistics, 1998, 24(1):147-165.

[34] Tokmakoff Andrew, Jonathan Billingto.Consumer services in smart city [C].Adelaide :Home oriented informatics, telematics and

automation, 1994.

[35] Wright S, Steventon A. Intelligent spaces—the vision, theopportunities and the barriers[J]. BT Technology Journal, 2004, 22(3): 15-26.

[36] Hall R E. The vision of a smart city [A]. The 2nd International Life Extension Technology Workshop[C]. Paris, France, 2000.

[37] Komninos N. The architecture of intelligent cities: conference proceedings intelligent environments [C]. London: Institution of Engineering and Technology, 2006: 53-61.

[38] Rosengren K E. Uses and gratifications: A paradigm outlined[A]. Blumler J G, Katz E. The uses of mass communications [C]. Newbury Park, CA: Sage, 1975: 269-281.

[39] Sue Mec Kemmish. Recordkeeping in the continuum: An australian tradition[A]. Anne Gilliland, Sue Mckemmish, Andrew J Lau. Research in the archival multiverse [C]. Clayton: Monash University Press, 2016: 138.

[40] Richard K, Dominica B, Joe R. Urban regeneration in the intelligent city: Proceedings of the 9th international conference on computers in urban planning and urban management [C]. London: University of London, 2005: 27-29.

[41] MANYIKA J, CHUI M, BROWN B, et al. Big data: The next frontier for innovation, competition, and productivity [R]. San Francisco, CA: McKinsey Global Institute, 2011.

[42] Toppeta D. Thesmart city vision: How innovation and ICT can build smart, livable, sustainable cities[R]. The Innovation Knowledge Foundation, 2010.

[43] JONESM T. Cloud computing with Linux cloud computing platforms and applications [EB/OL]. [2010-12-15]. http://www.ibm.com/developerworks/library/l-cloud-computing/.

[44] The National Archives on the web [EB/OL]. [2017-09-14]. http://www.nationalarchives.gov.uk/get-involved/social-media.htm.

[45] Intelligent Community Forum [EB/OL]. [2015-10-21]. http//www.intelligentcommunity.org.

[46] Dirks S, Keeling M, Dencik J. How smart is your city?: Helping cities measure progress [EB/OL]. [2016-10-21]. http//www.ibm.com/smarterplanet/global/files/uk_en_ uk_cities_ibm_sp_ pov_smartcity.pdf.

[47] The Top 10 Smart Cities On The Planet[EB/OL].[2016-10-21]. http//www.fastcoexist.com/1679127/the-top-10-smart-cities-on-the-planet/.

[48] National Archives[EB/OL].[2015-08-13].http://www.archives.gov/.

[49] The National Archives [EB/OL]. [2015-08-13]. http://www.nationalarchives.gov.uk/.

[50] Library and Archives Canada[EB/OL]. [2015-08-13].http://www.bac-lac.gc.ca/eng/Pages/home.aspx.

[51] The National Archives of Australia [EB/OL]. [2015-08-13]. http://www.naa.gov.au/

后　记

凡是过往，皆为序章。

时光飞逝，岁月如梭，一晃我即将步入不惑之年。如果将十年划为一个周期，第一个十年我接触了知识，懵懵懂懂知道了学习的重要性；第二个十年上了大学，第一次接触了档案学专业；第三个十年留校任教，真心体会到知识的重要以及自己的才疏学浅；当前第四个十年读了硕士博士，即将收获人生的第一本专著，欣喜有之，惶恐亦有之。

人生第四个十年有幸成为王向明副教授的硕士生和金波教授的博士生，两位导师的悉心教导、孜孜教诲让我受益终身。王老师曾说："人在哪个阶段就做好哪个阶段的事，学生阶段就认真学习，工作阶段就努力工作。"我一直铭记于心，硕士阶段不敢怠慢，遍读文献；现在工作阶段也是苦心钻研，不负三尺讲台。金老师也曾提道："做学术先选好方向，然后持之以恒去研究，要做就做到最好。"我时刻谨记：做学问就要踏踏实实，围绕一个方向或主题做深做透，最后终将形成自己的研究方向或研究领域。深深感谢两位导师多年来对我的谆谆教诲，师恩绵绵、惠泽终生。

本书源于我的博士论文《智慧城市背景下的档案信息服务模式研究》，并在此基础上进行了一定更新和完善。我对档案实践过程和信息技术发展前沿比较感兴趣，但在理论研究和实践调研过程中，我发现新兴技术发展日新月异，其对档案行业的冲击和影响也越来越大，而档案实践领域无论从意识、理念还是技术应用、方法改进等方面都相对滞后，尤其是档案信息服务能力与社会需求之间的矛盾、数字档案巨大资源量与价值实现之间的矛盾以及档案信息服务单一与公众需求多元之间的矛盾较为突出，因此，我希望探究外部环境变化与档案内部实践的潜在关联及相互影响，从而寻找解决上述问题的思路和方案。其中，智慧城市的建设理念、发展思路、技术应用和信息需求为档案信息服务工作的质量提高和档案信息的价值实现提供良好契机，故而引发作者对"智慧型"档案信息服务模式的研究和探索。

当今时代，智慧城市仍在如火如荼地建设与发展，人工智能技术在档案信息服务领域的应用也越来越深入，《中华人民共和国档案法》的正式颁布与实施更是为档案信息化发展和档案信息服务提供了法律保障和政策指导。鉴于本人学术水平、时间与实践条件的限制，本书所构建的"智慧型"档案信息服务模式还处于初步探索阶段，该模式的深化与衍变、应用与检验尚缺乏成熟可靠的实践案例予以支撑和借鉴，希望广大档案学者与档案实践工作者能提出宝贵的意见和建议。同时，感谢档案界同仁对本人研究的鼓励和支持，他们为本书内容设计、理论借鉴、案例选择等方面提供了有益的启发和丰富的数据，既坚定了作者深入研究的信心，也为本书研究内容的顺利完成奠定了基础。

回首近十年自己的研究生生涯和学术研究经历，有太多人值得感谢。除了授业恩师王向明副教授和金波教授之外，还要感谢上海大学图书情报档案系老师们的关心和支持，特别感谢丁华东、于英香、连志英、吕斌、潘玉民、张大伟等教授在内容选题、研究、写作过程中给我提的宝贵意见、建议和指导；感谢武汉大学周耀林教授、上海图书馆刘炜研究员、上海市档案局朱建中处长、浦东新区档案馆费美荣馆长、青岛市档案馆徐明君处长、杭州市档案馆杨雪辉副处长、信息发展公司杨安荣副总裁对我课题研究和内容撰写提供的丰富素材和无私帮助；感谢刘宇、耿志杰、丁敬达、王毅、王向女、阳月霞、周枫、孙安、黄清晨等同事和同学对我写作过程的大力帮助。

还要感谢我的家人对我全身心的关爱与包容。感谢我的父母三

291

十几年对我的培养、支持和无私付出，是他们给予我努力前行的信心和力量。感谢我的爱人陪伴我度过读博以来所有的酸甜苦辣，感谢她对我博士求学的理解支持和对本书出版的倾力付出！感谢我的女儿，正是她天真的言语和可爱的笑容，让我在深夜写作疲倦之余获得了轻松和快乐，她是我的天使！

　　在本书出版之际，特别感谢恩师金波教授为本书作序，感谢我的研究生贺奕静、张玉昭、邓文霞、孙向阳在书稿格式和审校方面所付出的辛苦，感谢武汉大学出版社詹蜜编辑为本书的出版劳费心神。

　　囿于个人能力与学识，拙作中难免有疏漏与不妥之处，恳请读者批评指正，以待日后补正。本书权作引玉之砖，以期后续的理论研究和实践应用更加精彩纷呈。

　　多年之后回望 2020 年，这一年在我们人生中的意义，应该不是什么疫情，不是美国大选，而是我们在自己设定的那些议题上的重要进展。我们不是时代议题的旁观者，我们是自己议题的推动者。谨以此书作为见证自己人生成长的一个重要议题。

杨智勇

2021 年 1 月 30 日于上海